KB185836

고전을 펼치면 반드시 이로움이 있다 2

고전을 펼치면
반드시 이로움이 있다 2

고전의 쓸모 2

홍성준 지음

조선이 사랑한 40권의 책과 작가들의 운명적인 삶

"인생의 한 번은 고전을 읽고 싶은 때가 온다."

시여비

들어가며

『고전을 읽으면 반드시 이로움이 있다』에서는 조선의 선비들이 저술한 책들, 그런 고전을 통해 그들이 지향한 학문과 수양의 세계를 소개하고자 하였다. 이 책『고전을 읽으면 반드시 이로움이 있다 2』도 마찬가지다.

그런데 조선 시대에 주옥같은 책들이 많이 쓰였다고 한들 무슨 소용일까 하는 의문도 든다. 여기서 소개하는 책들은 얼마나 출판이 되었을까? 그리고 얼마나 많은 사람이 책을 읽었을까?

조선은 기본적으로 국가가 책을 출판하고 보급했다. 그래서 내용에서는 오자나 탈자가 거의 없다. 책의 품질도 최상품이고 여전히 상태가 좋아서 오늘날 모두 '보물'로 취급되고 있다. 조선의 책 출판은 중앙은 교서관(校書館)과 지방은 관찰사가 있는 감영(監營), 그리고 군현(郡縣)에서 했다. 금속활자 사용이 보편화되어 이전보다 나아졌다고 하지만, 지방은 여전히 목판 인쇄를 주로 했다. 그 때문에 수량은 극히 적어, 관련 관청과 고급 관료, 왕실 도서관, 국립학교 정도만이 책을 받을 수 있었다. 또한 책 인쇄에 필요한 종이나 활자를 만들 구리 같은 재료비가 고가였기 때문에 출판량 자체가 처음부터 아주 적었다.

이처럼 극소수의 사람만이 양질의 책을 소유하고 읽을 수밖에 없었다. 하지만 문자 해독이 가능해진 사람이 많아지면서 상황은 바뀌었다. 특히 과거시험 수험자가 큰 폭으로 증가하던 조선 중기에는 책을 가지고 싶다는 열망도 폭발적으로 늘어났다. 그런데 과거시험은 최소 10년 이상의 준비가 필요하다. 따라서 그동안 반드시 읽어야 할 책(수많은 경전과 역사, 관련 주석서, 온갖 시부詩賦, 수필 등)의 분량은 엄청났다. 문제는 이런 책은 모두 엄청난 고가였다는 점이다.

흔히들 조선의 과거시험 응시 자격은 천인(노비와 백정, 광대, 무당 같은 낮은 신분)을 제외한 모든 양인에게 있었다. 양인이란 양반, 중인은 물론 평인이라는 농민, 상인, 수공업자 같은 자유인을 모두 지칭하는 말이다. 하지만 극소수의 양반과 일부 중인만이 시험 준비가 가능했다. 고가의 책을 소유하고 훌륭한 스승도 모시며, 10년 이상 경제적 어려움 없이 시험을 준비할 수 있는 능력은 소수의 양반과 중인을 제외하고는 거의 없었기 때문이다. 양반들도 책을 가지기 위해서는 이미 책을 소유한 자에게 고가로 구매하거나, 가까운 지방관에게 청탁해 재판을 찍어 겨우 한 부 받거나, 명·청나라로 가는 사신(수행원)이 되어 현지에서 대량으로 구매하기도 했다. 때로는 사신으로 가는 이에게 거금을 주고 필요한 책을 구매해 달라고 부탁하기도 했다. 당시 북경 유리창(瑠璃廠) 거리의 서점가에는 온갖 책들이 대량으로 팔리고 있었다.

그런데 조선 중기 이후가 되면 조선의 책 출판에도 새로운 현상이 나타났다. 방간본(坊刊本)이란 민간의 출판업자가 목판본으로 출판한 책들이 16세기 중반부터 출현했다. 대체로 (한글) 소설이 많았지만, 역사와 경전, 운서(韻書, 한자의 운을 분류한 책으로 한시 창작에 필요), 의서, 병서, 농서 등 다양한 분야의 책들이 간행되었다.

이런 출판 상황이 가속화된 사회 배경에는 신분제의 와해가 있었다. 조선 중기 국가는 연이은 전쟁과 재난 극복을 위해 모든 계급계층의 역량을 결집해야 했다. 그래서 납속책(納粟策)이란 정책 시행했고, 공명첩(空名帖)을 대량으로 발행해야 했다. 납속책은 전쟁 비용 마련과 이재민 구제를 위해 특전을 내걸고 모든 계급계층에게 돈과 식량을 받는 것이다. 공명첩은 국난 극복에 공이 있는 사람에게 관직(명예직)을 내리고 국가의 부역도 면제해 주는 임명장이다. 노비는 평민으로, 평민은 양반으로 신분 상승이 되는 계기가 되었다. 여기에 더해 대규모 국난으로 발생한 사회변화로 잔반(殘班)이라는 몰락한 양반도 늘어갔다. 벼슬에 연연하지 않고 시골로 내려가 자족하는 향반(鄕班)도 많아진다. 양반이라도 3대가 연이어 과거시험에 떨어져 관직을 얻지 못하면 그 아래 신분으로 내려앉게 된다. 이러한 사회변화 속에서 조선 후기에는 국난을 극복하고 안정을 되찾았고, 상업과 대외무역도 번창하게 된다.

우리가 주목해야 할 것은 과거시험을 보지 않더라도 공부는 누구나

해야 한다는 것이다. 평민은 활발한 사회·경제활동을 해야 한다. 또 한편으로 양반처럼 수준 높은 문화생활도 누리고 싶은 욕망도 있었을 것이다. 그러기 위해서는 글을 배우고 책을 읽어야 했다. 가능하면 어려서부터 공부를 시작해야 했다.

처음에는 평민 아이들도 서당에 나가 양반 아이들과 함께 경전과 역사 등을 함께 배웠다. 서당은 일종의 마을 학교이고, 그 유래는 삼국시대 고구려 경당(扃堂)이다. 그런데 18세기경부터 평민을 대상으로 한 서당이 별도로 만들어졌다. 이를 "평민서당"이라고 한다. 이때 교육에서 중요한 스승, 즉 훈장들도 대거 나타났다. 바로 몰락한 양반이었다. 그들은 관직에 오르지 못해 양반의 위세는 부릴 수 없었지만 고급 지식과 문화적 소양이 있었다. 이들과 마을의 평민 유지들이 '수업료'를 지급하고 계약하였다. 이렇게 평민서당의 교육이 활발해진 것이다. 이 서당에서 기초적인 교육을 이수한 평민은 이후 활발한 사회·경제활동을 하였다. 나아가 경제적 여유가 있다면, 좋은 책을 보며 수준 높은 문화생활을 누렸을 것이다. 양반, 선비처럼 말이다.

이 시대를 살았던 선비이며 명문 가문의 양반인 연암 박지원(朴趾源, 1737~1805년)은 그의 작품 『양반전』에서 '글을 읽으면 사(士)라 하고, 정치에 나아가면 대부(大夫)가 되고, 덕이 있으면 군자이다!'라고 이 시대를 비웃고 풍자했다. 조선 후기에는 이처럼 양반과 선비가 넘쳐났다. 조선 말, 1866년 프랑스가 조선을 침략한 병인양요(丙寅洋擾) 때 프랑스 군인 장 앙리 쥐베르가 했던 증언도 인상적이다. '아무리 가난한 집이라도 집 안에 책이 있고, 책 읽는 소리가 났다.' 당시 근대 문명을 자랑하는 유럽에서도 보기 힘든 장면을 조선에서 목격한 것이다. 장 앙리 쥐베르가 그린 당시 강화도의 풍경과 전투도, 다양한 조선인의 생활상, 지도 등이 남아있다.

조선 말은 왕조 말기라서 지배계급의 정치는 퇴행적이고, 경제적으로 민중에 대한 수탈도 극심해졌다. 드디어 망조가 500년 조선에도 드리운 것이다. 자연재해와 전염병이 다시 창궐했고, 외세침략으로 사회도 불안했다. 하지만 동시에 평민에게 지식이 광범위하게 보급되었고, 사회의 역동성, 다양성, 문화창작 활동이 매우 활발하게 진행되고 있었다. 새로운 사회로의 역사적 비약이 일어날 수도 있었다. 그런데 이후 일제 말기 식민지 조선의 문맹은 인구의 반이었다고 한다. 그 수치는 과장되거나 추측도 있겠지만, 일제가 조선 사회의 활발한 생명력과 화려했던 고유문화를 모두 제거했기에 문맹의 암흑 속으로 빠져든 것이다. 그런 영향으로 현재 우리가 조선 후기(또는 조선시대 전체)를 암울한 시대로 상상하도록 만들었다. 바로 그런 것이 근대이고, 제국주의 침략이며, 식민지일 것이다. 그것은 조선을 멸시하고, 일본이 우리나라를 근대화했다고 일제 강점기를 찬양하는 뉴라이트가 유포하는 역사관이기도 하다. 이 왜곡, 편견에서 벗어나려면 조선시대 사람들이 직접 남긴 자신들의 생생한 이야기를 읽고, 그 속에서 조선의 진면목을 찾아야 한다. 일본 식민지 관학자들이 만든 역사와 그것에 기초한 뉴라이트 선동가들의 주장에서 벗어나 조선시대 저술된 책과 기록을 찾아 직접 읽어보기 바란다.

이 2권에서는 1권에서 미처 다루지 못한 책들, 특히 조선 중기, 후기의 책들 위주로 소개하고자 했다. 모두 40권이다. 이 책들을 통해 이제는 사라진 세상, 잊혀진 조선을 상상하길 바란다.

목차

7장_조선사람이 쓴 조선역사

8장_조선의 금서

1장
전쟁, 기억, 기록

전시 최고 책임자의 기록 『징비록(懲毖錄)』

임진왜란은 조선 건국 이래 최고의 국난이었다. 1592년, 일본의 기습으로 시작되어 1598년까지 7년 동안 전 국토는 유린이 되었고, 모든 조선인은 참화를 입었다. 하지만 끝내 조선은 일본의 침략을 격퇴하고 승리했다. 이 전쟁의 승리를 위해 수많은 사람이 목숨을 걸어야 했고, 조선(명나라 지원도 포함)은 지닌 역량을 총동원해야 했다. 조선의 전체 역량을 시기와 장소에 맞게 동원하고, 적절하게 배치하여 마침내 승리로 이끈 전시 최고 책임자가 바로 서애(西厓) 류성룡(柳成龍, 1542~1607년)이다. 그는 전쟁 동안 영의정이자 도체찰사(전시 최고 군직)였다. 이러한 류성룡이 전쟁을 수행한 경험을 스스로 정리한 책이 『징비록』이다. 널리 알려진 것처럼, "징비(懲毖)"란 '지난 일을 경계하여 후환을 삼간다'는 『시경(詩經)』의 한 구절이다. 그렇다면 아마도 이 책은 자신(조선)이 겪은 전쟁을 정리해 후세, 즉 우리를 위해 쓴 책이다.

책은 1586년 '일본국왕사(조선으로 보낸 사신단)'라는 다치바나 야스히로(橘康廣)가 도요토미 히데요시(豊臣秀吉, 1537~1598년)의 서신을 가지고 입국한 사건부터 시작한다. 조선의 통신사(通信使) 파견을 요청하는 내용이다. 당시 조선은 일본을 극도로 경계하고 있던 시절이다. 을묘왜변(乙卯倭變)의 여파이다.

을묘왜변은 1555년 일본의 왜구(해적)가 70척의 배를 타고 와 남해안을 기습해 많은 백성을 살상하고 약탈하자, 조선이 진압한 변란이다. 이후 조선은 일본과의 모든 통교를 끊어 일종의 "경제제재"를 하였다. 한편, 이 왜구들이 명의 동남부 해안지대를 침략하자 명나라도 이를 진압하고, 일본과의 통교를 금지했다. 이에 쓰시마가 왜구 우두머리들의 목을 베어 가지고 와서 통상을 재개하자고 구걸했다. 그러자 조선은 단지 쓰시마의 세견선(歲遣船, 일종의 무역선) 5척만 파견할 수 있도록 허락했지만, 기존의 강경책은 그대로 유지했다. 조선은 이때 왜구들이 조총을 사용하는 것, 규모가 대규모이고 조직적이란 점을 파악하고, 다가올 전쟁에 대비하기 위해 군사 개혁을 추진한다. 이때부터 지방군의 편제를 진관(鎭管) 체제에서 제승방략(制勝方略) 체제로 전환하고, 왜선보다 큰 판옥선과 개인용 총통을 개량해 보급를 확대하기 시작한다. 진관 체제는 각도의 1~2개의 병영을 두고 이들이 전투의 주체가 되는 것이고, 제승방략

통영시의 모형 판옥선

은 중앙의 고급 지휘관이 파견되어 이전보다 더 광범위한 지역의 전체 병력을 지휘하는 것이다. 이처럼 을묘왜변 이후 조선은 무기 개량과 국경 방어 체계를 개혁하고 있었다. 그리고 1587년 음력 2월에도 왜구들이 18척의 선박으로 전라도 해안을 침범하자, 조선 수군이 출동해 손죽도에서 전멸시킨 정해왜변(丁亥倭變)도 일어났다. 임진왜란 5년 전의 일이었다. 그 때문에 조선은 일본 왜구 침략에 늘 경계할 수밖에 없었다.

임진왜란 당시 조선군 모형
(동래읍성 임진왜란 역사관)

　그후 사신으로 온 다치바나 야스히로는 도요토미 히데요시의 가신이 아니고 쓰시마 도주 소 요시시게(宗義調, 1532~1588년)의 가신이다. 이 자는 이전에도 자주 사신으로 왔었고, 조선에서 관직도 내려주었다고 한다. 그런데 이 자가 사신이란 신분을 벗어나 오만불손한 태도를 보인다. 조선은 창 자루가 짧다느니, 너희 나라가 망할 날이 가까워 아랫사람의 기강이 엉망이라느니, 심지어 사신 응대하는 상주목사 송응형(宋應泂, 1539~1592년)에게 '귀공은 기생과 편안히 놀다가 머리가 희어졌다'는 망언도 서슴없이 내뱉었다. 이런 일본 사신의 태도는 이전에는 없었던 일이다. 당연히 당시 사람들도 이상하게 여겼고, 류성룡도 기록했다.

처음에 조정은 물길이 험해 사신을 못 보낸다고 답서를 써준다. 이에 히데요시가 화가 나 다치바나 야스히로를 죽이고 그의 가족까지 죽였다고 류성룡은 기록했다. 이후 다시 히데요시는 쓰시마 도주 소 요시토시(宗義智, 1568~1615년), 야나가와 시게노부(柳川調信, ?~1605년), 겐소(玄蘇, 1537~1611년)를 조선에 보낸다. 요시시게 야나가와는 소 요시시게의 가신이고, 겐소는 쓰시마의 이테이안(불교 암자이자 대조선 외교 창구) 책임자이기 때문에 조선에 대해 잘 알고, 이미 교류가 있던 자들이다. 이들도 오자 조선도 결국 통신사를 파견한다.

여기서 소 요시토시, 야나가와 시게노부, 겐소, 이 세 사람의 이름을 기억할 필요가 있다. 이자들이 임진왜란 때 일본군 침략의 선봉이자 길라잡이였다. 조선을 누구보다 잘 알고, 조선에 늘 신세를 지며 친밀하게 지내던 자들의 배신이었다. 『징비록』에도 이 세 명의 이름(또는 그들의 자식들 이름)이 자주 나온다. 이들은 전쟁 중, 전후에도 '평화주의자'인 척하며 조선과 교섭했기 때문이다. 결국 이자들의 자식들이 전쟁 후 조선과 일본의 '엉터리' 국교 재개를 이끈다.

책은 이어서 조선의 사신들이 히데요시를 만나는 장면, 이후 귀국 보고에서 정사 황윤길(黃允吉, 1536~?)과 부사 김성일(金誠一, 1538~1593년)의 보고가 서로 다른 상황, 명나라에 일본 침략 의도 통보(이미 명은 일본 내의 첩보와 오키나와를 통해 파악) 그리고 전쟁 대비로 이어진다. 사신의 정사와 부사의 보고가 서로 달랐지만, 이후 진행 상황을 보면 조선은 히데요시의 침략을 제대로 파악했다. 본격적인 전쟁 준비에 돌입하지만 조정과 백성들이 불안해하고 불만이 터져 나왔고 혼란스러웠다. 분명한 것은 조선도 일본의 침략 의도를 정확히 알았고, 일본침략에 대비했다는 점이다. 하지만 이후 일본침략의 규모와 강도는 조선이 예상하고 준비했던 것을 훨씬 크게 뛰어넘었다.

이 침략 대비 과정에서 이미 북방의 여진족과의 전투 등에서 실전 경험이 있었던 여러 장군이 승진하였다. 이때 정읍 현감 이순신(李舜臣, 1545~1598년)도 파격적으로 승진해 전라좌도(전라도 동쪽 산악지대) 수군절도사로 임명된다. 이 과정에서 그를 자신이 추천했음을 책에서 밝히며 그에 대해 자세히 소개한다. 이순신의 북방 여진족 전선에 복무했던 때 에피소드도 소개한다.

드디어 1592년 4월 13일 일본이 부산으로 쳐들어온다. 그보다 앞서, 소 요시토시 등이 입경하여 명나라와 일본의 '통교'를 조선이 주선해달라는 말을 전한다. 조선이 이런 일본의 뜻을 명에 알리지 않으면 조선을 침략하겠다고 협박도 한다. 하지만 조선이 답서를 주지 않자 돌아갔다. 그리고 침략전쟁이 시작된다. 이후의 전개 과정은 많이 알려져 있기에 길게 설명치 않는다. 다만 류성룡이 책을 통해 계속 강조하는 것은 일본 침략 전부터 전쟁 개시 후까지 조선이 부족했던 점과 잘못한 것이다. 그것도 어떤 것이 잘못이라고 구체적으로 적었다. 읽다 보면, 류성룡이 무슨 심정으로 이 처절한 기록을 남겼는지 느낄 수 있다.

이어진 내용은 명나라 이여송(李如松, 1549~1598년) 군대의 참전과 조선의 반격이다. 이여송은 조상이 조선인이고, 만주의 군벌이라는 이성량

(李成梁, 1526년~1615년)의 아들이다. 류성룡은 주로 명나라 파병군과 교섭하여 지원한 내용을 많이 적어 놓았다. 조선이 한양을 수복하자, 일본은 후퇴하여 남해안 지역에 왜성 쌓아 놓고 농성하면서 전쟁은 소강상태에 들어간다. 1597년 일본이 재정비하고 다시 침략을 개시한 정유재란(丁酉再亂)까지 전쟁은 소강상태였다.

이 기간 명과 일본은 평화 교섭을 한다. 그런데 조선은 배제되는 심각한 문제가 발생한다. 평화 교섭의 내용 중에는 조선을 분할하여 남부 지방을 일본에 넘기는 것도 포함된다. 현대사에서도 비슷한 사건이 많아 독자들도 이 '조선 배제'가 가져올 심각한 위기를 잘 이해할 것이다. 조선의 왕과 조정은 일본과 끝까지 싸워 하루빨리 격퇴하길 원했다. 하지만 명군은 협상을 통해 전쟁을 속히 종결하고 고향으로 회군하려고 했다. 그런데 이 명·일 교섭은 이상한 자들이 주도한 국제 사기극이었다. 결국, 발각되자 협상은 깨진다. 그자들의 정체는 명나라 사신 심유경(沈惟敬, ?~1597년), 일본의 침략 선봉장 고니시 유키나가(小西行長, 1558~1600년)와 유키나가의 사위이며 쓰시마의 도주 소 요시토시이다. 이자들이 공식적인 직책은 명과 일본의 강화협상 대표였다.

이 국제 사기극의 전모를 요약하면 이렇다. 먼저 히데요시가 명에 보내는 국서를 조작한다. 히데요시의 진짜 국서는 자신이 승자로서 요구 조건을 담은 것이었다. 그런데 이 셋이 중간에서 이 국서를 위조해 일종의 항복문서로 명에 보낸다. 이에 명 황제가 만족하고 답서를 보낸다. 명의 국서도 승자로서 조건을 단것이다. 다시 이 셋이 명의 국서를 위조해 조작된 명나라 답서를 히데요시에게 보낸다. 그러면 명도, 일본도 속아서 강화조약을 맺고 전쟁을 끝낼 것으로 생각해 공모한 것이다. 그러나 일본도, 명도 국제 사기꾼들보다 똑똑했다. 이 국제 사기극은 들통이 났고, 평화 교섭은 무산된다. 이 일로 심유경은 처형되었다. 하지만 이상하게도 일본은 유키나가와 쓰시마 도주의 책임을 묻지 않았다. 아마도 이들을 대체할 외교협상 창구가 일본에는 없었거나, 그냥 히데요시의 무능함일 것이다.

그런데 류성룡은 이 사건에 대한 기록을 『징비록』에 전혀 남기진 않았다. 오히려 심유경의 옹호하는 기록을 남겼다. 임진왜란 종전 직후 바로 류성룡이 파직되는데, 직접적으로는 명의 "정응태(丁應泰) 무고 사건" 때문이다. 정응태가 조선파견군 사령관 양호(楊鎬, ?~1629년)와 갈등이 발생하는데, 이자가 갑자기 '조선이 일본과 짜고 명을 공격한다'고 무고한 사건을 말한다. 당시 선조(宣祖, 재위 1567~1608년) 이 사건의 해명과 무마를 위해 류성룡을 명으로 갈 사신으로 임명하는데, 이것을 거부해 파직된 것이다. 하지만 중요한 것은 이 사건보다 류성룡에게는 책임져야 할 일이 따로 있었다. 전부터 류성룡은 "주화오국(主和誤國, 일본과 화친을 주장해서 나라를 더럽혔다.)"을 저질렀다고 반대파의 공격을 받고 있었다. 주화오국이 단지 정치적 반대파인 북인(北人, 류성룡은 남인)의 일방적인 주장으로만 보기는 어렵다. 명과 일본의 평화 교섭에 대한 류성룡의 소극적인 태도에는 분명히 큰 아쉬움이 있기 때문이다. 조선의 최고 책임자로서 조선이 배제된 강화협상에 대해 무언가 적극적인 행동을 해야 했다고 생각한다. 다만 『징비록』에 황신(黃愼, 1560~1617년)을 심유경의 일본행에 동행하도록 했다는 기록을 남겼다.

이어서 정유재란과 이순신의 파직과 복직 그리고 명량해전의 승리, 울산성 전투 등을 기록에 남겼다. 전쟁 중 이런저런 이변 등을 기록한 「녹후잡기(錄後雜記)」와 선조 몽진(蒙塵)과 호종(扈從, 임금이 탄 수레를 호위하여 따르던 일)한 일을 기록으로 남겼다. 류성룡의 셋째아들 류진(柳袗, 1582~1635년)도 「임진록(壬辰錄)」이란 이 시기 피난 체험 기록을 남겼다.

조선의 전시 최고 책임자 류성룡이 쓴 『징비록』이 지닌 가치는 국내뿐이 아니라 국제적으로도 가치를 인정받았다. 1604년경 『징비록』 초간본이 나온다. 이후 류성룡 사후 1647년에 정식으로 국내에 출간되는데, 이것이 일본으로 유출되었던 것 같다. 1719년 통신사로 일본에 다녀온 청천(靑泉) 신유한(申維翰, 1681~1752년)이 그의 저서 『해유록(海遊錄)』에서 조선의 기밀이 담긴 이 『징비록』 등이 일본에서 출판되어 시중에서 판매되고 있다는 기록을 남겼다. 신유한의 기록은 전체적으로 『징비록』 등이 일본에 유출된 것은 역관들 소행이라 단정하며 개탄했다. 분명한 것은 이 시기 이미 일본에서 널리 『징비록』이 읽혔고, 관련한 일본의 책들도 출간되었다. 에도막부(江戶幕府)의 고위 관료와 지식인들이 널리 읽었고, 심지어 관련된 풍속소설의 소재로도 쓰였다. 19세기 말 『징비록』은 청나라 학자 양수경(楊守敬, 1839~1915년)이 일본에서 발견하여 중국에도 유포했다.

당시 중국은 임진왜란 시기의 조선과 전쟁의 최고 책임자였던 류성룡에 대해 아주 부정적인 시각을 가지고 있었다. 17세기 제갈원성(諸葛元聲)의 『양조평양록(兩朝平壤錄)』 등은 '조선은 아주 한심한 나라다. 조선을 오래 다스린 선조는 정무에 해이하고, 그 주변에는 류성룡, 이덕형(李德馨, 1561~1613년)과 같은 간신들도 많았다'는 식으로 묘사했다고 한다. 이 책들은 조선에 대한 부정적인 시각과 오로지 명나라의 희생으로 일본을 격퇴했다는 편견을 중국에 퍼뜨렸다. 이런 점은 일본도 비슷했다. 아예 조선은 안중에 없고, 오직 일본과 명이 국제전을 (단지 조선 땅에서) 치렀다는 시각이 팽배했다. 바로 이런 부분은 한국 근현대사와 많이 닮아 있다.

이처럼 『징비록』이 국제적으로 읽히면서, 일본과 중국이 가졌던 조선과 임진왜란에 대한 편견을 많이 해소했다는 평가를 받는다. 널리 알려진 이야기인데, 일본은 임진왜란 당시 자신들을 패퇴시킨 조선군 사령관의 이름조차 몰랐다고 한다. 진주대첩의 김시민(金時敏, 1554~1592년) 장군은 "모쿠소(牧使)"로, 한산대첩의 이순신 장군을 "리 토우세이(李統制)"라고 했다. 『징비록』이 일본에 유포된 후 비로소 조선군과 조선의 장군들을 비교적 정확히 알게 되었다는 것이다.

다만 류성룡과 같은 시대를 살았던 다른 정치 세력이 남긴 임진왜란 기록은 류성룡과는 다른 평가를 하였다는 지적도 있다. 서인 사관들이 정리한 정사(正史)가 『선조수정실록』인데, 류성룡과 이 『징비록』에 대한 혹평이 실려 있다. 선조 40년 5월 1일, 류성룡의 졸기(卒記, 어떤 인물에 대한 사후 평가)에 "국량(局量, 남의 잘못을 이해하고 감싸 주며 일을 능히 처리하는 힘)이 협소하고 지론(持論)이 넓지 못하여 붕당에 대한 마음을 떨쳐버리지 못한 나머지 조금이라도 자기와 의견을 달리하면 조정에 용납하지 않았고, 임금이 득실을 거론하면 또한 감히 대항해서 바른대로 고하지 못하여 대신(大臣)다운 풍절(風節, 거룩한 몸체와 절개를 아울러 이르는 말)이 없었다. 일찍이 임진년의 일을 추기(追記, 본문에 덧붙여서 씀)하여 이름하기를 『징비록』이라 하였는데 세상에 유행되었다. 그러나 식자들은 자기만을 내세우고 남의 공은 덮어버렸다고 하여 이를 기롱(譏弄, 실없는 말로 놀림)하였다"라고 평가하였다.

실제 많은 문신, 선비들도 임진왜란에 참전했고, 그들도 기록을 많이 남겼다. 또한 정사인 『조선왕조실록』도 있다. 그런 기록물도 찾아 읽다 보면 『징비록』의 여러 오류도 바로 볼 수 있다. 개인의 기록은 선의든, 고의든, 오류가 반드시 있는 법이다. 더욱이 정치인이 쓴 자서전은 그대로 다 믿어서는 안 된다. 역시 책은 두루두루 읽어야 편견이 없고 본질을 제대로 알게 된다.

상승 장군의 전쟁『난중일기(亂中日記)』

이제 류성룡이 천거한 장군 이순신의 『난중일기』를 보자. 이순신의 명성과 업적, 일생을 모르는 한국인은 거의 없을 것이다. 따로 설명이 필요하지 않을 듯하다. 바로 그가 남긴 『난중일기』를 보자.

『난중일기』는 이름 그대로 최전선을 지키며 전쟁을 치열하게 하였던 장군이 남긴 일기다. 그런데 이 책의 제목은 저자 이순신이 정한 것이 아니다. 원래는 『임진일기(壬辰日記)』, 『병신일기(丙申日記)』 등등으로 되어 있다. 매일 매일을 기록하고, 해마다 한 권씩 묶어서 해당년의 육십갑자 (六十甲子)를 제목으로 달아서 만들었다. 『난중일기』란 제목은 언제 나타난 것일까? 이순신 사후, 그에 대한 대대적인 선양 작업이 조선에서 두 차례 일어났다. 하나는 숙종(肅宗, 재위 1674~1720년) 때이고, 다른 하나는 정조 때이다. 바로 정조(正祖, 재위 1776~1800년) 때 임진왜란 200주년이 되는 1792년에 이순신에게 영의정이 추증되고, 그의 글을 모두 모아『충무공전서(忠武公全書)』로 간행했다. 이때 전쟁 중 일기도 모아『난중일기』로 간행된 것이다. 숙종 때는 아산의 이순신 생가에 현충사를 세웠다. 현충사의 현판도 원래는 숙종의 친필이었다. 현재는 박정희가 쓴 한글 현판이 걸려 있다.

『난중일기』는 전쟁이 발발한 1592년 1월부터 시작되어 1598년 11월 노량(露梁) 해전 직전까지 13만 여자로 쓰였다. 전투 등으로 바쁜 날을 제외하고는 거의 모든 날짜이다. 그런데 읽다 보면 대부분의 이야기는 전투 전후 기간 사이의 대비 태세, 병영에서 일어나는 이런저런 이야기, 때로는 진솔한 개인의 감정이 대부분이다. 특히 원균(元均, 1540~1597년) 장군에 대한 평가 부분에서 욕을 한 것도 있다.

이순신이 무적의 상승장군이기에 실제 전투 상황을 정리한 것을 기대하고 읽는다면 약간 실망할 것이다. 생생한 전투 전개나 피 튀기는 전투 장면 묘사는 드라마 작가의 몫일 것이다. 이 책은 치열한 전투를 치른 후 다 타버린 재 같은 지친 심신을 끌고 자신의 처소로 돌아와 흐릿한 호롱불 아래서 사망, 부상, 파괴 등과 같은 그날의 전과를 쓰거나, 지치고 병든 초로의 장군이 다음 전투를 기다리던 어느 평범한 날의 일상을 적은 일기이다.

일기의 첫 시작은 '1592년 1월 1일 맑음'이다. 새벽에 아우, 조카, 아들이 함께 이순신의 전라도 여수 군영으로 와 이야기를 나눈다. 이후 병마도절제사의 군관 이경신(李敬信)이 절제사의 편지와 설 선물, 긴 화살 장전, 애깃살 편전 등을 바쳤다고 쓰여있다. 이후에도 공무 보고, 군비 점검하고, 태만한 부하들 곤장 때리고, 군영 내외의 일, 활쏘기 등등의 소소한 이야기로 이어진다. 드디어 4월 15일. 날은 맑고 선대 왕후의 제사일이기에 공무를 보지 않았다. 그런데 해 질 무렵 경상우수사 원균에게 급한 공문이 도착한다. '왜선 90여 척이 부산 앞 절영도에 정박'이라는 내용이었다. 곧이어 경상좌수사 박홍(朴泓, 1534~1593년)의 공문이 왔는데, '이미 왜적 350여 척이 부산포 건너편에 도착'이라는 내용이었다. 이에 즉시 장계를 올리고 주변 지역 군사령관들에게도 통보한다. 이것이 이순신이 일본의 대규모 침략을 인지하는 임진왜란 첫째 날의 기록이다. 여기서 흥미로운 점은 조선의 놀라운 행정 체계이다. 전쟁 발발한 날 바로 전쟁터인 경상도는 물론 전라도 등 주변 지역으로도 그 사실이 빠르게 전파되었다는 점이다. 이런 조선의 행정력이 지닌 장점은 이후 전쟁 기간에도 잘 작동한다.

이후 전황 파악, 휘하 부대 집결, 5월 4일 출항해, 29일 옥포에서 첫 승리를 거둔 후, 23전 23승 불패 기록을 이어 나간다. 하지만 영웅 이야기에 반드시 등장하는 것이 모진 시련을 겪는다는 것이다. 1597년 1월 삼도수군통제사(경상, 전라, 충청 해군 총사령관, 임란 때 처음 생긴 군직)에서 파직되고, 서울 의금부(사대부의 죄를 처벌하는 기관)로 압송되어 모진 심문을 받는다. 이 기간 그에게 가장 소중한 어머니가 돌아가셨지만, 임종을 보지 못하고 장례도 치르지 못한다. 이 일이 그에게 깊은 회한으로 남았다는 것이 일기 곳곳에서 발견된다.

여기서 잠시 이순신의 죄에 대해 잠시 알아보자. 앞서 거론한 일본 장군 고니시 유키나가가 1596년 11월 부하 요시라(要時羅)를 보내 경상우병사 김응서(金應瑞, 1564~1624년, 이후 '경서景瑞'로 개명)에게 '가토 기요마사(加藤淸正, 1562~1611년)가 머지않아 대규모 병력을 거느리고 바다를 다시 건너올 것이니 조선 수군이 바다에서 잡을 수 있다'는 정보를 전한다. 김응서는 이 사실을 도원수(전시 최고 군직) 권율(權慄, 1537~1599년)에게 보고하고, 권율은 다시 선조에게 보고한다. 이 정보는 당시에 사실일 수도 있고, 거짓일 수도 있다.

먼저 사실일 가능성은 일본의 두 장군, 고니시 유키나가와 가토 기요마사는 앙숙이었다는 점에서 출발한다. 당시 조선에 출병한 일본군 장군들은 모두 군벌이고 그들 각자의 이해관계도 모두 달랐다. 하나의 명령체계로 합동작전을 진행하는 것은 쉽지 않은 상황이었다. 바로 이런 점이 통일된 명령체계로 움직이는 정규 조선군과는 결정적으로 다른 점이다. 아무튼 이 둘은 출신, 지배 영지, 종교, 모든 면에서 상극이었다. 유키나가는 상인 출신이고 기요마사는 히데요시의 친척이며 무사 출신이다. 이 둘의 영지는 규슈(九州)의 중서부 지역인 비젠(備前) 지역과 구마모토(熊本)로 서로 가까이 위치하고 있었기 때문에 갈등이 일어날 수밖에 없었다. 특히 유키나가는 열렬한 가톨릭교도이지만, 기요마사는 일본불교의 일련종(日蓮宗) 신자로서 기독교 탄압에 앞장섰다. 이런 점은 일본 역사에도 나오고, 당시 조선도 이 사실을 알았다. 앙숙을 적의 손으로 죽인다면, 고니시 유키나가는 많은 이득을 챙기게 되는 것도 사실이었다. 하지만 일본군이 거짓 정보를 조선 조정에 보내 조선 수군을 함정에 빠뜨릴 가능성도 충분히 있었다. 조선 수군의 단독 작전으로 당시 적진인 부산의 앞바다에 대기했다가 해상에서 적장을 잡고 승리한다는 것은 거의 불가능한 일이기 때문이다.

그렇지만 1597년 1월 고니시 유키나가는 실제로 대규모 병력을 이끌고 부산에 상륙한다. 이것이 바로 정유재란이다. 선조는 그 전년도에 이순신에게 부산 출격을 명령했지만, 이순신이 거부했다는 것이다. 분명 "항명죄"이다. 군인이 항명하면 '즉결 처형'을 해도 아무 할 말이 없는 죄

한산도섬 한산정(활쏘기 훈련장)

이다. 이때 중요한 것은 선조의 정치력이었다. 전시 중의 최전선 사령관, 그것도 무패의 상승장군이 처벌은 반드시 정치적 고려가 필요하다. 그럼에도 선조는 '항명죄'로 이순신을 처벌했다. 아마도 이순신에게 오랜 불안과 불신이 있었던 것 같다. 이순신의 직위나 그가 거느린 수군의 위세는 조선 개국 이래로 없었던 대단히 파격적인 일대 사건이었다. 그런 장군이 이제 (교만하게도) 항명까지 하니 선조는 반드시 처벌해야 한다고 생각했을 것이다. 그런데 이와 같은 후방의 군 통수권자와 전선의 군 지휘관의 갈등은 역사에서 자주 발견된다. 그 결과는 때로 비극적으로 처리되기도 하고, 때로는 현명하게 처리되기도 했다. 당시 선조의 결정은 이순신을 처벌하는 것이었다. 이 결정은 지금까지도 선조의 평판을 더욱 끌어내리고 있다. 동시에 '수난을 겪은 영웅' 이순신에게 더 많은 애정을 보내게 된 것만은 틀림없는 사실이다. 한편, 일본의 조선 침략을 김응서에게 알렸던 요시라는 이후 쓰시마의 사신으로 다시 왔는데 조선과 명이 죽였다. 이자의 본명은 가케하시 시치다유(梯七太夫, ?~1598년)로 쓰시마의 조선 통역관이자 외교관이다. 여기서 흥미로운 점은 언제나 이런 사건에는 쓰시마가 있었다는 것이다.

이순신이 심문을 당하던 시기는 『난중일기』에 기록이 당연히 없다. '4월 1일 맑음. 궁 밖으로 나왔다'라는 글로 일기는 다시 이어진다. 남대문 밖 윤간(尹旰, 1573~1665년)의 종이 사는 집 대청에 앉아 조카, 아들, 지인 몇과 오래도록 담소하며 울적한 마음을 술로 위로받는다. 그날 몹시 취했다고 기록한다. 류성룡 등 많은 사람이 종들을 보내 안부를 물었다고 한다. 윤간은 당시 서인(西人)의 영수 윤두수(尹斗壽, 1533~1601년)의 아들이며 군인이다. 같은 군인이지만 서인 영수의 아들 집에서 몸을 추스른 것을 보면, 그에 대한 처벌은 당쟁(이순신을 후원한 류성룡은 서인의 반대당인 동인-남인)과는 직접 관련이 없어 보인다. 이후 권율 휘하에서 백의종군한다. 그런데 선조가 이순신을 대체하여 조선 수군을 이끌게 한 원균이 7월 칠천량(漆川梁) 해전에서 대패하고 자신도 전사한다. 그러자 다시 이순신을 9월에 복직시켜 수군을 지휘하게 한다.

일기의 마지막 부분을 보자. 1598년 노량 해전이 일어나기 바로 전이다. 이때는 명의 수군과 함께 연합군을 형성해 순천 왜성(일본이 조선 백성을 강제 동원해 한반도 남부에 쌓은 성)에 주둔하고 있던 고니시 유키나가와 대적하고 있었다. 정확히는 일본군이 순천에서 조선과 명에 포위되어 있었다. 다른 일본군 상황도 마찬가지였다. 울산에는 가토 기요마사 등이, 사천에는 사쓰마(규슈의 남부)의 시마즈 요시히로(島津義弘, 1535~1619년) 등이 조·명 연합군에게 포위되어 있었다. 당시 상황은 히데요시가 죽고 조선 주둔 일본군의 철군이 결정되어 있었다. 이 때문에 명군은 어차피 철수하는 군대를 추격해 격멸할 이유가 없다고 생각한다.『손자병법』에도 도망치는 군대는 추격하지 말라고 하지 않는가. 그러나 이순신은 생각이 달랐다. 단지 지난 7년 전쟁의 복수가 아니라 일본군을 무사히 보내면 반드시 재정비해 다시시 침략한다고 보았다. 이것은 오랜 역사의 경험이기도 하다. 반드시 일본군을 격멸해야 한다고 명나라 장군들에게 역설한다. 하지만 명의 유정(劉綎, ?~1619년) 장군은 한 번의 전투를 치른 후, 적을 두고 그냥 후퇴해 버린다. 결국 조선의 이순신과 명의 수군 제독 진린(陳璘, 1543~1607년) 만이 노량 앞바다를 지키게 된다. 일기의 마지막은 11월 17일이다. 일본군은 계속 바다로 탈출하려 시도하지만 계속 분쇄된다.

드디어 11월 19일 노량 앞바다에서 격전이 일어난다. 일본은 사천에서 구원하러 온 시마즈 요시히로가 이끄는 500여 척의 배가 출동하였다. 이들을 관음포에서 포위해 섬멸하려는 조선과 명의 200여 척의 수군과 치열한 전투에 돌입한다. 이 전투로 이순신은 물론 조선군의 주요 장수들, 70세의 명나라 노장 등자룡(鄧子龍, 1531~1598년) 등이 모두 전사한다. 한편, 고시니 유키나가는 그 틈에 도망쳤다. 일본군도 대패하고 시마즈 요시히로 등 소수만 살아남아 도망쳤다.

여기서 이순신은 유언 '나의 죽음을 적에게 알리지 마라'를 남기고 죽자, 조카 이완(李莞, 1579~1627년)이 대신 수군을 지휘하였다. 이 이야기는 한국인이라면 거의 다 아는 전설 같은 이야기다. 그런데 『선조실록』 중 선조 31년 11월 27일 무신 5번째 기사에는 전혀 뜻밖의 인물이 등장한다. 이문욱(李文彧)이란 인물이다. 그가 죽은 이순신을 대신해 수군을 지휘하여 승리한 것으로 정사인 실록에 기록되어 있다.

그러면 이문욱은 누구인가. 이문욱은 손문욱(孫文彧)이라고도 하는데, 『선조실록』과 일본 측 기록에만 나온다. 『난중일기』와 『징비록』에는 존재하지 않는다. 선조도 그가 '누구의 아들이냐?'라고 물었지만, 류성룡이 '모른다'고 답한 실록의 기록이 있다. 즉 태생(국적)이 조선인지도 모른다는 말이다. 생몰년도 알 수 없다. 다만 이런저런 기록을 따라가면, 그는 어떤 계기로 쓰시마에서 살았고, 히데요시의 총애도 받았다고 한다. 그리고 침략한 일본군을 따라 들어와 (일본이 임명한) 남해군수를 한다. 이후 조선에 투항해 군인으로, 외교관으로, 밀정으로 맹활약한다. 1604년 탐적사(探賊使)로 임명된 사명당(四溟堂, 1544~1610년)과 함께 일본으로 가서 새로운 권력자 도쿠가와 이에야스(德川家康, 1542~1616년)를 만나 외교담판도 한다. 이 외에도 곳곳에 그의 행적이 남아있다. 아마도 이문욱이 임진왜란 중 가장 미스테리한 인물일 것이다. 하지만 광해군 이후 이문욱은 사라졌고 기록도 없다. 평가도 바뀌었다.

인조반정(仁祖反正) 이후 다시 만들어진 『선조수정실록(32권, 선조 31년 11월 1일 임오 2번째 기사)』에는 이순신 사후 이완이 수군을 지휘했다고 바꿰었다. 이완은 이순신의 형 이희신(李羲臣)의 아들이고, 이후 무과에 급제하여 군인의 길을 간다. 1624년 이괄(李适, 1587~1624년)의 난을 평정하는 공을 세웠고, 압록강의 최전선 의주부윤이 되어 명의 모문룡(毛文龍) 부대의 횡포를 진압하기도 했다. 모문룡은 원래 요동 쪽에 주둔했던 군인인데, 후금(後金)에 패하자 패잔병과 난민을 끌고 조선으로 넘어와 압록강 하류 가도(椵島, 皮島) 지역을 무단 점거해 있었다. 후금에 대한 군사적 견제라는 가치가 있어도, 무능하고 부패한 군벌에 불과했던 그는 그런 역할을 제대로 하지 않았다. 그자는 조선에 지원을 요구하며 많은 패악질을 부렸고, 다른 한편으로 명에게도 막대한 군사 원조를 받았다. 후일 명의 원숭환(袁崇煥, 1584~1630년) 장군에 의해 참살되었다. 이완은 이후 1627년 정묘호란(丁卯胡亂) 때 후금군에게 의주성이 포위되어 패배가 확실해지자 화약에 스스로 불을 질러 순국하였다.

삼도수군통제영의 본영인 세병관

『맹자』「양혜왕(梁惠王)」편에 아주 흥미로운 말이 있다. 먼저 양혜왕이 '주변의 진(秦)과 초(楚)가 강력하여 우리나라의 땅을 빼앗고, 태자를 납치해 갔다'며 하소연을 길게 늘어놓자, 맹자는 이런 말을 한다. '만약 왕께서 어진 정치를 한다면, 백성은 제때 농사를 잘 지을 것이고 효제충신(孝悌忠信)도 배울 것입니다.' 이어서 '그런데 진과 초가 쳐들어 와 농사도 못 짓고, 내 나라 왕과 부모 형제를 죽이려 한다면, 백성은 몽둥이라도 들고 일어나 진과 초의 견고한 군대를 물리칠 것입니다. 왕은 이 말을 의심하지 마소서'라고 말한다. 전국 시대 가장 강력한 진과 초의 군대를 백성들이 몽둥이로 이긴다는 말은 그냥 어진 정치(仁政)를 강조하려는 맹자의 과장이었을까? 아니다. 최소한 조선에서는 결코 과장이 아니었다. 백성들이 몽둥이를 들고 당대 최강의 일본 침략군에 맞서 싸웠다. 그리고 마침내 승리했다. 그 백성이 바로 의병(義兵)이다.

『고대일록』은 임진왜란에서 의병장으로 활약한 고대(孤臺) 정경운(鄭慶雲, 1556~1610년)의 항전일지다. 경남 함양 출신으로 그의 호 '고대'는 고향의 명승지 소고대(小孤臺)에서 유래했다. 학문은 조식(曺植, 1501~1572년)과 정인홍(鄭仁弘, 1536~1623년)의 문하에서 수학했다. 여러 번 과거에 응시하였지만 뜻을 이루지 못하고 시골의 평범한 선비로 살다가 임진왜란을 맞이한 것이다.

『고대일록』은 전체 4권 4책으로, 1592년 4월 23일(전쟁 발발 3일 후)부터 그가 죽기 얼마 전인 1609년 11월 1일까지 쓴 일기다. 대체로 앞의 1, 2권이 왜란 기간에 해당하고, 뒤의 3, 4권은 왜란 종결 후 선조가 승하하고 광해군(재위 1608~1623년)이 즉위한 상황이다. 이 책의 특징은 경상우도(낙동강 서쪽 지역)의 의병, 특히 조식 문하의 제자들이 일으킨 의병들 활약이 많이 나온다. 직접 견문한 것만 아니라 전쟁 전체의 양상, 조선과 명나라 군대 동향, 백성들의 고초 등을 다루고 있다. 마지막으로 이 책은 춘추대의(春秋大義) 정신으로, 춘추의 필법으로 썼다고 평가받는다. 그냥 개인의 일기나 체험담이 아니라 공자가 기술한 『춘추』와 같은 역사서이다. 특히 간략한 문장 속에서 선악포폄(善惡褒貶)을 드러냈다. 선악을 명확히 밝히고 가감 없는 평가하는 것을 말한다.

전체를 살펴보기 어려워 앞의 1권에서 왜란 발발 초기부터 이 지역 최대 승리이고 임진왜란 3대첩 중 하나인 진주대첩(1차 전투)까지의 내용 중 중요한 일자의 기록만 보고자 한다.

일기의 시작인 4월 23일은 '김산(金山)의 적들이 추풍령을 넘어 황간현으로 치달렸다'는 적의 북상 소식이 쓰여있다. 이어 순변사(조선시대 변방의 군국기무를 순찰하기 위하여 왕명을 띠고 파견되던 특사) 이일(李鎰, 1538~1601)이 상주 방어에 실패한 소식부터 곳곳의 조선군이 패했다는 소식을 기록한다. 다만 경상우수사 원균과 전라좌수사 이순신이 전라도 방어에 성공했다는 소식처럼, 다른 내용의 소식인 경우는 ○을 표기하고 덧붙여 썼다. 25일 도순변사 신립(申砬)이 충주에서 패하고 정병(일반 양인 농민 출신의 병사) 5백여 명과 함께 익사했다고 기록했다. 이 소식이 한양에 27일 도착했다는 기록도 함께 썼다. 26일 충청도와 강원도가 적의 침략을 받았다는 소식과 함께 경상도 상황을 이렇게 기록했다. '경상도의 백성들은 풀숲으로 달아나 엎드려 숨고 굴 속의 흙바닥에 몸을 눕혀야 할 처지에 놓여, 어육(魚肉)이나 다를 바 없게 되니, 조금도 사는 것 같지 않았다.' 29일 적이 용인에 도착했고, 30일 새벽 1시가 넘어 왕이 몽진에 나선다.

5월 2일 왕이 개경에 도착해 조정을 개편하고, 정치 사면도 시행한다. 영의정 이산해(李山海)는 관작(官爵)을 삭탈한 후 평해로 유배를 보내고, 좌의정 류성룡에게는 조정을 이끌도록 하고, 유배 갔던 정철(鄭澈) 등을 방면한다. 전쟁 발발에 대한 책임과 민심 수습으로 보인다. 8일 평양에 도착한 왕은 김성일(金誠一, 1538~1593년)을 영남 초유사(난리가 일어났을 때, 백성을 타일러 경계하는 일을 맡아 하던 임시 벼슬)로 임명했다. 이때 김성일은 이미 경상도 함양에 도착해 지역의 선비들을 불러 모으고 있었다. 즉 초유사로서 이미 활동하고 있었다. 함양에서는 노사상(盧士尙, 1559~?), 박손(朴蓀) 등이, 안음(安陰)에서는 정유명(鄭惟明, 1539~1596년) 등이, 삼가(三嘉)에서는 노흠(盧欽, 1527~1601년), 박사제(朴思齊, 1555~1619년) 등이 모였다. 아마 더 많은 이름이 있었을 것인데, 중간중간 글자가 빠져 있어서 전체 명단은 보이지 않는다. 중요한 것은 바로 이 선비들이 그 고장의 의병장이 된 것이다. 김성일은 의령의 곽재우(郭再祐, 1552~1617년)에게도 급히 글을 보내 의병을 일으키라고 권한다. 하지만 이미 곽재우는 의병 활동을 하고 있었다. 사람들은 일본에 사신으로 파견되었던 김성일이 임진왜란 때 어떤 활동을 했는지 잘 모르는 경우가 많다. 당시 전국의 선비들에게 존경받던 김성일은 이렇게 지역을 순회하면 그 지역에는 의병이 조직하고 있었다. 이런 활동을 하다가 2차 진주성 전투를 앞두고 전염병으로 죽었다. 중요한 것은 이날 저자 정경운은 초모유사(招募有司, 의병부대 모병관)가 되어 흩어진 병졸들을 불러 모으는 임무를 맡았다는 것이다. 이로써 본격적인 의병 전쟁에 뛰어든 것이다. 9일 왕이 평양부에 행차하여 자신을 죄인이라고 부르며 백성에게 사죄한다는 교지(죄기조, 罪己詔)를 내렸다고 기록했다.

10일 정인홍과 김면(金沔, 1541~1593년)이 합천 숭산동에 모여서 의병 궐기를 모의하고 뜻을 같이하는 선비들을 규합할 계획을 세웠다. 곽준(郭越, 1550~1597년), 하혼(河渾, 1548~1620년), 권양(權瀁, 1555~1618년) 등도 결의하였다. 같은 날, 초유사 김성일이 순찰사 김수(金睟, 1547~1615년)를 길에서 만나자 질책한 사실을 기록한다. 김수의 비겁하고 무능한 행태에 대한 비판이 일기에는 종종 보인다. 김수는 그래도 큰 처벌을 받지 않고 왜란을 보냈고, 이후 승승장구하다가 광해군 때 무고(誣告)를 당해 곤장을 맞고 옥에서 죽었다. 15일, 노사상이 지역 백성들과 의병을 일으키는 문제를 논의하였고, 노사상의 의병이 22일 일어났다. 여기에 정경운도 참석한다. 이날 거창 지역의 의병 9백여 명이 적의 소굴로 공격하려 한다는 소식이 들어온다. 같은 날 이대기(李大期, 1551~1628년)와 전우(全雨, 1548~1616년)가 이끄는 초계(경상남도 합천 지역의 옛 지명)의 의병이 첫 승리를 했다는 소식도 들어온다. 이대기는 부친상을 당해 여막(시묘

살이 움막)에 거처하다가 적들이 쳐들어오자 자리를 털고 일어나 의병을 일으킨 것이다. 한편, 정경운은 24일 그동안 모은 400여 의병을 관군으로 보냈다.

6월 1일 '왕은 의주(義州)에 계셨다. 왜적은 강원도와 함경도 등지에서 득실거리고 있었다'는 기록을 남긴다. 3일, 진주(晉州)는 판관 김시민(金時敏, 1554~1592년)이 방어 태세를 갖추고 있다는 기록을 남긴다. 당시 목사(牧使) 이경(李璥)은 피난처에서 병으로 죽어 지휘권이 김시민에게 넘어갔다. 김시민은 처음부터 진주 목사가 아니었다. 9일, 지역 의병장들이 함께 모여 점검과 역할 분담의 회의를 하였고, 10일에는 군수물자를 확보한다.

14일, 김면의 부대가 승리했다는 소식이 들어온다. 현풍 쌍산강(雙山江)을 따라 내려오는 적의 배를 황응남(黃應男) 등 30여 명이 매복했다가 활로 공격해 적병 80여 명을 사살하고 격퇴한 것이다. 여기서 황응남은 만호(萬戶)라는 무관이라고 기술했다. 의병부대의 전투 기록을 보면, 전·현직 무관이나 병졸들도 나온다. 아마도 이들이 실제 전투 현장에서 전술을 지도했을 것이다. 이후에도 이런 작은 전투의 승리 소식을 일기에 적고 있다. 하지만 15일 충청도 순찰사 윤선각(尹先覺, 1543~1611년), 전라도 순찰사 이광(李洸, 1541~1607년), 경상도 순찰사 김수의 군대가 한양을 탈환하기 위해 북상하다가 수원 근처에서 궤멸되었다는 비보가 들어온다. 당시 전투 기록을 찾아보면, 5만 이상의 조선군이 불과 1천5백 명의 일본군의 기습에 형편없이 패배하고, 후퇴도 아닌 무질서하게 도망쳤다. 22일 초유사 김성일과 의병장 정인홍, 김면이 만나 작전 회의를 하였다.

저자 정경운은 이날 '경상우도의 여러 고을이 분탕을 면하고 오늘날이 있을 수 있었던 것은, 우부우부(愚夫愚婦, 평범한 백성들)로 하여금 토적(討賊, 왜적 토벌)의 의리를 알게 했기 때문이니, 모두 두 선생(정인홍, 김면)의 공이라는 글을 남겼다. 24일 봉사(奉事) 최변(崔汴)이 멋대로 적을 제압할 것을 도모하자 의병장 김면이 곤장을 쳐서 군기를 잡았다는 기록을 남겼다. 29일 도원수 김명원(金命元, 1534~1602년)이 왕이 있던 의주 방어에서 승리했다는 소식, 각지의 의병 소식을 기록했다.

7월 1일 의령 의병장 곽재우가 순찰사 김수의 휘하 장수와 사졸들에게 격문을 보냈다. 김수가 인심을 잃고 국가를 망하게 한 죄들을 거론하며 참수하여 군중에게 효시하라고 촉구하였다. 정경운은 이를 우려하는 마음을 적었다. 2일, 3일에는 의령의 곽재우 의병이 적군을 격퇴한 사실과 적군이 전라도 금산과 용담을 함락하고, 전주 지역의 여염집들을 분탕질하고 있다고 기록하였다. 6일에도 평양 지역에서 적군을 격퇴한 사실을 기록하고 있다. 이것은 전국의 전황을 경상도 지역에서도 빠르게 알았다. 이것은 전시 중에도 각지에서 서로 연락을 주고받았던 것은 정부의 행정망이나, 전국의 양반·선비들의 소통망 같은 것이 계속 가동되었다는 의미이다. 8일에는 적에게 투항한 전직 양반 관료들을 거명하며 비판한다. 11일 적들이 전라도 전주를 공격할 것이라는 소식을 듣는다. 13일에는 명나라의 참전 소식을 듣는다. 15일은 전라도 진안의 웅치(熊峙)를 두고 적과 아군이 치열한 공방전을 하고 있다는 소식과 전라도 의병장 전 동래 부사 고경명(高敬命, 1533~1592년)이 금산에서 전투

중 사망한 사실을 적었다. 17일도 전라도 웅치 상황을 적었다. 또, 경상도 고성 등의 적군 동향도 적었는데, 아마 주변 지역의 적군을 철저히 정탐하고 있었다고 보인다.

19일에는 이순신과 원균이 이끄는 조선 수군이 적군을 연달아 격파한 사실을 소상히 기록하고 있다. 이순신과 원균을 "양 수사(兩水使)"로 함께 지칭하고 칭찬하는 것을 보면, 당시 원균에 대한 인식이 오늘날과는 달랐다는 것을 느끼게 한다. 또, "이를 통해 본다면, 적들이 비록 창궐하고 있지만 그들을 제압할 방책은 있다"는 글을 보면, 조선 수군의 승리는 당시 조선 백성과 의병들에게 전쟁 승리의 희망이며 자신감의 원천이었다. 21, 22, 23일에는 경상우도 의병들도 계속 전투 중이었고, 승리도 하지만 희생도 따른다. 초유사 김성일은 포로가 되었다가 돌아온 사람들을 죽이지 말고 석방하도록 명령했다. 24일에는 초유사가 이런 포고도 한다. 백성들이 대거 피난하면 고을은 텅텅 비어서 적군이 쉽게 함락하니 돌아오도록 명령한다. 일반 백성은 그 명령이 두려워 돌아오지만, 오히려 '무사(武士)와 유생(儒生)들이 전쟁을 외면하고 자신들의 고을이 함락되는 것을 그냥 구경한다고 비판도 하며, '하나같이 군율에 따라 처벌할' 것임을 천명하였다. 한편 경상좌병사(병마절도사, 조선시대 각도의 육군을 지휘하는 책임을 맡은 종2품 무관직)라고도 한다. 병마절도사 박진(朴晉, ?~1597년)이 승리하고 있다는 소식을 처음 알게 되었고, 아직 적들이 함락하지 못한 경상좌도 지역을 소개한다.

8월 3일에는 경상우도 김면 의병부대가 승리한 것을 소상히 기록하였다. 또한 평양성 전투의 일진일퇴 공방전을 소상히 기록한다. 고언백(高彦伯, ?~1609년)이란 무장의 활약을 특기한다. 5일에는 군리(郡吏) 박사신(朴士信)이 의주 행재소(임금이 궁을 떠나 멀리 나들이할 때 머무르던 곳)에서 돌아와 평양과 서울의 적군 상황을 알게 된다. 이렇게 경상우도의 하급 관리가 의주까지 가서 전국 상황을 파악하는 것이다. 같은 날 영천의 의병장 권응수(權應銖, 1546~1608년)와 경산의 의병장 백란(白蘭)의 활약과 승리 소식도 기록한다. 9일 초유사 김성일이 경상좌도 감사에 제수되어 우도를 떠나려 하자, 지역의 선비들이 슬퍼하며 계속 경상우도에 머물게 해달라는 상소를 올릴 계획을 한다. 11일에는 평양성 전투 소식, 부총관 조승훈(祖承勳) 등 명나라 군대의 압록강 도강 소식, 황해도 황주(黃州) 의병장 황하수(黃河水)의 활약과 승리 소식을 기록한다. 그러나 23일 경상우도의 의병들이 성주(星州)를 탈환하는 전투에서 대패한다. 24일에는 비변사(조선 중·후기 의정부를 대신하여 국정 전반을 총괄한 실질적인 최고의 관청)의 관문(동등한 관서 상호 간이나 상급 관서에서 하급 관서로 보내는 문서)이 전한 소식을 적는다. 광해군의 분조(分朝, 임시 조정)가 경기도 이천에 도착해 전국의 의병을 모집하는 소식이다. 그리고 '여러 도에서 의병이 다투어 일어나 적을 토벌했는데, 많은 경우에는 수천 명이었고 적은 경우에도 8, 9백 명이나 되었다'는 의병의 활약 소식을 적는다. 그가 당시 파악한 의병은 이렇다. 경상도의 정인홍, 김면, 의령의 곽재우, 상주 김홍의(金弘毅)의 충보군(忠報軍)과 김각(金覺, 1536~1610년)의 상의군(尙義軍), 선산 노경임(盧景任, 1569~1620년)의 숭보군(崇報軍), 영천의 권응수, 경산의 백란,

예안(안동 지역의 옛 지명)의 김해(金垓, 1555~1593년), 초계의 이대기와 전우, 진주의 김대명(金大鳴, 1536~1593년), 전라도는 최경회(崔慶會, 1532~1593년)의 골자군(鶻字軍), 임계영(任啓英, 1528~1597년)의 호자군(虎字軍), 고경명, 김천일(金千鎰, 1537~1593년), 성천지(成天祉, 1553~?), 임희진(任希璡), 변사정(邊士貞, 1529~1596년), 민여훈(閔如塤)의 웅자군(熊字軍), 고종후(高從厚, 1554~1593년)의 복수군(復讎軍), 최시망(崔時望, 1548~?), 충청도는 홍계남(洪戒男, ?~?), 조헌(趙憲, 1544~1592년), 심수경(沈守慶, 1516~1599년), 신담(申湛, 1519~1595년), 이산겸(李山謙, ?~1594년), 박춘무(朴春茂, ?~?), 조근공(趙謹恭) 등이다.

9월 1일은 진주 판관 김시민이 진주목사로 승진한 것 등 지역의 조선군과 지방관 소식을 적었다. 4일 충청도 의병장 조헌과 충청도 연기의 의승장 영규(靈圭, ?~1592년)가 금산에서 크게 패하고 전사한 소식을 적었다. 살아남은 의병들은 충청도 의병장 이산겸의 진영에 소속되었다. 조헌과 영규의 순국 소식을 듣고 "미처 생각하지 못한 공로를 많이 세움으로써, 충청도 지역에서 명성이 자자했다. 금산에 있는 적을 토벌하다가 적에게 함락되어, 한 번 만에 패배하고 죽어 남긴 것이 거의 없으니, 애석하다"며 그 슬픔을 적었다. 8일 진주목사 김시민이 기병 1천 명과 함께 와서 김면 의병장을 만났다고 적었다. 이후의 상황을 보면, 관군과 의병의 합동작전에 대한 회의로 보인다. 10일에는 함안 군수 유숭인(柳崇仁, ?~1592년)이 경상우병사로 임명되었다는 소식을 적었다.

12일에는 일본에 피로인으로 끌려가는 여인들의 참상을 적는다. "짐처럼 끌려가던 여인들이 길에서 고함을 지르면서, '아무개 마을의 아무

개 딸은 영영 타국으로 들어갑니다'라며 눈물을 흩뿌리며 통곡했다." 16
일 진주목사 김시민이 김산군(金山郡)의 서쪽에서 승리한 소식을 전한
다. 지방 수령 중 최초라고 평가하였다. 같은 날 의병장 곽재우가 영산
(靈山)에서 적군을 패퇴시켰다고 썼다. 17일 김면의 의병부대가 지례(경
상북도 김천 지역의 옛 지명)의 석곡(石谷)에 진을 치고 김시민을 지원했다고
적었다. 21일에는 금산의 적들이 영동(永同)에서 영남 김산(金山)으로 돌
아오는 길목에서 김면의 부대가 매복하여 적을 막았다고 적었다. 22일
충청도 괴산 군수의 전통(傳通, 전언 통신)으로 충청도 의병들이 적군을
저지했고, 현재 죽령(충북 단양에서 경북 영주로 넘어가는 고개)과 조령(충북
괴산에서 경북 문경으로 넘어가는 고개)으로 철수 중임을 알게 되었다고 적
었다. 한편, 이날 김산의 황응성(黃應誠) 부대가 적을 기습했다가 패배했
는데, 조선 내의 내통 때문이라고 적었다. 결국 24일 적이 김산에 주둔
하게 되었다. 25일, 적 4천여 명이 불시에 김산과 지례 등지로 돌격하여
김면의 복병들은 패퇴하였다. 또한 김시민의 부대도 패퇴하였다. 29일
곽재우가 형조정랑(刑曹正郞)으로 임명되었다. 조정은 의병장의 승전 소
식에 전란 중이지만 포상하였다. 30일, 김시민 목사가 적들이 합세하여
진주를 공격할 것이라는 소식을 전하였다.

　10월 1일 창원 노현에서 김해와 부산의 적이 합세하여 공격해 유숭인
이 이끄는 조선군을 대패하였다는 소식이 들어온다. 다른 기록을 찾아
보니, 조선군 2천 대 일본군이 2만이었으니 말 그대로 중과부적이었다.
상황은 급하게 돌아가고 있었다. 2일 진주 소식을 들은 전라도 의병장

최경회가 이끄는 부대가 가장 먼저 달려왔다. 3일 김산(지금의 김천시 지역)과 개령(지금의 김천시 개령면 지역)의 적군이 합세하여 지역에서 분탕질을 시작했다. 6일 최경회 부대 2천여 명과 의승 인준(印俊)의 승군(僧軍) 2백여 명이 도착했다. 이날 적들이 진주 지역으로 들어가는데, 앞뒤가 백여 리에 걸쳐 있었다고 적었다. 18일 전라도 의병장 임계영이 이끄는 부대 천여 명도 도착해, 다음날 안음(경상남도 함양 지역의 옛 지명)에 주둔한다. 의병부대들은 직접 진주성으로 들어가는 것이 아니라 주변 지역에 포진해 진주성을 공격하는 적의 후미를 공격하려는 것이다. 이날 조정은 군량을 바치면 관직(명예직)을 주는 납속책(納粟策)을 시행하였다고 기록했다. 20일부터 30일 사이의 기록은 적군은 지역을 침탈하고, 의병들은 이를 저지하는 항쟁을 이어간다. 합천의 김준민(金俊民, ?~1593년) 부대가 패배하고, 이전 전투에서 죽은 손인갑(孫仁甲, ?~1592년), 손약허(孫若虛) 부자의 죽음을 기록하였다. "부자(父子)가 함께 나라의 일에 어진 죽음을 맞게 됨으로써, 충효(忠孝)의 광채는 천고(千古)에 빛날 것이지만, 한 가문에 자손이 남지 못하게 되었다. 피눈물을 흘리는 청상과부가 산속의 무덤에서 따라 죽고자 하며 의지할 곳이 없게 되었으니, 참담한 일이다"라고 저자는 자신의 심경을 토로한다.

11월 들어서도 적은 노략질을 계속하고 의병들은 쉬지 않고 공격한다. 성산의 적들이 합천의 가박천촌(可薄川村)을 불사르고 약탈했고, 창원의 적들이 칠원(柒原)과 함안 등에서 분탕질하였다. 의승장 이공상(李公像)이 승군을 거느리고 개령(開寧) 성황점(城隍岾)에서 적을 매복 공격하고, 군수물자 상당량을 탈취한다. 전라도의 최경회와 임계영이 이끄는 의병들이 개령의 적들을 습격해 승리한다. 5일에는 함경도 회령(會寧)의 토착병 국경인(鞠景仁, ?~1592년) 등이 선조의 왕자 임해군(臨海君, 1574~1609년)과 순화군(順和君, ?~1607년)을 결박하여 적에게 가져다 바쳤다는 비보가 들어온다. 6일에는 정인홍과 김면, 정랑 박성(朴惺, 1549~1606년)이 군량미를 요청하는 통문을 여러 고을에 보낸다. 그러자 각 지역의 선비들이 나서 그 일을 맡았다. 끝으로 11월 22일 자 일기를 보자. 진주대첩 승전보와 김시민 목사의 순국을 적었다.

"진주목사 김시민의 품계가 통정대부(通政大夫)로 올랐지만, 이날 밤 관아에서 사망했다. 김시민은 통판으로 재직할 때부터 사졸(士卒)을 휴양(休養)하여 하나같이 은혜를 베풀었기 때문에, 진주의 사람들이 부모와 같이 사랑했다. 위아래가 혼연일체가 되어 전혀 갈등이 없었기 때문에, 그들을 전쟁에 동원해도 이기지 않음이 없었고, 성을 지키게 해도 수비하지 못하는 경우가 없었다. 사람들이 모두 그를 간성(干城)의 장수로 간주했다.

하지만 큰 승리를 거둔 뒤에 적의 총탄에 맞은 곳이 날로 더욱 심해져서, 그 정신이 혼미하고 어지러워져 사람들이 모두 걱정하였다. 21일 머리를 빗고서 옷을 갈아입으니 병이 약간 나은 듯했으나, 다음 날 병이 심해져 결국 사망하고 말았다. 진주의 사람들이 어른, 아이 없이 통곡하여 밤까지 이어졌으니, 마치 자신의 부모님 상과 같았다. 백성들의

진주성 촉석루

마음을 깊이 얻지 않았다면, 이와 같을 수 있겠는가. 다만 대의에 힘쓰지 않고 작은 은혜를 베푸는 데 한결같이 힘썼으니, 사론(士論)은 그를 기국(器局)이 적다고 여겼다."

내용 대부분은 김시민의 안타까운 죽음과 위대한 공덕을 말하지만, 일부 부족하거나 잘못된 것도 동시에 평가하였다. 오늘날 인물의 전기를 보면, 일방적으로 선하거나 악하다는 평가가 많다. 하지만 춘추필법에서는 선악 포폄을 명확히 구분해 밝힌다.

끌려간 백성의 전쟁 『간양록(看羊錄)』

『간양록』은 임진왜란으로 일본에 납치되어 끌려간 피로인이 마침내 탈출해 남긴 기록이다. 많은 피로인(被擄人)이 자신의 체험기록을 남겼다. 또한 피로인을 소재로 쓴 소설도 있다. 현곡(玄谷) 조위한(趙緯韓, 1567~1649년)이 임진왜란으로 온 가족이 이산의 고통을 겪은 최척 일가의 이야기를 소재로 쓴 소설 「최척전(崔陟傳)」도 유명하다. 베트남에서 극적으로 부부 상봉도 하고, 명에서 청과의 전투에 참전하는 등의 내용을 보면 이야기 전개가 국제적 규모이다.

피로인으로 군인 포로도 있지만, 주로 납치되어 끌려간 민간인을 말한다. 피로인을 끌고 간 목적은 남성의 경우 노동력 착취, 젊은 여성과 청소년의 경우 성 착취, 국제 노예시장의 판매 등 다양하다. 국내에 지금도 남아 있는 왜성들은 피로인의 노동력 착취 결과물이다. 다만 일본에서 귀한 도공이나 직조 기술자 등은 더 나은 대우를 받았다. 조선은 이 임진왜란 때문에 중국은 명·청 교체기로 도자기 기술이 퇴보하고 위축되지만, 일본은 끌고 간 도공의 노력으로 도자기 산업이 발달하여 국제시장에 수출도 한다. 또한 조선의 인쇄술은 이후 에도시대 말기 근세문학과 근대문학을 잇는 풍속소설 등의 대중화에 기여하며 일본의 문학 발전에 중요한 밑거름이 되었다. 이 시기 조선인 노예가 일시에 시장에 풀려서 노예 가격이 일시적으로 급락했다는 이야기도 전한다. 이 피로인의 숫자는 일본은 대략 2~3만, 한국은 10~40만 명으로 추산한다.

모두 끔찍한 이야기다. 이런 이유에서 임진왜란을 "노예 사냥 전쟁", "기술 노략질" 등으로 부를 수 있다.

『간양록』의 저자는 수은(睡隱) 강항(姜沆, 1567~1618)이다. 전라도 영광의 선비다. 임진왜란 전란 중에 실시된 과거에 급제하였다. 그 후 조정에서 벼슬도 살다가 휴가를 얻어 잠시 고향으로 내려갔다. 그러나 1597년 일본이 다시 침략한 정유재란이 발발하자 남원성 방어를 위한 군량 확보에 나선다. 하지만 남원성이 일본에 함락되자 고향으로 다시 돌아와 의병을 모집하여 싸웠다. 결국 상황이 어려워지자 삼도수군통제사로 다시 임명된 이순신 장군의 휘하로 들어가려 한다. 그런데 가족들과 남쪽으로 이동 중 일본군에 잡혔다. 이순신에게 여러 차례 패한 도도 다카토라(藤堂高虎, 1556~1630년)의 부대였다. 그날은 1597년 9월 23일이다. 이후 6차례 탈출을 시도하지만, 모두 실패하고 치욕적이고 고단한 피로인으로 살았다. 일본에서 거둔 제자들의 조력으로 마침내 1600년 5월 19일 부산으로 돌아왔다. 이후 선조에게 귀국 인사를 올리고, 바로 귀향해 여생을 살았다.

책은 「유계(俞棨, 1607~1664년)의 글」, 「적국에서 올리는 상소(賊中奉疏)」, 「적국에 대한 견문(賊中見聞錄)」, 「피로인에게 고함(告俘人檄)」, 「승정원에 귀국보고(詣承政院啓辭)」, 「환란생활의 시말(涉亂事迹)」, 「윤순거(尹舜擧, 1596~1668년 제자)의 글」로 구성되어 있다. 원래 제목은 "건차(거)록(巾車錄)"이었다고 하는데, 한나라 때 충신 소무(蘇武)의 고사에서 유래한 말이다. 흉노의 풍(馮) 장군에게 포로로 잡혀간 소무가 탔던 수레, 즉 죄수의 수레가 "건차(거)"이다. 강항은 적에게 잡혀 끌려간 것이 부끄럽고 참담하여 스스로 죄수라고 했던 것으로 보인다. 1656년 제자들이 이 책을 정식으로 출간하며 『간양록』이라 개명했다. 소무의 충절과 관련해 가장 유명한 이야기는 그가 흉노의 귀순 권유를 거부하자 북방의 바이칼호반에서 양을 치는 목동으로 19년을 살게 했다는 것이다. 그래서 책 제목이 간양(看羊)이 된 것이다.

일제 강점기 시절 일본 경찰에 의해 『간양록』은 모조리 수거되어 불태워졌다. 이 사건을 두고 '분서(焚書)의 화(禍)'를 입었다고 말한다. 아마도 이 책에는 일본의 과거 죄상이 적나라하게 실려 있기 때문일 것이다. 해방 이후 겨우 남은 유일본을 찾았고, 다행히 재간행하게 되었다.

좀 더 내용을 보자. 「적국에서 올리는 상소」는 말 그대로, 피로인 처지에서 일본인들 몰래 선조에게 상소를 올린 것이다. 자신이 누구이고, 끌려온 경위, 당시의 심경이 담겨있다. 이 상소에 첨부한 '왜국팔도육십육주도(倭國八道六十六州圖)'가 중요하다. 당시 강항이 필사한 일본의 지도다. 그리고 일본의 역사, 정치, 지리, 일본군 현황, 조선의 대응 방식에 대한 의견 등을 함께 담고 있다. 이 상소는 선조와 조정이 대일 정세를 판단하는 데 도움을 주었고, 종전 후 대일 교섭에서도 활용했다. 이 외에 일본군의 만행 등을 담은 2통의 상소를 이후에 순차적으로 또 보낸다.

「적국에 대한 견문」은 당시 일본에 대한 자세한 정보를 담고 있다. 일본의 중앙 관제, 전국의 지방 행정, 일본 침략군의 장군에 대한 정보, 그리고 침략에 직접 동참하지 않은 도쿠가와 이에야스(1543~1616년) 등에 대한 정보를 서술하고 있다. 이 글은 1600년 귀국 직후 선조에게 보고한 것이다.

「피로인에게 고함」은 그와 함께 일본으로 끌려간 조선 동포들에게 쓴 글이다. 우리의 유교 문화에 대한 높은 자긍심과 유교의 교화를 받지 못해 야만 상태로 떨어져 무도한 적이 된 일본에 대한 적개심을 잊지 말고 충절을 저버리지 말라는 내용이다. 「승정원에 귀국보고」는 귀국 후 쓴 글이다. 일본의 재침 의도에 대한 경고, 일본 풍속 등이 있다.

끝으로 「환란생활의 시말」을 보자. 저자의 가장 진술한 피해자 진술서이다. 읽다 보면, 강항의 감정에 이입되어 그처럼 슬프고, 화도 나고, 고향에 대한 향수에도 젖게 된다.

피로인들은 묶여서 일본군의 배 갑판 위에서 쓰러져 있었다. 이때 공포에 질리고 아파서 우는 어린 아들 용(龍), 딸 애생(愛生) 등 일가의 어린아이들을 일본군이 그대로 바다에 집어 던지자, 아이들은 '엄마, 엄마'를 부르다가 그대로 바닷속으로 사라져버린다. 이를 말리고 항의하는 부모와 어른들은 일본군의 조총 개머리판으로 피투성이가 되도록 두들겨 맞는다. 이 대목에서는 누구나 감정이 북받칠 것이다. 이어서 가족들, 아이들의 참담한 죽음을 연이어 겪은 강항은 정산두(正山斗)란 사람의 시를 인용하여 자신의 처절한 심정을 드러냈다. 이를 옮겨 본다.

'네게 허물이 있으랴, 너를 이처럼 만든 것은 내 죄야,
내 죄. 난간에 기대어 백년을 울어도 못 풀 한이다.'

(致汝無辜惟我罪, 百年憋痛淚欄干)

교토의 귀무덤(耳塚) © Insers

혹시 일본 도교(京都)의 미미즈카, 이총(耳塚)을 아는가. 일본군들이 우리 조상들의 코와 귀를 전리품으로 가져가 묻은 곳인데, 마치 산처럼 크다. 위치도 아주 불쾌하다. 침략자 도요토미 히데요시를 기리는 도요쿠니신사(豊国神社)에서 불과 100여m 앞에 마치 전리품처럼 무덤이 있다. 강항도 이 참담한 무덤을 보았다. 당시 끌려간 동포들이 쌀을 거두어 제사를 지내려고 강항에게 제문(祭文)을 청하자 쓴 것이다.

'귀와 코는 서쪽 언덕이 되었고 뱀처럼 사나운 놈은 동쪽에 묻었네. 놈의 몸은 소금에 절어서 악취가 풍길 뿐이다.'

(有鼻耳西峙 修蛇東藏帝. 巴藏鹽鮑魚 不香之語也)

아마도 뱀처럼 사나운 놈이란 히데요시일 것이다. 그자를 기린 신사와 이총의 위치를 보면 추론할 수 있다.

이엽(李曄)이란 무장이 전투 중 일본의 포로로 잡혀 끌려왔는데, 탈출하려 하지만 실패한 이야기도 소개한다. 그는 실패가 예감되자 '잡히느니 차라리 죽겠다!'며 칼을 입에 물고 바다로 뛰어든다. 이후 일본군은 그의 시신을 다시 건져내 시신을 조각조각 찢어버리는 형을 다시 가했다고 한다. 그 이엽이 남긴 시를 강항이 소개한다.

봄이 동으로 오니 한도 길어지고,
바람이 서쪽으로 부니 마음도 바쁘구나.
밤 지팡이 잃은 어버이는 새벽달에 한숨짓고,
촛불처럼 밤샌 아내는 아침 햇빛에 곡을 하리니.
(春方東到恨方長, 風自西歸意自忙. 親失夜筇呼曉月, 妻如晝燭哭朝陽.)

물려받은 옛 동산에 꽃은 피고 지고,
대대 지킨 선영의 잡초는 누가 뜯을까.
삼한의 귀한 집 후손인데,
어찌 쉽게 이역에서 짐승 같은 놈들과 섞일 수 있으랴!
(傳承舊院花應落, 世守先塋草必荒. 盡是三韓侯閥骨, 安能異域混牛羊!)

시가 참 절절하다. 그런데 이 시의 몇 구절은 어디선가 들은 듯할 것이다. 1980년대 MBC가 바로 이 책을 소재로 만든 드라마가 〈간양록〉이다. 이때 주제음악을 부른 가수가 조용필이다. 조용필의 간양록 가사를 음미해보면 이 시와 비슷하다는 느낌을 받을 것이다.

끝으로 한 가지 일을 더 보자. 강항의 피로인 생활은 모두 다 비극일까. 아니다. 후지와라 세이카(藤原惺窩, 1561~1619년)라는 총명한 제자를 일본 땅에서 거둔 것이다. 끌려간 적국의 수도 도쿄의 후시미성(伏見城)에서 처음 스승과 제자로 만났다. 죽지 못해 묶여 끌려간 곳에서 조선성리학을 적국에 전파할 제자에게 교육이라니, 생각하면 참 기이한 인연이다. 이후 후지와라 세이카는 야만의 땅 일본에서 성리학의 시초가 되었고, 도쿠가와 이에야스를 만나 새로운 에도시대의 문명개화를 이끌었다.

1598년. 드디어 7년의 임진왜란이 끝났다. 하지만 당시 사람들은 그렇게 생각하지 않은 듯하다. 적의 우두머리 히데요시가 죽어 일본군은 철수했지만, 여전히 재침략의 우려가 컸다. 정식으로 강화조약을 맺은 것도 아니기 때문이다. 그런데 또 다른 전쟁 위기가 조선을 곧이어 엄습했다. 이번에는 북방이다. 만주 건주여진(建州女眞, 누르하치의 부족)이 분열된 부족을 통합하고 조만간 국가를 건설한다는 것이었다. 1596년, 선조도 여진의 동태를 예의 주시하며 무신 신충일(申忠一, 1554~1622년)을 사신으로 누르하치(奴爾哈赤, 1559~1626년)의 새 도성 허투알라로 파견한다. 조선에서는 누르하치를 노적(奴賊) 또는 노추(老酋), 허투알라를 노성(奴城)이라 했다. 아직 일본과 전쟁 중이지만 전통적인 주적 여진이 통합 국가를 세우는 것은 새로운 위기였다. 이제 조선은 남북으로 강력한 적들을 동시에 상대해야 한다. 신충일은 누르하치의 극진한 환대를 받으며 회담한다. 심지어 여진이 조선에 파병해 일본을 격퇴하겠다는 말도 전한다. 누르하치의 이런 태도는 조선과 명의 강고한 동맹을 먼저 깨기 위해서였다. 신충일은 돌아와 『건주기정도기(建州紀程圖記)』라는 보고서를 올린다. 이 보고서는 상세한 지도와 함께, 건주여진의 실정, 도성의 모양과 방어 상태, 풍습 등을 97개 조의 기사로 기록하고 있다. 이 『건주기정도기』는 지금도 초기 청나라의 모습, 정치, 군사, 문화 등을 이해할 수 있는 최고의 사료라고 평가받는다.

근본적인 문제는 명과 조선이 임진왜란으로 만주의 여진족에 대한 통제권을 잃었다는 점이다. 누르하치는 이때를 놓치지 않고 빠르게 여진 부족 통합에 나선 것이다. 1616년 여진 통합을 어느 정도 완수하자 누르하치는 금(金, 역사에서는 후금)을 세우고 칸(汗, 유목국가 왕)에 오른다. 군사적으로도 막강한 팔기군(八旗軍) 제도도 완성한다. 드디어 1618년 "7대한(七大恨)"을 발표하며 선전포고한다. 이어 명의 만주 거점인 무순(푸순: 중국 랴오닝성 동쪽에 있는 도시)을 기습 공격해 함락한다. 7대한의 내용은 명이 자신의 조부와 부친을 죽이고 자신과 여진을 핍박했다는 전쟁의 명분이었다. 과거 조선도 세조 때 여진을 정벌하여 누르하치의 5대조쯤 되는 이만주(李滿住, ?~1467년)와 그 아들들을 모조리 죽인 일이 있었다. 조선과 명의 여진 통제는 회유와 탄압의 반복이었다. 핵심은 유력 민족지도자를 제거하고 그들을 분열시켜 지배하기 위해서이다.

같은 1618년 명의 요동경략(遼東經略, 만주 지역 군사 책임자) 양호(楊鎬)는 누르하치를 연합공격하자며 조선에 파병을 요청한다. 양호는 임진왜란에 파병되어 참전한 경력이 있다. 군사적으로 무능하다고 평가되는 인물인데 왕조 말기의 명은 그런 자를 총사령관으로 임명한 것이다.

군사 공격 목표는 누르하치의 본거지 허투알라였다. 군대의 행군 방식은 약 10만의 병력을 좌측 북로군, 좌측 서로군, 우측 남로군, 우측 동로군으로 나누어 진군하는 것인데, 이른바 사로병진(四路竝進)이다. 그 각각 지휘 장군은 마림(馬林), 두송(杜松, ?~1619년), 이여백(李如柏, 1553~1620년, 이여송의 동생), 유정이다. 조선군은 동로군의 유정과 함께 진군한다는 전략이었다. 조선은 이 파병 요청을 받아들였다. 오늘날 조선의 이 만주 파병에 대한 비판이 많다. 하지만 당시에는 지극히 당연한 결정이었다. 이유는 두 가지다. 첫째, 명나라는 "혈맹"이다. 불과 20년 전에 명은 조선을 위해 피를 흘리며 조선과 함께 일본에 맞서 싸웠던 나라다. 그 결과 조선은 일본을 물리친 것도 분명한 사실이다. 즉, 뚜렷한 명분이 있는 파병이다. 둘째, 명과 조선은 공동의 "안보 이익"을 가지고 있다. 만주 지역에 강력한 유목국가가 출현은 양국 모두에게 큰 위협이다. 이 공통점은 조선이 건국한 이래로 200년간 양국이 함께 공유한 가치다. 더욱이 조선의 파병은 오늘날 한국이 하는 해외파병이 아닌 바로 강(압록강) 하나를 두고 마주하는 지역이다. 먼 나라, 남의 나라 일이 아니다. 지금 우리는 이 전쟁의 참혹한 결과를 알기에 '바보 같은 파병'이라 쉽게 말할 수 있다. 하지만 당시 사람들은 선제공격할 '마지막 기회'라고 판단했을 것이다. 지금 여진은 민족의 통합을 어느 정도 이루었지만, 아직까지는 강력한 유목국가로 거듭나기 전이었기 때문이다. 실제로 조선과 명은 이 전투에서 패배한 후에 더는 만주 파병은 꿈도 못 꾸고 자국 방어에 급급해진다.

이 전투를 명은 사르후 전투(薩爾滸之戰), 조선은 심하(深河) 전투라고 한다. 1618년 7월, 조선은 강홍립(姜弘立, 1560~1627년)을 도원수(都元帥, 전시 총사령관)로, 평안병사 김경서(앞서 소개한 김응서)를 부원수로 임명한다. 문신과 무신이다. 참모 겸 서기인 종사관(從事官)에 자암(紫巖) 이민환(李民寏, 1573~1649년)을 임명한다. 이민환이 『책중일록』의 저자다. 그 의미는

'감옥(포로수용소) 속의 날들에 대한 기록'이다. 강홍립은 원래 다른 문신을 종사관으로 추천했다고 한다.

9월 지휘부는 평양에 도착했다. 이때 평안감사 박엽(朴燁, 570~1623) 등이 군량 운송을 담당하기로 했는데, 박엽이 태만하여 조선군은 이후 만주에서 곤란한 처지가 된다. 군량이 없어서 명군에게 빌리기도 하고, 여진족 마을을 약탈하기도 한다. 이 박엽은 부패하고 무능한 인물인지, 유능한 무장인지를 두고 상반된 평가를 받았던 인물이다. 이렇게 군대를 모으고 점검하는 중에 1619년 새해가 밝았다. 마침 누르하치가 먼 북쪽에 있는 해서여진(海西女眞)을 공격한다는 소식이 들어온다. 해서여진은 누르하치에게 마지막까지 저항했던 부족이다. 조선군은 마지막으로 압록강 중류의 군사 진지 중 묘동(廟洞)이란 곳에 집결하였다. 조선의 원정군 병력은 1만 3천 명이었다. 강홍립은 전체 병력을 중영, 좌영, 우영, 수뇌부 직할부대로 군사를 편성하였다. 주력은 역시 5,000여 화승총 포수들이다. 이것은 명이 바라는 바였다. 명은 빨리 압록강을 넘어오라고 독촉하고 있었다.

드디어 2월 19일, 좌·우영의 도강을 시작으로 23일 전군이 도강을 마쳤다. 원정군은 팔렬박(哷哷泊)이란 곳에 집결해 다음 날 행군을 시작했다. 28일, 우모채(牛毛寨)란 곳에서 처음 소수의 적군과 조우하지만, 전투는 없었다(정찰병인 듯하다). 여기서 유정이 이끄는 명군과 합류한다. 29일, 쌀 여섯 자루를 명군에게 빌리며 조선은 기병 400여 기를 빌려준다. 역관들에게 항복 권유 문서를 누르하치에게 보내며, 후금 진영을 정탐하도록 했다. 3월 2일, 우모채에서 다시 진군해 드디어 심하에 도착했다. 여기서 적 기병 5~600기를 발견하여 첫 전투에 돌입한다. 조선과 명은 적장 2명을 참살하고, 많은 적병을 죽이며 승리했다. 하지만 또 군량이 떨어져 미숫가루로 연명하며 하루를 더 심하에 머문다. 이때 조선군이 주변 여진 마을을 약탈한다. 이 과정에서 적병의 수급을 베고 가축을 약탈한다. 이때까지는 군량이 부족하여 허투알라로 빠른 진격이 어렵다는 것을 제외하면, 모든 것이 순조로웠다. 어쩌면 곧 적의 수도를 점령하고 누르하치의 수급이라도 창대에 꽂고 개선 행진을 할 것이라는 희망에 부풀었을 것이다.

이날 명군은 포로를 심문했는데, 자신들의 군대는 대부분 서쪽으로 전투하러 갔고, 이곳을 지키는 병력은 얼마 되지 않는다는 정보를 얻는다. 또한 어제 전투로 과반수가 죽거나 다쳤다는 사실을 파악한다. 그런데 저녁 무렵 세 번의 대포 소리를 듣는다. 가까이 명의 대군이 있다고 판단한다. 이것이 오판의 시작이다. 그 대포 소리는 후금군의 것이었다.

다음 날 3월 4일, 명군이 먼저 출발하고, 뒤에 조선군의 좌, 중, 우영이 따로 출발했다. 조·명 연합군은 진형을 갖춰 함께 진군하지 않고, 빨리 적의 수도에 입성할 욕심으로 각자가 서둘러 간 것이다. 몇십 리를 더 가서 허투알라 60리 밖 부차에 도착했다. 지휘부와 중영은 왼쪽 언덕, 좌영은 앞의 높은 봉우리, 우영은 남쪽 언덕에 진을 치려 하고 있었다. 그때 앞서가던 명군이 패전했다는 소식이 들어오자, 전장터 분위기는 급변했다. 명의 1만 군대가 전멸하고 지휘관 유정도 전사했다는 것이다. 바로 이때 후금의 기병이 들이닥친다. 조선군은 아직 진을 제대로 펼치지도 못한 상태에서 적을 만난 것이다. 평원이라 바람도 심했다. 아마도 음력 3월이라 황사 바람일 것이다. 그 때문에 조선군의 주력인 화승총 부대는 시야 확보가 어려웠고, 장전하는 것도 거의 불가능했을 것이다. 화약 접시의 화약은 바람에 날리고, 화승(火繩, 화약심지)에 불도 꺼지기 때문이다. 그러자 후금군은 조선군을 포위하고 공격하였다. 조선의 좌, 우영은 차례로 궤멸이 되었고, 퇴로도 막혀 후퇴도 불가능했다. 이 패전으로 결국 7,000여 장병은 모두 목숨을 잃었다. 장수도 많이 죽었다. 이때 김응하 장군(金應河, 1580~1619년)도 용맹하게 싸우다 전사하였다. 최후의 순간까지 적들에게 포위되자 나무에 홀로 기대어 활로 적들을 쏘

홍의포와 화승총

화승총: 화약심지가 있는 총

아 죽였다는 영웅적인 이야기가 조선 시대 내내 수많은 그림과 시로 창작되었다. 조선이 내린 시호가 충무공이며, 명나라도 요동백(遼東伯)으로 봉했다. 도원수 강홍립, 부원수 김경서, 종사관 이민환 등 지휘부 일부와 5,000여 조선군은 모두 후금군의 포로가 되어 허투알라로 끌려갔다.

인조반정 이후 오늘날까지도 강홍립이 광해군의 밀명으로 제대로 싸우지 않고 눈치 보다가 투항한 것처럼 말한다. 단언컨대, 사실이 아니다. 인조반정의 명분은 "대명의리(大明義理)"였다. 그 때문에 반정 정권은 초반기 눈에 불을 켜고 광해군과 강홍립이 대명의리를 배반한 증거를 찾아야 했다. 그러나 당시 그런 증거는 발견되지 않았다. 상식적으로 전체 병력이 반 이상 죽고 나머지 상당수가 부상을 입었다면, 더 이상의 전투를 할 수는 없다. 더 싸우면 모두 죽는 것이다. 조선군은 명나라 눈치 보다가 앞서가던 명군이 패하자 그냥 항복했다는 반정 정권의 주장은 잘못된 것이다. 죽은 조선 장병의 영령들에 대한 모욕이다.

오늘날 심하 전투의 패배 이유를 "사로병진"이라는 조·명 연합군의 진군방식에서 찾는다. 대군을 네 방향으로 나누어 진군해 후금의 각개 격파에 당했다는 것이다. 하지만 당시 운송과 통신 수단을 생각해보면 10만의 대군이 일시에 한 곳으로 집결해 진격하는 것은 거의 불가능하기 때문에 사로병진이 당연하다. 여기서 생각해볼 것은 이것이다. 먼저 10만 대군을 4군으로 나누면 각 병력은 3~4만일 것이다. 후금은 이 시기 주력 전투부대가 3만 명 정도로 전체 10만 대군보다 훨씬 적었지만, 4군으로 나뉜 상황에서는 양측의 병력이 비슷해진다. 더구나 전쟁터는 후금 지역이었고, 후금 기병의 전투력은 조·명 연합군의 보병보다 더 우월했다. 후금은 상대의 진군로와 주둔지, 전투 양상까지 모든 것은 미리 대비했을 것이다. 그래서 소수 병력을 빠르게 기동하는 "내선방어" 작전을 구상해야 했다. 관건은 속도였다. 후금의 최대 장점은 빠른 기동력이었다. 그래서 서쪽에 있다는 후금 기병이 순식간에 동남쪽 조선군 앞에서 나타난 것이다. 당시 보병 중심인 조선군은 후금이 이동하더라도 2~3일 거리라고 생각했다. 후금 기병의 속도는 2차 세계대전 때 전격전을 했던 독일군보다 빨랐다는 주장도 있다. 이후 조선은 무시무시한 후금(청) 기병 속도를 두 번의 호란에서 다시 실감하게 된다.

허투알라에서 항복식을 하였다. 이때 강홍립은 '조선과 후금은 아무런 원한이 없고, 명의 요구로 부득이하게 파병했다'고 말한다. 누르하치는 자신에게 절을 제대로 하지 않자 무시당했다고 크게 분노한다. 항복식 이후 지휘부와 그들이 데리고 온 하인들은 수용소로, 나머지 병사는 성 밖 민가에 분산 수용했다.

누르하치는 원래 모두 죽이려 했지만, 둘째 아들 대선(代善, 1583~1648년)이 말렸다. 조선에서는 귀영가(貴盈哥) 또는 귀영개(貴永介)라고 하는데, 온건책을 편다고 판단했다. 반면에 여덟 번째 아들 홍타이지(皇太極, 1592~1643년)와 다섯째 아들 망굴타이(莽古爾泰, 1587~1633년) 등은 아주 호전적인 인물로 보았다. 홍타이지는 이후 청의 태종(太宗, 崇德帝)에 올라 조선을 침략했다. 조선에서는 홍타이지를 홍태시(紅泰豕, 빨간 돼지), 망굴타이는 망고태(忘古太)라고 부르며 증오했다.

누르하치는 조선에 사신을 보내 포로 협상에 나선다. 칸에게 순종하면 살고, 거부하면 죽음뿐이다. 포로들은 모두 불안한 나날을 보내고 있었다. 8월 11일 후금은 장수급 포로들 120여 명을 자편성(者片城)의 포로수용소로 이감시켰다. 만주로 조선이 재출병을 했다는 소문이 나돌면서 분위기가 흉흉했기 때문이다. 누르하치는 겁만 준 것이 아니라 때로는 술과 기생을 보내 회유하기도 한다. 1620년 4월 조선과 협상이 진척되자, 포로에 대한 대우도 조금씩 나아졌다. 지지부진한 협상이 끝나고 마침내 7월 11일 고국으로 출발해 17일 압록강을 건너 만포에 도착한다. 포로 중 학살당한 5~600명과 개별적으로 탈출한 2,700여 명을 제외하고 3,000여 명이 돌아왔다.

한편 부원수 김경서는 몰래 적정을 살펴 조선에 보고하려는데, 도원수 강홍립이 이 사실을 후금에 밀고하여 죽게 된다. 강홍립은 현지에서 결혼해 자리도 잡는다. 정묘호란 때는 후금군의 길잡이가 되어 침략 루트를 안내까지 한다. 이후 조선으로 귀국했다. 당시 조정은 강홍립을 죽이자고 했지만, 인조(仁祖, 재위 1623~1649년)는 그가 나름의 공로도 있다며 살려준다. 이후 병으로 죽는다. 종사관 이민환은 앞서 말한 포로 송환 때 같이 귀국해 『책중일록』을 남겼다. 이후 부록에 해당하는 『건주문견록(建州聞見錄)』도 남겼다. 내용은 건주여진 지역의 지리 환경, 군사 정보, 인물 정보를 담았다. 이렇듯 『책중일록』과 『건주문견록』은 서로 밀접한 관계가 있는 책이다.

이 심하 전투에 병사로 참전한 김영철(金英哲, 1600~1683년)이란 사람이 있었다. 김영철이 겪은 전쟁 체험, 그의 가족이 겪은 고통을 소재로 역관이자 시인인 유하(柳下) 홍세태(洪世泰, 1653~1725년)가 쓴『김영철전』이란 소설이 있다. 평범한 주인공이 심하 전투부터 병자호란 이후 명청 교체기까지 동아시아의 격동기 속으로 휘말려 들어가는 이야기가 전개되는 대하소설이다.

또 하나의『건주문견록』이 있다. 만운(晚雲) 정충신(鄭忠信, 1576~1636년) 장군이 1621년 8월~9월 후금의 당시 수도 요양(遼陽)에 사신으로 파견되었다가 돌아와 작성한 보고서이다. 시기를 보면 앞서 소개한 이민환의 귀환 직후다. 같은 해 3월 후금은 요양과 심양(瀋陽)을 점령하여 요동(遼東) 전체를 장악했다. 심하의 참패를 겪은 조선은 후금의 요동 장악 이후, 새롭게 조성된 만주의 정세를 정확하게 파악할 필요가 있었다. 그 핵심은 언제쯤 후금이 조선을 공격할지였다. 그들이 요서(遼西)의 명과의 일전을 치르기 전에 조선을 무력화시키기 위해 먼저 공격할 것이라는 것은 누구나 예상할 수 있는 일이었다.

이 막대한 정탐 임무를 띄고 요양성으로 간 정충신 장군에 대해 먼저 알아보자. 집안은 미천했다는 주장도 있고, 그 정도는 아니라는 의견도 있다. 그의 조상은 고려 말 왜구를 물리친 정지(鄭地, 1347~1391년) 장군이라고 한다. 아무튼 매우 입지전적인 인물이다. 임진왜란 때, 17세의 나이로 전라도 광주의 권율 장군 휘하에서 연락병(심부름꾼)으로 군문에 들었다. 그는 권율의 장계(狀啓, 보고서)를 가지고 적진을 돌파해 의주의 행재소까지 전달해야 하는 위험한 임무를 맡았다. 용감해야 하고,

행동도 민첩해야 할 수 있는 임무였다. 어린 정충신이 이 임무를 완수해 낸 것이다. 당시 이항복(李恒福, 1556~1618년)이 병조판서였다. 그가 정충신을 안타깝게 여겨 제자로 받아 교육하였다. 이후 무과에 급제하여 주로 후금과 접경 지역인 압록강 변의 군진에서 근무하며 여진 전문가로 인정받았다. 아마도 이때부터 후금과 화의를 생각한 듯하다. 명과 일본에도 사신으로 다녀와 국제 정세에도 밝았다. 장만(張晩, 1566~1629년)을 보좌하기도 하였다. 장만은 문신이지만 군무에도 밝아 군직을 맡기도 했다. 장만은 왼쪽 눈을 실명하여 안대로 가리고 있으며, 마마 자국이 남은 얼굴이었다. 그의 생생한 얼굴을 그린 공신 초상화는 현재까지 남아 보물로 지정되어 있다.

　이항복과 장만은 모두 서인이다. 이항복이 광해군의 인목대비(仁穆大妃, 1584~1632년) 폐비 추진에 반대하여 함경도 북청(北靑)으로 유배를 떠나자 정충신은 노스승을 모시고자 함께 따라갔다. 정충신은 유배지에서 스승이 죽자, 삼년상을 치러 그 기백과 의리가 훌륭하다고 평가받았다. 이런 그의 모습을 광해군은 좋아할 리 없었다. 하지만 그를 대체할 여진 전문가가 없었기 때문에 1621년 만포첨사(僉使, 절도사에 속한 진영에서 수군을 거느려 다스리던 군직)로 임명해 국경을 계속 맡긴다. 1624년 1월, 이괄(李适, 1587~1624년)의 난 때는 이괄과 친하다는 의심을 받기도 했지만, 도원수 장만과 함께 진압에 앞장서서 큰 공을 세운다. 정묘호란 때는 부원수를 맡기도 한다. 하지만 청과 싸우자는 주장에 반대하고 화의를 주장해 잠시 유배를 떠난다. 이후 복직했다가 병사했다. 인조가 안타깝게 여겨

어의(御衣)를 내려 수의(襚衣)로 쓰게 했다. 이때 내린 정충신의 시호는 앞서 소개한 이순신, 김시민, 김응하와 마찬가지로 충무(忠武)이다.

이 정충신이 사신으로서 후금의 요양성에 간 것이다. 8월 28일, 만포에서 출발해 10여 일 만에 요양에 도착한다. 이후 약 10일간 요양에 머물며 조선의 '불가침 보장' 입장을 구두로 전달하고, 군사 동향을 파악한다. 담판 상대는 양구리(楊古利, 1572~1637년) 등이었다. 조선에서는 언가리(彦加里)라 하는데, 심하의 전투, 요동과 요서 등에서의 군공으로 후금의 개국공신이 된 인물이었다. 병자호란 때 수원 광교산에서 전라도 병마절도사 김준룡(金俊龍, 1586~1642년)이 지휘하는 조선군에게 패하고, 홍타이지의 사위 백양고라(白羊高羅)와 함께 전사한다. 누르하치의 복릉(福陵)에 배장(陪葬, 순장)되었다.

후금은 자신들을 진정한 국가로 인정하라는 요구했다. 더는 건주여진(建州女眞), 여진족으로 부르지 말고 정식 국호인 금나라로 부르라는 것이다. 민족명도 이제는 만주족이라는 것이다. 조선에 제시한 협상요구안은 우호를 맹약할 것, 국서를 보낼 것, 후금 사신이 한양에 입경하는 것 등이었다. 이 요구조건을 둘러싸고 양측은 긴 논쟁을 되풀이한다. 후금의 의도는 조선이 명을 선택할 것이냐, 후금을 선택할 것이냐를 묻는 것이었다. 조선이 보이는 어정쩡한 중립과 불가침 정도의 태도를 용납할 수 없다는 것이었다. 무엇보다 심하 전투 이후에도 조선이 명과 계속 동맹 관계를 강하게 유지했던 것이 가장 큰 불만이었을 것이다. 후금은 심하에서 대승했지만, 여전히 서쪽의 명과 남쪽의 조선과 군사적 긴장 관계가 계속되어 심한 압박을 받고 있었기 때문이다.

정충신은 상호 불가침과 중립을 협상의 조건으로 내세운 조선의 입장이 최선이라고 주장했다. 마치 고려 시대의 거란-고려-송, 또는 금(金)-고려-남송의 경우처럼, 3국(명-조선-후금)이 함께 공존하자는 것이었다. 정충신은 물론 이 시대 후금과 화의를 주장한 사람들이 대개 이런 입장이었다. 그러나 이 시대는 고려 시대처럼 "다원 외교"가 가능하지 않았다. 3국이 공존하려면, 최소한 명과 후금이 화해하고 관계를 정상화해야 한다. 하지만 그들은 이후에도 화해하지 않았고, 전쟁을 지속했다. 후금이 조선에 원하는 대답은 '자신과 명' 중에서 양자택일해서 섬기라는 것이었다.

또한, 조선은 후금의 사신이 수도(한양)에 입경하겠다는 요구를 수용할 수 없다고 거부한다. 그러나 이후 후금(청)의 사신이 조선의 한양까지 자주 들어오게 된다. 어떤 때는 선물한다는 명목으로 한 무리의 낙타를 보내기도 했다. 이 행위는 군사적으로 볼 때 침략을 위한 정탐인 것이다. 낙타까지 끌고 오는 것은 군수물자 이동을 실제로 실험한 것으로 보인다. 즉 '후금은 반드시 조선을 침략하겠다'는 의사표시였다. 정충신 장군도 이런 후금의 의도는 훤히 꿰뚫어 보았다. 조선은 이를 거부하고, 현재처럼 계속해 국경 교섭하자고 했다. 하지만 이후 다른 계기(정묘호란)로 양국의 사신은 양국의 수도를 오가게 된다.

정충신은 이후 귀로에 올라 9월 10일 관문인 의주로 입국해『건주문견록』을 써서 광해군에게 상소의 형식으로 보고한다. 책의 내용은 크게 여행 경과, 후금의 팔기군 조직과 군사 동향, 누르하치의 후계 지위를 둘러싼 후금 왕실의 암투 등을 다루고 있다. 한편, 당시 용천에 주둔 중이었던 명의 모문룡에게도 이런 후금의 정보를 통지한다. 아무리 정충신이 후금과 화의를 주장하고 있지만 명과 동맹은 포기할 수는 없었다.

책 내용 중 누르하치의 후계자 자리를 놓고 아들들이 암투를 벌이는 것은 양상을 묘사한 부분이 가장 흥미롭다.

"노추(老酋, 누르하치)에게 아들이 20여 명이 있었고, 군대를 거느린 아들은 6명이었다. 장남(楮英, 추)은 일찍 죽었고, 그다음으로는 귀영가(貴盈哥, 다이샨), 홍태주(洪太主, 홍타이지) …… 귀영가는 단지 평범한 사람이었고, 홍태주는 비록 용맹이 남보다 뛰어났으나 속으로는 시기심이 많아 자기 아비의 편애를 믿고 몰래 형을 죽이려는 계책을 품고 있었다. 그 나머지 네 아들은 족히 말할 만한 사람이 없으니 ……"

이어진 글을 요약하면 이렇다. 누르하치가 여러 아들 중 누가 신망을 많이 얻고 있는지, 4촌 동생 아두(阿斗)에게 묻는다. 그가 홍타이지라고 암시한다. 그런데 그것을 다이샨이 몰래 엿듣는다. 이후 아두는 몰래 다이샨을 만나 홍타이지가 다른 형제들과 공모해 당신을 죽일 것이라고 밀고한다. 이 사실을 알게 된 누르하치가 지목받은 홍타이지 등에게 '동생으로서 공모해 형을 죽이려 한 사실이 있는지' 확인하고, 아니라고 하자 아두를 처벌했다는 내용이다. 이런 것들은 왕위의 적장자(嫡長

子, 정실부인이 낳은 아들) 계승 원칙이나 왕족의 정치 개입 금지가 확립된 유교 국가 조선에서는 상상조차 할 수 없는 사건이다.

그러나 이런 내용을 길게 서술한 정충신의 의도가 더 중요하다. 적대국 내부, 그것도 궁중 암투라면 조선에 확실히 중요한 정보였다. 이런 고급 정보를 적절히 활용한다면 조선은 천군만마를 얻는 것과 같았다. 가령, 조선이 다이샨 편에 서서 모종의 공작을 할 수도 있었다.

1627년 1월 중순, 후금의 아민(阿敏, 1585~1640년)이 지휘하는 3만여 군대가 압록강을 건너 조선을 침략했다. 아민은 누르하치의 조카이고, 패륵(貝勒, 왕자를 제외한 최고위직)이다. 1623년 4월 반정으로 인조가 왕위에 오른 지 5년째 되는 해이다. 후금은 조선, 명과 교역을 할 수 없자, 물자와 식량이 부족해 힘들어했다. 후금에게 기회가 왔다. 조선은 3년 전(인조반정 이듬해) 이괄의 난의 여파로 어려운 상황이었기 때문이다. 이괄의 난으로 북방경비가 약화되었고 패잔병은 후금에 투항했다. 그러나 조선은 남하하는 아민의 군대를 황해도 평산에서 저지하였고, 맹약을 맺어 철군하도록 만들었다. 이른바 "형제의 맹약"이다. 핵심 내용은 조선은 후금을 '형님'으로 모시지만 명과의 관계는 지속한다는 것이다. 대신 후금은 막대한 선물인 세폐(歲幣, 조선이 바친 공물)를 받는 것과 압록강 중류 지역의 중강(中江)에 (무역) 시장을 열어 교역하는 것을 허락받은 것이 성과였다. 다만 후금은 압록강 하류 지역의 명나라 모문룡 부대를 처리하지 못한 것은 여전히 불만이었다. 즉 양측이 적당히 타협한 것이지만 모두가 불만족인 상태였다.

이후 후금은 내몽골(동쪽) 지역을 복속시키고 요서를 넘어 북경까지 공격했다. 하지만 가중되는 군수물자 부족으로 조선에 점점 더 많은 세폐를 요구했다. 이 때문에 조선도 더욱 후금에 대한 증오와 복수심이 더 커졌다. 이후 후금은 몽골의 제후왕으로부터 대원제국(大元帝國)

의 옥새까지 넘겨받자, 1636년 4월 국호를 청으로 바꾸고, 후금의 칸이었던 홍타이지가 황제로 즉위했다. 곧장 후금은 조선을 확실히 복속하기 위해 군신 관계를 요구했다. 이 즉위식에서 조선 사신 나덕헌(羅德憲, 1573~1640년)과 이곽(李廓, 1590~1665년)이 '신하국으로서 갖추어야 할 예'를 거부하자 폭행당한 사건은 유명하다. 이 사건은 당시 후금과 조선이 "형제의 맹약"을 맺고 봄과 가을에 정기 사신을 파견하던 시기였는데, 청이 일방적이고 갑작스럽게 '군신 관계'를 강요하며 사신을 폭행한 야만스러운 폭거였다. 그리고 청의 조선 침략도 명확해졌다. 시기도 언제인지 예상을 할 수 있었는데, 압록강이 얼어 얼음이 단단해지는 12월이다. 그들은 압록강이 녹는 봄이 오기 전에 돌아가야 하기 때문이다.

『병자록』도 바로 '병자년 초봄 무신 동지 이곽과 첨지 나덕헌이 춘신사(春信使, 봄에 보내는 사신)로 심양에 갔다'라는 대목부터 시작한다. 병자호란의 시작이기도 하다. 그들이 조선의 당당한 무인으로서 청의 협박과 폭력에도 굴복하지 않는 묘사를 읽다 보면, 누구나 가슴이 뜨거워질 것이다. 하지만 높은 기상만으로 전쟁을 막을 수 없는 법이다. 이후 조정은 전시 태세를 갖추어 나가기 시작한다.

12월 12일, 도원수 김자점(金自點, 1588~1651년)으로부터 청의 침략을 알리는 장계가 도착한다. 핵심 내용은 12월 8일 청의 선봉 부대가 압록강을 도강했다는 것이다. 이들은 상인으로 위장한 300여 명 규모에 불과했다. 다음날부터 조선은 강화도로 조정을 옮겨 항전하는 준비에 들어갔다. 왕과 몇 사람이 몸만 가는 것이 아니라 정부 전체가 이사 가는 것이니 1차 선발대, 2차로 왕과 누구누구가 출발할 지 등등 준비가 많았다.

14일, 적병이 경기도에 벌써 도착했다는 소식이 들어왔다. 그러자 왕의 어가(御駕)도 서둘러 대궐을 떠났다. 상인 무리로 위장했던 마부대(馬夫大, 하다나라 마푸타 ?~1640년)가 이끄는 기마부대가 벌써 도성 바로 옆 홍제원에 도착했다. 마부대는 용골대(龍骨大)와 더불어 이 시기 청의 용맹한 선봉장이었고, 늘 사신으로 조선에 자주 왔었다. 조선 후기 한글 소설에도 많이 등장한다. 그런 자들이 사신으로 오는 이유는 군사정탐이다. 1635년에는 말 3백 27필과 낙타 3필을 몰고 와 답례 선물을 조선에 주었다. 이 규모를 보면, 특수 목적의 기동대가 의주에서 한양까지 진군하는 것을 상정한 군사훈련으로 보인다. 당시 동아시아의 사신 대표는 최고의 문신, 왕족, 때로는 내시가 오고 가는 것이 상례였다. 하지만 청은 노련한 무장을 사신으로 보낸 것이다.

바로 이 마부대의 기마부대가 병자호란의 승패를 가른 가장 중요한 변수였다. 조선은 왕만 잡히면 전쟁은 바로 진다. 조선뿐 아니라 한국사의 모든 왕조는 전시에 왕이 안전한 후방으로 몽진(왕의 피난)하여 전체 전선을 지휘하여 승리했다. 이러한 점은 청도 잘 알았다. 그래서 마부대가 먼저 소수의 부대로 압록강을 건너 진군해, 불필요한 교전을 피하고 한양을 향해 무조건 달렸다. 이들은 무시무시한 기동력으로 예상치 못한 순간 한양 도성에 도착했다. 만약 조선의 왕과 전쟁 수뇌부를 놓치면 전쟁은 자신들의 예상을 벗어나 장기전이 될 것이다. 그러면 오히려 자신들이 패배할 수도 있었기 때문에 그들도 긴장할 수밖에 없는 순간이었다.

　다급한 마부대 앞을 가로막은 두 사람이 있었다. 이조판서 최명길(崔鳴吉, 1586~1647년)과 이홍업(李興業, 1601~1636년)이란 장수다. 먼저 이홍업은 80기 기마부대를 지휘하며 마부대와 교전했지만 전멸했다. 이홍업부대는 전날 승진 기념으로 술을 많이 마셔 취기가 가시지 않아 제대로 싸울 수 없었기 때문이라고 한다. 만약 사실이라면 조선은 전쟁보다 공직 기강부터 잡아야 할 형편이었다. 이제 남은 것은 최명길의 '혀'밖에 없었다. 그가 계속해 돌진하는 마부대를 불러 세워놓고 교섭을 시작했다. 침략 이유부터 따져 묻고 정묘호란으로 맺은 형제의 맹약을 지키라고 요구하는 동안, 왕과 대신들은 동쪽 광희문으로 겨우 빠져나가 늦은 밤 남한산성에 도착했다. 광희문은 수구문(水口門) 또는 도성의 시체가 빠져나가는 문이라고 시구문(屍口門)이라고도 한다. 이렇게 시작부터 계획대로 되지 않는 것은 조선도 마찬가지였다.

　다음날 왕은 강화도로 향했지만, 상황이 좋지 않아 산성으로 되돌아왔다. 이후 산성의 방어 체계를 정비한다. 산성에는 1만여 명의 군사와 군량 1만 6천여 석이 있었다. 최명길도 돌아와 마부대의 부대 위치, 공격 목적 등을 보고하였다. 16일부터 청의 산성 포위가 시작되었다. 아마도 후속 부대가 속속 도착하던 중으로 보인다. 당시 침략한 청의 전체 병력은 총 10만 이상이라고 하지만, 실제 전투 병력은 이후 도착하는 병력까지 포함해 5만 정도였다. 이때부터 한쪽에서는 교전이, 한쪽에서는 화의 교섭이 진행되었다. 소소한 전투에서 조선군이 계속 승리

남한산성 남문(至和門)

하고 있었다. 반면 화의 교섭은 진척이 없었다. 핵심은 인질 요구였다. 청은 당연히 최고위급, 왕자급을 요구했다. 또한 교섭 상대도 고위직으로 바꿔 달라는 요구도 해왔다. 전황은 산성이 점점 고립되고 있었다. 성안에서는 왕을 지킬 전국의 근왕군(勤王軍)이 오기를 목 빠지게 기다리고 있었다.

1637년 정축년 1월 1일이 되었다. 왕이 떡국 한 그릇 받고 눈물을 흘린다. 그런데 이때부터 상황이 급변한다. 청의 황제(홍타이지)가 도착한 것이다. 다음 날 황제의 하달문과 조유(詔諭)가 도착했다. '조선이 버릇없이 굴어 내가 참다 참다 군대를 일으켜 혼내 주려고 왔다'라는 아주 거만한 내용이었다. 이날 이서(李曙) 장군이 병사하였고, 왕은 산성의 백제

온조왕(溫祚王) 사당에 배향했다. 청의 몽골군(몽골팔기)이 한양을 불태우고 노략질했다는 보고도 들어왔다. 또 왕의 답서를 가지고 청군 진영에 갔다가 후속 군으로 몽골군 등이 내려오고 있다는 소식도 듣는다. 이 후속 군에게 근왕군들이 남한산성으로 오다가 패퇴했다는 소식도 이어졌다. 산성 동쪽 가까운 쌍령(雙嶺)에서 일어난 대규모 전투에서 경상도 병력이 패배하고 지휘관들도 전사했다. 충청도 병력도 패배했다. 산성으로 들어오는 소식마다 슬픈 패전의 비보뿐이었다.

그나마 '황해도 군사가 적을 격파하고 남하하고 있다'는 김자점의 장계가 희망을 주었다. 전라감사 이시방(李時昉, 1594~1660년)의 장계가 도착했는데, 전라도의 김준룡 부대가 수원 광교산에 도착했다는 소식이다. 곧이어 그 김준룡이 광교산 전투에서 승리했다는 장계가 도착한다. 하지만 거기까지였다. 보급을 책임진 전라감사 이시방의 잘못으로 김준룡의 부대는 후방 지원(특히 화약)의 부족으로 후퇴해야만 했다. 그런데 이시방은 역사에서 대체로 호평받는 인물이다. 반정공신 이귀의 아들이고, 대동법(지방의 특산물로 바치던 공물을 쌀로 통일하여 바치게 한 세금 제도) 시행의 공이 있다.

18일, 이제부터 병자호란의 가장 극적인 장면이 산성에서 전개된다. 청은 소현세자(昭顯世子, 1612~1645년) 등을 볼모로 보낼 것과 인조가 직접 산성에서 나와 황제에게 항복할 것을 요구했다. 더는 근왕군 소식이 끊긴 산성은 이제 결정을 내려야 했다. 하지만 산성은 결정을 내리지 못하고 심각한 내부 갈등에 빠져들었다.

청의 요구를 무조건 수용하고 항복하자는 쪽과 거부하고 끝까지 항전하자는 쪽으로 나뉘었다. 당시 항복하자는 주장은 주화론(主和論)과 항전을 계속하자는 주장은 척화론(斥和論)이다. 주화론에는 이조판서 최명길 등이, 척화론에는 예조판서 김상헌(金尙憲, 1570~1652년) 등이 있었다.

최명길이 초안을 쓴 치욕적인 항복문서를 김상헌이 찢어버리고 통곡한다. 김상헌이 최명길에게 말한다. '대감 아버지는 우리 선비들 사이에 명성이 높은데, 대감은 어찌 이런 일 하시오?' 최명길이 웃으면서 답한다. '대감은 찢었지만 우리는 그걸 주워야겠습니다.' 그리고 찢어진 종이를 주워 모아 붙였다. 곁에 있던 병조판서 이성구(李聖求, 1584~1644년)가 크게 화를 내며, '대감이 종전에 화의를 배척하여 나랏일이 이 지경에 이르게 했으니 대감이 적에게 가야 할 것이오!'라고 김상헌에게 말한다. 김상헌이 '나는 죽고 싶으나 스스로 죽지 못하고 있소. 만약 나를 적진에 보내준다면 죽을 곳을 얻는 것이니 이는 대감이 주는 것이오.'라고 응수한다. 이 글은 당시 현장에 있던 사람이 기록한 것이다.

왕은 고민이 많았다. 더는 항전에 희망이 없음을 알았기 때문이다. 산성으로 오는 각지의 근왕군은 대부분 청에 의해 차단되거나 격파되었다. 무엇보다 처음 항전 수도로 구상했던 강화도마저 함락되었고, 먼저 피난을 간 왕실과 대신들이 이미 모두 포로로 잡혔다. 어쩔 수 없이 항복할 수밖에 없지만 만약 성을 나가 항복할 때 치욕보다 더 큰 문제가 있었다. 과거 여진족의 금나라가 항복한 송나라 황제를 포로로 끌고 가 모욕하고 끝내 죽인, 1126년 정강의 변(靖康之變) 같은 비극이 자신에게도 재현될 수 있다고 생각했다. 다행히 살아남는다고 해도, 조선에서 앞으로 제대로 왕 노릇하기는 틀렸다는 것이다. 성안의 여론은 공포 때문에 어쩌면 다수가 항복을 원했지만, 성 밖 조선 조야(朝野, 조정과 민간)의 여론은 항전해야 한다는 의견이 절대다수였다. 이런 여론은 전쟁이 끝나도 계속될 것이고 더 커질 수도 있었다. '고작 45일 버티고 오랑캐 따위에게 항복한 왕이 조선은커녕, 고금에 어디 있냐!'는 비난이 쏟아질 게 뻔했다. 역사에도 그렇게 기록될 것이 분명했다. 실제로 인조정권 후반기에는 돌아선 민심 때문에 어려움에 봉착한다. 이후 김상헌조차 '저딴 것도 왕이냐!'라며 조정을 떠나 안동의 학가산(鶴駕山)에 은거해 버린다. 김상헌처럼 이때 은거한 사람들이 꽤 많았다.

이런 상황을 아는 왕은 쉽게 무엇이라 결정하는 말을 꺼내기 어려웠을 것이다. 평소에도 인조는 말이 없고 신중했다. 그의 성격을 묘사한 기록이 있다. 『연려실기술(燃藜室記述)』 23권의 「인조조고사본말(仁祖朝故事本末)」을 보면, 이런 기사가 있다.

"임금은 매우 무겁고 말이 없어 가까이 모시는 궁녀도 임금의 말을 자주 듣지 못하였으며, 여러 신하는 임금의 뜻이 어떠한가를 측량하지 못하였고, 임금의 한마디 칭찬과 꾸짖음이 곧 평생의 판정이 되었다."

"임금은 문장이 매우 뛰어났으나 아예 한 구의 시도 짓지 않았고, 비답(批答, 상소에 대한 왕의 답변)을 하는 문자도 내시에게 베껴서 쓰게 하고, 손수 초(草)한 글은 물 항아리에 담가 찢어버렸으므로 종친과 왕자의 집에는 몇 줄의 필적도 없었다."

『연려실기술』은 재야에서 쓴 야사(野史)이지만 오늘날 학계는 높게 평가한다. 이런 성격의 인조라면 더욱 결정하지 못했을 것이다.

이후 사신이 몇 차례 교섭을 위해 양측을 오고 갔다. 1월 24일, 적이 망월봉에 올라 홍이포(紅夷砲, 네덜란드인들이 사용하던 대포)를 쏘기 시작했다. 그 포격으로 성안은 아수라장이 된다. 망월봉은 산성의 동장대(東將臺) 근처 봉우리인데, 산성보다 높아 감제고지(瞰制高地, 적의 활동을 살피기에 적합하도록 주변이 두루 내려다보이는 고지)로써 전술적 가치가 더 큰 곳이었다. 그래서 호란이 끝나고 훗날 산성을 보수할 때 이 망월봉까지 산성을 넓힌다. 적이 망월봉에서 쏜 포탄으로 사람들이 죽어 나가고, 왕의 임시거처인 행궁(行宮)도 파괴되기 시작했다. 이제 산성이 가진 방어의 이점이 사라진 것이다. 다시 말해 항전의 시간은 끝나고 항복을 결정할 때가 온 것이다. 다른 한편에서는 김상헌과 정온(鄭蘊) 등 노대신들은 자결하며 항복에 강하게 맞섰다. 동시에 청의 요구조건은 더 많아졌다. 왕의 출성과 공식 항복, 태자 인질에 더해, 척화론을 주장했던 신하들을 잡아 바치라는 것과 이제는 세폐가 아닌 조공을 바칠 것, 군대도 바칠 것 등이 추가되었다. 결국 패전한 조선은 이 모든 것을 수락한다.

드디어 30일, 패전한 왕과 세자가 용포가 아닌 푸른색 융복(戎服, 군복)의 복색으로 남문(정문)이 아닌 서문으로 나왔다. 송파의 삼전포(三田浦, 삼전도)에 승리한 청이 마련한 항복식장으로 갔다. 9층으로 된 높은 단 위에 청의 황제가 앉고 그 밑으로 청군이 도열하여 조선의 왕과 신하를 맞았다. 그 단 아래서 조선의 왕은 황제에게 세 번 절하고 아홉 번 머리를 조아리는 삼배구고례(三拜九叩禮)를 했다. 한국 역사에서 이전에도 없고, 이후에도 없는 장면이다.

그리고 정축화약(丁丑和約)을 맺고 청과 조선은 전쟁을 공식적으로 끝낸다. 전체 조약은 11개 조로 구성되었는데, 주요 내용을 살펴보면 다음과 같다. 1조부터 3조는 명과의 모든 관계를 끝내고 대신 청을 사대할 것, 4조는 세자와 왕자 그리고 대신의 자제들을 심양(瀋陽, 당시 청의 수도)으로 볼모로 보낼 것, 5~6조는 청이 명과 평안도 가도의 모문룡(毛文龍)을 공격할 때 조선이 파병할 것, 8조는 청이 끌고 간 피로인이 조선으로 탈출하면 송환할 것, 10조는 조선의 성을 신축하거나 개축하는 것을 금지, 11조는 막대한 세폐 등이다.

2월 2일, 모든 사람이 남한산성에서 나왔다. 저자가 청의 본진으로 가는 도중에 마주한 것은 사방이 청에 피로인으로 끌려가는 조선인의 울음소리라고 적었다. 이미 세자는 청의 본진에 도착해 있었다. 다시 도성으로 가는 길은 시체 더미가 쌓여있고, 사방이 불탄 거리였다. 이때부터는 패전 직후의 우울하고 슬픈 이야기들이다. 2월 8일, 세자를 눈물로 환송한다. 세자뿐만 아니라 이날 수많은 피로인도 눈물로 조선을 떠났다. 오늘날 청이 끌고 간 피로인 수를 최대 50만으로 추정한다. 청은 이들을 끌고 가 전리품으로 지배계급에 나눠주거나, 노예시장을 열어 지주들에게 팔았다. 그 목적은 임진왜란 때 일본과 마찬가지로 피로인의 노동력과 성 착취였다. 이후 조선 조정과 민간에서 거액을 주고 피로인을 되사오는데, 이를 속환(贖還)이라 한다. 하지만 그 수는 2~3천여 명에 불과했다. 오히려 피로인이 도망쳐 조선에 오면 잡아서 다시 청에 바쳐야 했다. 아마도 병자호란의 가장 큰 비극은 피로인 문제일 것이다. 저자는 땅을 치며 울부짖는 노파의 목소리로 『병자록』을 마무리하였다. 부록으로 조선의 각지에서 남한산성으로 달려온 근왕병, 강화도 함락 과정 등이 추가 기록되어 있다.

마지막으로 이 책의 저자 구포(鷗浦) 나만갑(羅萬甲, 1592~1642년)을 짧게 소개한다. 나만갑은 문신이고, 정치적으로는 서인이다. 하지만 서인 주류와 불화했던 일들이 역사 기록에 종종 보인다. 남한산성 농성 때 공조참의(工曹參議), 병조참지(兵曹參知)로 있었다. 그런 이유에서 생생한 현장 기록을 남길 수 있었다. 이전에 어머니 장례에 관선(官船)을 통해 시신을 운구한 문제로 탄핵당해 유배를 갔고, 유배에서 풀려난 후 은거하다가 병사한다.

또 하나의 현장 기록을 보자. 『산성일기』이다. 집필 시점을 정확히 알 수 없지만, 병자호란 후 한글로 쓴 책이다. 저자는 이름 모를 궁녀라고 한다. 현재는 저자를 젊은 척화파 관료 중의 하나로 추정한다. 그러나 왕 주변의 고위급 궁녀들은 지적 수준이 아주 높았고, 뚜렷한 정견도 지닐 수 있다. 왕은 공적인 인물이기에 모든 것은 공개된다. 심지어 대신과 단둘이 만나는 '독대'도 하지 않은 것이 원칙이다. 그런 왕이 비밀스럽게 이런저런 임무를 믿고 맡길 신하는 측근에서 모시는 환관과 궁녀

뿐이다. 그들이 무지하고 식견도 없다면 옆에 둘 이유가 없다. 물론 환관과 궁녀만 왕이 총애하면 그들은 권력을 휘둘러 국정이 혼란스러워진다. 조선에서 그 대표적인 사례가 광해군의 측근 궁녀 김개시(金介屎, 김개똥 ?~1623년)일 것이다. 그래서 조선에서는 환관과 궁녀의 국정농단을 늘 경계했다. 한때 광해군을 끼고 권력을 휘두른 김개시는 인조반정 직후 참수되었다. 여러 상황을 고려해봤을 때, 인조를 직접 모셨던 궁녀 중의 누군가가 『산성일기』를 썼을 가능성도 있다.

전체적인 내용은 1589년 누르하치가 명으로부터 용호장군(龍虎將軍)이

삼전도굴욕비(대청황제공덕비)

라는 작위를 얻는 것부터 시작해, 1639년 12월 삼전도 굴욕비를 세울 때까지 50여 년간의 일기다. 핵심 내용은 앞서 밝힌 1636년 12월 12일 청의 침공 사실을 알게 된 때부터 이듬해 1월 30일 왕이 남한산성을 나와 삼전도에서 굴욕적인 항복식을 치르고 저녁에 궁으로 들어오는 48일간의 기록이다.

핵심부의 내용은 전체적으로 앞서 소개한 나만갑의 『병자록』과 같다. 그러나 서술된 방식은 더 섬세하고 구체적이며 생생하다. 『병

자록』은 표현이 균형 잡히고 절제된 문체로, 한 자 한 자 엄중하게 정리한 것이다. 딱 중요한 핵심만 정리하고, 중요한 문서는 그대로 옮겨 쓰는 전재(全載)를 하였다. 문신 특유의 간명한 문체 같다. 하지만 『산성일기』는 정말 다르다.

한 예로, 호란이 시작되기 전 홍타이지(청 태종)가 조선의 역관에게 조선에 요구 조건 또는 협박을 전하라고 명령하는 구절을 보자. '동짓달 25일까지 대신과 왕자를 보내라, 아니면 공격한다'가 핵심이다. 그런데 이 말을 덧붙인다.

"너희 나라가 산성을 많이 쌓았으나, 내 당당히 큰길을 따라갈 것이니 산성에서 나를 막을쏘냐? 너희 나라가 강화도를 믿는 모양이나, 내가 조선 팔도를 짓밟을 때 조그만 섬에서 임금 노릇을 하고 싶으냐? 너희 나라의 의논을 짐작하건대, 모두가 선비이니 가히 붓을 쌓아서 나를 막을쏘냐?"

마치 조선의 군사 전략을 꿰뚫어 보고 조롱하는 홍타이지가 눈앞에 있는 듯하다. 그래서 잘 쓴 군담(軍談) 소설 같다는 느낌이 들 정도다.

또 다른 점은 일자 별로 적군과 조선군의 동향을 하나하나 다 썼다. 마치 후방의 총참모부에서 시시각각 변하는 전황 판을 보는 느낌이 들기도 한다. 또한 산성 안에서 대신들 논의를 보면 대부분 대화체다. 마치 사건 현장에서 사초(史草, 실록의 초고)를 적는 사관처럼 그들의 대화를 직접 듣거나, 흡사 라디오 연속극을 듣는 느낌도 든다. 그리고 궁핍한 행궁 생활에 대한 곳곳의 묘사들도 아주 구체적이다.

이 책이 앞서 소개한 나만갑의 책과 다른 점은 패전 이후 정축년(1637년) 11월 '삼전도 굴욕비'가 세워지는 과정을 상세하게 소개하고 있다. 이때 처음 인조가 청의 책봉을 받는다. 이 굴욕비의 정식 이름은 대청황제공덕비(大淸皇帝功德碑)다. 내용은 '조선이 먼저 화친을 어겨 청이 공격하였고, 조선의 왕이 이를 깊이 반성하였고, 청의 황제도 은혜를 베풀어 조선과 팔도의 신민들이 다시 살도록 했다. 이를 기념하여 이 비석을 세운다'는 것이다. 사실이 아닌 내용을 매우 굴욕적으로 표현한 것이다. 이글은 왕명으로 대제학 이경석(李景奭, 1595~1671년)이 짓고, 참판 오준(吳竣, 1587~1661년)이 쓰고, 참판 여이징(呂爾徵, 1568~1661년)이 웅장한 전서(篆書)를 새겼다. 자신들도 내키지 않는 일을 한 이 사람들은 사후 조선 후기 사회에서 비난받는다. 특히 이경석은 효종(孝宗, 재위 1649~1659년) 때 재상으로서 청과의 여러 가지 어려운 일이 터질 때마다 묵묵히 고통을 감내한 충신이다. 대표적인 사건으로 효종이 극비리에 송시열(宋時烈, 1607~1689년) 등과 추진한 북벌 정책을 김자점이 청나라에 밀고하여 조선에 큰 위기가 닥쳤다. 그래서 당시 영의정이었던 이경석이 책임지고 예조판서 조경(趙絅, 1586~1669년)과 함께 의주의 백마산성(白馬山城)에 1년 동안 감금되었고, 청나라 관리들에게 심문을 당하였다. 결국, 효종이 청의 사신에게 재임용 금지를 약속하며 구명에 나서자 겨우 처형을 면하여 풀려났다. 효종 다음 왕인 현종(顯宗, 1659~1674년)은 왕명으로 그의 공적을 기리는 글을 송시열에게 쓰도록 했는데, "수이강(壽而康)"이란 표현을 했다. 수이강은 '오래 살고 건강했다'는 의미로써, 오랑캐 금나라에 아첨의 글을 올리고 살아남은 남송의 손적(孫覿, 1081~1169년)이란 인물에 대한 주자(朱子, 1130~1200년)의 악평이다. 항복한 인조를 대신에 억지로 굴욕적인 글을 쓴 사람에 대한 비판치고는 지나치다.

러시아의 남하를 막아라. 『북정록(北征錄)』

효종 때 조선군은 두 차례 흑룡강으로 원정하여 러시아의 남하를 저지했다. 조선은 이를 "나선정벌(羅禪征伐, 러시아 정벌)"이라고 했다. 먼저 당시 국제 정세를 약간 알아볼 필요가 있다. 몽골의 오랜 지배를 벗어난 러시아는 당시 급격하게 팽창하고 있었다. 서쪽 유럽과 남쪽 오스만 튀르크 등 기존 강대국과 계속 전쟁 중이었고, 동쪽 중앙아시아와 시베리아로 원정대를 끊임없이 파견하고 있었다. 시베리아로 떠난 원정대의 직접적인 목적은 모피 가죽 같은 자원에 대한 약탈이었다. 동시에 수많은 원주민 사회를 공격해 직접 지배하는 식민지 확장을 노렸다. 그중 예로페이 하바로프(Yerofey Khabarov, 1603~1671년) 원정대가 1650년경 마침내 흑룡강에 도달했다. 그들은 흑룡강을 아무르 강이라고 명명하고 지금도 유명한 도시 하바롭스크(Khabarovsk)를 건설했다. 이들의 행태는 소위 신대륙 발견을 했다는 스페인 원정대와 같았다. 그냥 잔인무도한 무장 학살자들이었다. 이들의 만행에 경악한 원주민들이 청에 도움을 요청한 것이다. 이처럼 러시아 정벌전의 직접적인 이유는 러시아 원정대의 만행 때문이었다.

당시 청나라는 명을 막 멸망시키고 지배를 시작했지만 불안정했다. 사방이 다 적이었다. 동녕국(東寧國, 현재의 대만)의 정성공(鄭成功) 정권이 남경(南京) 등 중국 남부를 공격하고 있었다. 투항한 한족(漢族) 왕들이 다스리고 있던 서남쪽 운남성(雲南省) 등지도 계속 신뢰하기 어려웠고,

하바로프스크에서 아무르강을 가로지르는 철교

서몽골과 중앙아시아도 불안했다. 즉 청은 병력을 흑룡강으로 투입할 형편이 되지 않았다. 사실, 이때까지 청나라도 이 잔인한 원정대의 정체를 정확히 모르고 있었다고 보인다. 조선도 마찬가지다. 유럽과 그곳의 여러 나라는 알았지만, 그 나라 중 러시아가 그 먼 흑룡강까지 원정대를 보냈다는 것은 상상하기 어려웠을 것이다. 훗날 러시아 강화교섭을 할 때쯤에 이르러서야 그들의 정체, 규모, 무장력 등을 정확히 파악했겠지만 말이다.

이제 조선의 사정을 보자. 효종은 북벌(청나라 정벌)을 추진한 왕이다. 병자호란의 패배를 설욕하기 위해 포수 10만 명을 양성해 화승총 부대를 만든다는 정책에 박차를 가한다. 조선 포수의 뛰어난 실력은 이후 전개될 두 차례 러시아 정벌전에서 유감없이 드러난다.

하지만 문제는 정치다. 당시 왕은 청에 복수를 하고 싶었다. 그래서 어렵게 양성한 군대가 청을 위해 피를 흘려야 한다는 모순에 봉착한 것이다. 당시는 병자호란 이후 정축년 화약(和約)으로 제약이 아직도 극심하던 때였다. 특히 군사적으로 두 가지가 문제였다. 모든 재무장을 금지하였다. 산성조차도 개축할 수 없어 남한산성도 파괴된 채로 방치되어 있었다. 청에서 사신이 올 때마다 황제가 세운 송파의 삼전도 굴욕비를 참배한다는 핑계로, 직접 가서 눈으로 남한산성의 상태를 확인하였다. 또 한 가지는 청이 요구하면 조선은 군대를 파병해야 했다. 그동안 다행히 외교협상으로 심각한 파병 요구를 어느 정도 약화시켰다. 조선이 이 정축화약의 통제를 벗어나 공식적으로 재무장하기 시작한 때는 이때보다 먼 이후인 숙종 때였다. 숙종 때에 이르러 조선과 청은 이전 조선과 명나라의 관계 같은 평화로운 관계를 수립한다. 그런데 이 시기 청은 효종의 포수 양성계획을 알았는지 몰라도, 콕 집어 최강의 포수 부대를 요구했다. 사실 이전의 명나라도 심하 전투 때부터 조선의 포수가 우수하다는 것을 알고 화승총 부대를 요구했다. 효종은 고심 끝에 파병을 결정한다.

1654년 2월, 청의 3대 황제 순치제(順治帝 재위 1643~166년)가 파병을 요구했다. 1차로 함경도 병마우후(兵馬虞候) 변급(邊岌)에게 화승총 부대 100명과 초관(哨官, 하급 지휘관) 50여 명을 주어 원정군을 파견하였다. 4월 영고탑(寧古塔)에서 청군에 합류한다. 1,000여 명의 연합군은 회통강

(會通江)과 후퉁강(後通江, 송화강)의 합류 지점인 왈합(曰哈)에서 약 400명의 러시아군과 전투를 했다. 패한 러시아군이 흑룡강으로 도주하였다. 조·청 연합군은 추격을 멈추고 6월 초에 영고탑으로 귀환하였다. 이후 조선군도 84일간의 원정을 마치고 무사히 귀국하였다.

1658년 2월, 재차 청의 요구가 있자 2차 원정군을 파견한다. 이때 지휘관은 함경도 병마우후 신류(申瀏, 1619~1680년)이다. 『북정록』은 그가 이 원정을 기록한 책이다.

내용을 보자. 기록의 시작은 4월 군령을 받은 시점, 그리고 그가 당시까지 파악한 것을 적는다. 적(러시아)군의 동태, 청군이 이미 패배한 사실, 청의 파병 요구로 이어진다는 것이다. 끝으로 군령을 받은 후 모집한 함경도 각 지역 포수 200명 현황, 부대를 인솔할 초관과 군관, 통역관, 당번병, 짐꾼 등의 이름과 인원수를 모두 기록에 남겼다. 총 261명이다. 회령부(會寧府)에서 점검받고, 5월 2일 두만강을 건넌다. 계속 북상하여 5월 9일 영고탑에서 도착하였다.

이때 결성된 조·청 연합군 규모는 모두 약 2,500명이었다. 조선군은 모두 청군 팔기군(책은 八高山이라고 기록함.)의 지휘를 받는다. 그리고 앞으로의 안내는 지역 원주민인 왈가(曰可)족이 한다. 그런데 여기서 무례한 청의 성주(城主)가 신류에게 고두례(叩頭禮)를 강요하여 부득이 따른다. 12일, 왈가족 배로 북상한다. 15일, 송화강 어귀에 도착해 대기한다. 여기서 원주민들에게서 현지 상황을 파악한다. 청에 복속된 왈가족과 달리 견부락(犬部落)은 러시아에 복속되었다는 점과 러시아인들이 조선의 화승총 부대를 두려워한다는 첩보를 듣는다. 러시아인들은 무서운 조선의 군인들을 "대두인(大頭人)"이라 했는데, 그들이 쓰던 전립(戰笠, 털벙거지) 때문에 머리가 커 보였기 때문이다. 6월 2일, 청나라의 총사령관 등 조·청 연합군을 이끌 지휘부가 배로 도착한다. 5일, 배로 송화강을 떠나 이동한다. 8일, 적의 구체적 동태를 파악한다. 흑룡강 어귀에서 배 세 척으로 하류 쪽의 견부락 허전(虛田)으로 이동했다는데, 조·청 연합군의 현재 위치에서 닷새 거리라고 한다.

10일, 드디어 10척의 적선과 강에서 만났다. 바로 서로 대포를 쏘며 교전에 돌입한다. 하지만 조·청 연합군의 화력이 더 우세하자, 적들이 배 밑에 숨거나 일부는 배를 버리고 도주한다. 적선을 포위해 나포해 화공(火攻)으로 불태우려고 하자, 갑자기 청의 대장이 중지시켰다. 승리가 확실한 순간 청의 대장의 중지 명령으로 오로지 화승총과 활로만 공격한다. 육지로 도주한 적은 추격해 격퇴하였다. 결과는 대승이었다.

하지만 청의 대장이 내린 화공 중지 명령으로 아군도 사상자가 나온다. 조선군 윤계인(尹戒仁), 김대충(金大忠), 김사림(金士林), 정계룡(鄭季龍), 배명장(裵命長), 유복(劉卜), 이응생(李應生) 일곱 명이 죽었다. 그리고 부상자들도 발생한다. 부상자 중 중상을 입은 이충인(李忠仁)도 이틀 뒤 죽는다. 청나라 군인과 팔기군 장교들도 많이 죽거나 다쳤다. 신류는 이 모든 것은 청의 대장이 러시아 적선에 있는 재물을 노렸기 때문이라며 분노한다. 그 욕심으로 허무한 죽음을 초래한 것이니 분노할 만하다.

전체적으로 보면, 러시아군은 360명 가운데 지휘관 오누프리 스테파

노프(Onufriy Stepanov 하바로프의 후임, 코사크기병대장)를 포함해 220여 명이 전사하였고, 1척의 배를 타고 도주한 인원은 95명이었으며, 나머지는 실종되었다. 반면, 조·청 연합군 피해는 조선군 전사 8명 포함하여 전사 120여 명, 조선군 부상자 25명 포함하여 부상자 230여 명이었다. 신류는 조선군 시신들만 따로 모아서 흑룡강 언덕에 매장했다. 이역만리 타국의 강가에 해골로 남겨진 그들을 생각하면 참으로 안타까운 일이다. 신류도 같은 심경을 기록으로 남겼다.

신류는 전투 후 적의 시신에서 용모를, 그들의 배 구조 등을 파악한다. 이제 임무를 완수한 조선군은 이제 귀국길에 오르려 한다. 14일, 다시 배로 귀로에 오른다. 하지만 바람이 없어 순조롭지 않다. 25일, 청은 더 주둔하였다가 나중에 돌아가라 한다. 부족한 군량도 함경도 회령에서 가져오라고 한다. 이에 신류는 '우리는 할 만큼 다했다. 군량은 장마철 이동이 불가능하다'며 항의한다. 그렇게 회군을 강행하다가 29일부터 신응기(㒰應基) 마을에 발이 묶여 오래 머문다. 계속된 청의 만류(억류) 때문이다. 신류는 청의 대장이 이번에는 조선군의 군량을 욕심낸다고 의심한다. 적선에서 노획한 물건들도 모두 압류당한다. 청이 배급한 군량도 장맛비에 썩어 급식이 어려운 지경에 이른다. 다만 청과 교섭을 하여 적의 총포 한 자루를 받는다. 당시 조선의 총포는 여전히 화승(火繩, 화약심지)을 사용했지만, 유럽의 개량된 총포는 화승이 필요 없고 부싯돌을 이용하여 사용에 더 편리한 것이었다. 당시 조선군으로서는 중요한 총포 기술이었다. 그러나 이후 조선은 물론 동아시아에 더는 큰 전쟁이 없어 총포 개량은 하지 않았다.

　드디어 다시 이동해 8월 13일 청군과 첫 합류지인 영고탑에 도착한다. 하지만 또 귀국은 늦어진다. 여기서 마부로 참전한 마부 윤국생(尹國生)이 병으로 죽자 영고탑 남쪽에 묻었다. 또 한 명이 불운한 이국의 고혼이 되었다. 저자도 슬픈 마음을 기록에 토로한다. 18일 귀국을 허락받았다. 북경에서 보낸 담비 갖옷 한 벌을 상으로 받았지만, 많은 사상자가 발생한 조선 원정부대의 전공에 대한 포상치고는 참 인색하다고 생각한다. 이후 사나운 빗줄기를 뚫고 계속 행군한다. 27일, 두만강을 드디어 도강한다. 도중에 배가 뒤 집어져 화승총을 잃기도 하지만, 다행히 더는 조선군의 생명을 잃지 않았다.

2장

조선인이 본 동아시아

조선 개국 전후, 대일 관계는 긴장과 전쟁의 연속이었다. 바로 왜구라는 일본 해적의 지속적인 침략과 약탈 때문이었다. 1223년 고려 고종(高宗, 재위 1213~1259년) 때부터 왜구의 침략이 시작되었다. 처음에는 해상에서 세곡(稅穀, 조세로 납부한 곡식)을 운반하는 조운선(漕運船)을 공격하고 약탈했지만, 이후 해안지대로 상륙해 고려의 백성들을 죽이고 노예로 끌고 가기 시작했다. 이 왜구의 정체에 대한 논쟁이 존재하는데, 오직 일본인만으로 구성된 것이 아니라 조선(고려)인과 원·명의 중국인들도 동참했던 것으로 보인다. 그러나 분명한 것은 왜구의 본거지가 일본 고토(五島) 열도 등 규수(九州) 북부와 쓰시마(對馬島)이고, 왜구가 약탈한 곡식과 재물, 납치한 사람들에 대한 최대 수요처는 일본이었다.

고려와 조선은 이에 2가지 방법으로 대처했다. 먼저 군사적 대처로 상륙한 왜구들을 토벌하였는데, 이때 활약한 고려의 장군이 최영(崔瑩, 1316~1388년)과 이성계(李成桂, 1335~1408년)다. 차츰 막대한 군비를 쏟아붓고 오랜 시간 훈련으로 막강한 수군을 건설해 왜구가 상륙하기 전 바다에서부터 격퇴한다. 이때 활약한 장군이 정지(鄭地)이다. 이후 강력한 수군 세력을 동원해 고려말 1389년 창왕 때부터 1426년 세종 초까지 총 3차례에 걸쳐 왜구의 소굴 쓰시마를 정벌했다.

그 외의 다른 방법으로는 외교적 대처가 있었다. 일본의 중앙 권력자에게 자체적인 왜구 처벌과 납치한 고려(조선) 백성 송환을 요구했다. 문제는 당시 일본은 1333년부터 1392년까지 분열과 내전으로 혼란한 남북조(南北朝) 시대였다. 따라서 당시 파견된 사신은 중앙뿐 아니라 지방의 할거 세력들에게도 같은 요구를 하며 어려운 외교협상을 해야 했다. 이때 활약한 대일 외교 전문가가 학파(鶴坡) 이예(李藝, 1373~1445년)이다. 그는 울산의 향리(鄕吏, 지방 하위 관리) 집안 출신인데, 개인적으로 왜구로 인한 불행한 경험이 있었다. 8세의 어린 나이에 그의 어머니도 왜구에게 납치되어 행방불명되었다. 20여 년 후 성인이 되어 일본까지 가서 어머니를 찾았지만 끝내 다시 만나지 못했다. 이후 울산의 향리가 되었는데, 왜구 침략에 피난하지 않고 목숨을 걸고 당시 울산 지방관을 보좌하고자 스스로 끌려갔다. 이후 포로 신분으로 스스로 협상하여 무사히 귀환한 개인적 경험도 있다. 이 공적을 인정받아 외교관으로 발탁되었다. 그로부터 약 44년간 40여 회 일본과 류큐(琉球, 오키나와) 왕국을 직접 방문했다. 그가 송환한 조선 동포는 667명에 이른다. 그리고 『학파실기(鶴坡實紀)』를 남겼다.

그가 남긴 최고의 외교적 공적은 1443년 일본과 계해약조(癸亥約條)를 체결한 것이다. 3차 쓰시마 정벌 이후 조선과 일본은 기본적으로 평화적인 관계로 전환하였다. 이 새로운 조·일 관계의 기초를 외교적으로 정리한 것이 계해약조인 셈이다. 주된 내용은 조선과 쓰시마 사이의 세견선(歲遣船)과 삼포(三浦) 개항에 관한 규정이다. 세견선은 조선과 무역을 위해 일본이 파견하는 배이고, 삼포란 부산포(釜山浦), 제포(薺浦, 웅천), 염포(鹽浦, 울산)를 말한다. 조선은 매년 50척의 세견선에 세사미두(歲賜米豆)

시모카미가리(下蒲刈) 자료관에 전시 중인 조선 통신사의 배 모형

200석을 실어 쓰시마 도주에게 보내 주었고, 쓰시마 도주가 조선과 무역에 나서는 일본인들을 통제하게 했다. 이렇게 물질적 보상을 해주며 무역을 통제하자 왜구는 과거처럼 창궐하지 않았다. 이후 삼포에 거주하는 일본인들의 반란과 새로운 왜구 침략 등으로 변화를 겪는다.

새로운 일본과의 관계 유지를 위해 당시 일본에 대한 종합적인 이해가 필요했다. 이때 출현한 것이 1471년 신숙주(申叔舟, 1417~1475년)가 저술한 『해동제국기』이다. 신숙주는 이 시대 대표적인 문신이자 권신이다. 그리고 외교 업무에도 밝았는데, 7개 국어를 했다는 말도 있다. 사실이라면 이 7개 언어는 당시 조선과 관련이 있는 동아시아의 거의 모든 국가와 민족어였다. 또한 신숙주는 9개월 동안 일본 체재를 경험했다. 1443년 세종 후반기 변효문(卞孝文, 1396~1461년)의 통신사에서 서장관 (書狀官, 3인 正使 중 1인으로 기록 담당)을 수행했다. 또한 조선 최고(最古)의 농서『농사직설(農事直說)』의 편찬자 중 한 명이고, 조선의 대표적인 시신 조사 지침서(법의학)인『신주무원록(新註無冤錄)』도 편찬하였다. 이때 일본 은 무로마치 막부(室町幕府, 1336~1573년)가 통치하던 시대다. 조선은 무로 마치 막부 시대 총 8차례 통신사를 파견하지만, 이 중 5차례만 성사된 다. 통신사는 조선이 일본에 파견한 정식사절단의 명칭이다. 훗날의 에 도 막부 때만 사용한 명칭이 아니다. 또한 "조선통신사"는 일본이 부른 이름이다. 앞서 소개한 계해약조도 이 신숙주의 일본 통신사행과 관련 이 깊다. 이 시절 통신사 경험을 바탕으로 다른 자료들을 참고하여 훗 날『해동제국기』를 저술한 것이다. 이후 이 책은 일본으로 가는 모든 통 신사, 외교 교섭 담당자에게 가장 기본적인 지침서로 활용되었다. 이제 책의 내용을 보자.

일본과 교섭에서 늘 지녀야 할 원칙을 강조한 서문을 필두로, 책을 이해하는 데 필요한 주의 사항인 범례, 그리고 지도로 이어진다. 서문은 "교린(交隣, 이웃 국가와 외교)과 빙문(聘問, 예를 갖추어 방문)은 풍속이 다른 나라를 위무하고 응접하는 것이므로 반드시 그 실정을 안 뒤에라야 예 를 다할 수 있고, 그 예를 다한 뒤라야 마음을 다할 수 있습니다."라는 문장으로 시작한다. 이것이 신숙주가 생각하는 (대일) 외교의 원칙으로 보인다. 또, 국내 정치와 외교(전쟁)의 관계를 정리한 문장도 인상적이다.

"이적(夷狄)을 대하는 방법은, 외정(外征)에 있지 않고 내치(內治)에 있으며, 변어(邊禦)에 있지 않고 조정(朝廷)에 있으며, 전쟁하는 데 있지 않고 기강을 바로잡는 데 있다."

하지만 그 당시 무역을 위해 조선을 오고 가던 일본인에 대한 신숙주의 평가를 보면 대일 외교가 쉽지 않았다고 보인다.

"지금까지 우리나라에서는 그들이 오면 보살펴 주고 그 급료를 넉넉히 주었으며 예의를 후하게 해주었지만, 저들은 그것을 예사롭게 여기고 진위를 속이는가 하면, 곳곳에 오래 머물면서 걸핏하면 시일을 넘기기도 하며 갖은 방법으로 사기를 치는데, 그 욕심이 한정이 없어서 조금이라도 그 의사에 거슬리면 문득 성낸 말을 하곤 합니다."

그리고 이어서 일본 전체 지도 「해동제국총도」, 본주(本州, 혼슈)에 해당하는 「본국지도」, 그 외의 부속 도서 지도, 「류쿠국(오키나와)지도」, 그리고 조선이 개항한 「삼포 지도」를 먼저 배치했다. 「삼포 지도」에는 서울과의 거리, 인근 주요 도시와의 거리, 거주 일본인의 호(戶)와 인구수, 신사(神社)와 절 등을 소개하고 있다. 그리고 「일본국기(日本國紀)」, 「류쿠국기(琉球國紀)」, 「조빙응접기(朝聘應接記)」 등으로 이어진다.

「일본국기」에는 진무(神武) 천황부터 당시 고하나조노(後花園) 천황까지 역대 천황을 모두 열거하고, 각 시대의 연호 등 주요 사항을 정리한 천황대서(天皇代序)와 이전의 가마쿠라(鎌倉) 막부부터 당시 무로마치 막부로 이어지는 간략한 막부(幕府, 바쿠후) 통치의 변천사를 소개한 국왕대서(國王代序)가 있다.

"막부"란 단지 장군이 전쟁터 등에서 임시로 정무를 보는 곳 정도가 원래의 의미하지만, 중세 일본에서는 다른 의미다. 무사 집단의 수장인 장군(쇼군)이 천황 대신 최고의 권력자가 되어 일본을 통치하는 기관의 의미로 쓰인다. 국왕대서의 마지막 부분에 '그 나라에서는 (장군을) 감히 왕이라 칭하지 못한다. …… (장군은) 매년 새해 대신을 거느리고 한 번 천황을 알현할 뿐, 평상시에 서로 만나지 않는다. 국정과 외교에서 천황은 모두 간여하지 않는다'라고 신숙주는 쓰고 있다. 이 부분은 당시 일본의 정치 체계를 소개한 것이다.

「일본국기」의 국속(國俗) 부분은 흥미로운 내용이 많다. 관직 세습, 형벌, 무기, 풍속 등의 내용이다. 그 외에 조선의 부산포에서 쓰시마까지의 거리, 쓰시마에서 다시 어디까지 등등 거리(里數)를 정리했다. 그리고 일본의 8도 66주에 대한 상세한 지리 정보를 담고 있다. 심지어 일본 수도인 교토의 황궁 모양과 주요 건축물뿐 아니라, 전국 각 지방의 토지, 인구, 영주(領主, 지역 지배자) 등에 대한 정보도 상세하다.

끝으로 「조빙응접기」를 보자. 내용은 일본 사신 접대 규정이 핵심이다. 세견선과 일본 사신, 삼포의 거류 일본인을 종류별로 나누어 설명하고 거기에 각각 해당하는 접대 규정, 허가증 등에 대한 것이다. 당시 한일관계사를 제대로 이해하려면 볼만한 내용이 많다.

조선 후기 일본보고서 『청령국지(蜻蛉國志)』

15세기 조선 전기, 무로마치 시대의 일본에 대한 종합보고서가 앞서 소개한 『해동제국기』라면, 18세기 조선 후기, 에도시대의 일본에 대한 종합보고서는 『청령국지』이다. 여기서 "청령"이란 곤충인 잠자리를 의미 하는데, 일본 땅의 모양이 흡사 교미하는 잠자리 같다고 한 것에서 유래한다. 『청령국지』는 이덕무(李德懋, 1741~1793년)가 저술했다. 이덕무는 조선 후기 유명한 문인, 학자 중 하나다. 가난한 집안의 서자로 태어나 병약했지만 총명하여 오직 집 안의 교육인 가학(家學)으로 학문적 성취를 이룩했다. '책만 보는 바보'라는 의미의 간서치(看書痴)란 별호를 스스로 지었다. 1778년 연행사의 서장관(書狀官)으로 수행했고, 1779년 규장각의 검서관(檢書官)으로 임명되어 활동했다. 수많은 국내외의 학자와 교류했고, 많은 저서를 남겼다. 『청령국지』는 이덕무의 아들이 편집한 이덕무 문집 『청장관전서(靑莊館全書)』 속에 수록되어 있다.

『청령국지』는 역대 천황의 계통을 그린 도표, 연호와 연대를 담은 「세계도(世系圖)」와 「세계(世系)」, 유력 귀족의 가문을 소개한 「성씨」, 관직제도를 소개한 「직관(職官)」, 역대 권력자(關白, 장군 등)와 문사, 유학자를 소개한 「인물」, 일본의 가나 등을 소개한 「예문(藝文)」, 일본의 종교를 다룬 「신불(神佛)」, 일본의 지도와 지리지 「팔도육십팔주도(八道六十八州圖)」, 「여지(輿地)」, 일본인의 일상과 사회상 등을 다룬 「풍속」, 의복 등 일상용품을 다룬 「기복(器服)」, 생산물 소개 「물산(物産)」, 당시의 군사제도와 13세

기 여몽(麗蒙, 고려와 몽골) 침략 대응 등을 소개한 「병전(兵戰)」, 일본 주변
국을 소개한 「이국(異國)」 등으로 구성되어 있다. 소개한 내용은 주로 오
사카의 의사 데라시마 료안(寺島良安)이 1712년 편찬한 일본의 백과사전
인 『화한삼재도회(和漢三才圖會)』와 1763년(영조 39) 통신사행의 서기(書記)
였던 원중거(元重擧 1719~1790년)가 쓴 『화국지(和國志)』에서 인용한 것이다.
이 원중거의 아들이 이덕무의 여동생과 결혼을 한 것처럼 두 사람은 무
척 친밀한 관계였다.

이제 흥미로운 내용 몇 가지를 보자. 「세계」의 한 대목이다. "왜황은
매달 초하룻날부터 보름까지, 신에게 제례를 올리고 염불하며 소식을
하고……(倭皇每月自初一日至十五日 禮神念佛素食)" 천황 대신 왜황이라고
한 것을 보면, 그때나 지금이나 천황(天皇)이란 용어에 거부감이 있었다
는 생각을 하게 만드는 대목이다.

「성씨」를 보면, 통신사 일행을 찾아와 자신이 중국인의 후예라고 자
랑하는 일본인 이야기가 많았다. 그러나 당시 조선 사람들은 이런 주장
에 대해 신빙성도 없고, 가소롭게 여긴 것이 흥미롭다.

「인물」에서는 "악성 종기가 나거나 부종이 난 이가 없는데, 밤낮으로
깨끗하게 씻어 낯빛이 온화하고 정신이 맑아, 혼곤하게 잠이 많은 이가
매우 적은 것이다(及黧黑者無惡瘡 無浮腫 日夜澡潔顏雍神清絕少昏睡之人)"라
고 적었다. 그때나 지금이나 일본의 목욕 문화는 대단했던 모양이다.
특히 당시 조선인들 눈에도 그렇게 보였다. 또, 「인물」에서 도요토미 히
데요시와 도쿠가와 이에야스의 통치 스타일을 비교하며 평가하는 대

목도 눈에 들어온다.

"그때 히데요시가 일어나 마침내 진시황의 사업을 행하였으나, 군대를 믿고 교만 방자하다가 멸망에 이르렀다. 이에야스가 사나움을 관대함으로 바꾸고서 공손하고 겸손한 방식으로 다스리자 마침내 유순한 풍속이 이루어졌다." (而秀吉起於其時 遂行秦始之事 恃兵驕橫 至於滅亡 而家康代暴 以寬恭儉出治 遂成柔順之俗)

저자 이덕무의 평가에 깊이 공감한다. 히데요시와 이에야스의 통치 행태를 비교해보면, 칼만 믿고 날뛰는 무식한 무부(武夫)와 노련한 통치를 구사하는 제왕의 차이만큼 명백하다. 무모한 임진왜란을 일으켜 스스로 멸망의 길 자초한 것이 대표적인 사례일 것이다.

일본의 신도(神道)를 소개한 「신불」에서 신도와 천황의 관계 본질을 꿰뚫어 보는 대목이 있어서 소개한다.

"왜황이 수천 년의 오랜 세월 동안 거짓 칭호를 지킬 수 있었던 것은 신도를 끼고 다스렸기 때문일 뿐이다." (倭皇之保僞號於數千年之久者 不過挾神道而已)

끝으로 「이국」을 보면, 당시 일본과 직접 교역하고 있던 네덜란드를 소개하고 있다. 네덜란드의 7개 주, 거리, 외모, 풍속, 교역 방식과 거점,

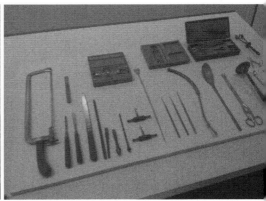

당시 일본에 도입된 네덜란드 외과술 번역서 「해체신서(解體新書)」와 수술 장비

상품 등으로 나누어 설명하고 있다. 다만 풍속에서 '개처럼 한쪽 다리를 들고 소변을 본다'는 대목은 누가 보아도 오류일 것이다. 여기서 더 나아가 네덜란드의 의학(특히 외과술) 도입이 필요하다고 주장한다.

우리는 조선에서 온 표류민이요. 『표해록(漂海錄)』

동아시아의 많은 나라는 바다로 이어져 있어, 바다에서 해난 사고 등으로 자국 해안에 갑자기 이국의 사람들이 나타나는 일이 자주 발생했다. 이런 사람을 "표류민"이라 한다. 표류민은 아주 오래전부터 자주 발생하는 사고이기에 표류민을 송환하는 일종의 관습법 같은 것이 존재했다. 가령, 조선에 이런 이국의 표류민이 나타나면 구조도 하고 출신국으로 무사히 귀환하도록 조치했다. 이 과정에서 철저한 조사를 하는데, 표류민이 아니라 해적, 밀무역, 불법 어로 같은 범죄자일 수 있기 때문이다. 가끔 황당선(荒唐船, 정체불명의 배)이란 것이 출몰하면 수군들이 나포해 조사했다. 이때 역관들이 파견되어 활약했다. 다행히 인접한 중국과 일본의 표류민일 경우, 의주부(義州府)와 동래부(東萊府)에서 중국과 일본의 국경 책임자에게 통보하고 송환한다. 만약 중국과 일본 이외의 국가 출신이라면 모두 중국으로 송환한다. 동아시아 대부분의 나라가 모두 중국과 사대·조공 관계를 맺고 있어서 1년 또는 3년(때로는 수시로)마다 사신을 중국으로 파견한다. 그러면 중국은 출신 국가 사신단 숙소로 표류민을 보내면 그 사신의 귀국길에 표류민도 함께 돌아가게 한다. 이러한 표류민 송환 시스템은 동아시아 대부분의 나라에 적용된다. 조선인이 해상에서 표류민이 될 경우, 같은 송환 시스템을 통해 조선으로 귀국할 수 있었다. 이 『표해록』의 주인공도 이 송환 시스템에 의해 조선으로 귀국한 사례이다.

『표해록』의 주인공은 금남(錦南) 최부(崔溥, 1454~1504년)와 42인의 표류민이다. 최부는 성종(成宗, 재위 1469~1494년) 때 대표적인 문신 중 하나다. 한국의 통사인 『동국통감』, 전국 지리지 『동국여지승람』 등의 편찬자 중 한 명이다. 1498년 무오사화(戊午士禍) 때 연산군의 폭정을 극간(極諫, 임금이나 웃어른에게 잘못된 일이나 행동을 고치도록 온 힘을 다하여 말함)하다 가 함경도 단천으로 유배를 떠났고, 1504년 갑자사화(甲子士禍) 때 유배 지에서 참형을 당했다. 1506년 중종반정(中宗反正)으로 복권되었고, 충열 (忠烈)이라는 시호를 받았다.

이제 책 내용을 보자. 1487년 추쇄경차관(推刷敬差官)으로 임명되어 11월 제주도에 도착했다. 추쇄경차관은 부역 회피자, 도망 공노비를 찾 기 위해 임시로 임명되어 지방으로 파견된 관리다. 이듬해 1488년 1월 30일, 고향(전라도 나주)에서 온 부친의 부고 소식을 접한다. 윤(閏)1월 3 일, 심한 비바람 속에서 주변의 만류에도 배에 올라 고향으로 떠났다. 이때 하급 관리들도 승선한다. 그런데 배가 곧바로 항로를 잃고 표류하 기 시작한다. 이로부터 장장 136일(6개월)의 험난한 표류와 송환 과정을 겪는다. 표류하는 배 위에서는 불안한 사람들이 히스테리 반응을 보인 다. 모든 물건을 바다에 던지고, 신을 찾아 울부짖으며 자비와 구원을 비는 한바탕 소동극이 일어난다. 그러나 최부가 꼿꼿한 성리학자, 선비 답게 의연하게 대처하자, 주변의 비난도 받는다.

12일, 중국 해안에 표착한다. 불행히도 표착지에서 해적을 만난다. 다 행히 목숨은 잃지 않았지만 모든 것을 약탈당하고 바다에 버려진다. 다 시 표류하다가 16일, 절강성 임해현 우두외양(牛頭外洋) 바닷가에 표착한다. 당시는 명나라 홍치제(弘治帝, 재위 1487~1505년) 시기였다. 이 시기를 역사에서는 "홍치중흥(弘治中興)"이라 하며 호평한다. 책을 읽다 보면 홍치중흥에 대해 최부도 관심이 컸던 것을 알 수 있다.

이때 또다시 만난 명나라 사람들과 필담(筆談)하며 정확한 위치를 파악한다. 17일, 상륙해 왕을원(王乙援)이란 지역민의 구호를 받는다. 거기서 잠시 몸을 추스르고 근처 관청을 찾아 길을 나선다. 길에서 변방 요새 당두채(塘頭寨)의 장교 해문위(海門衛) 천호(千戶) 허청(許淸)의 군대와 만난다. 그들은 최부 일행을 왜구로 생각해 체포해 19일, 도저소(桃渚所)로 끌고 갔다. 끌려가던 분위기는 험악했다. 거기서 명의 하급 관리들에게 첫 심문을 받는다.

그때 최부는 부친상을 치르고 있었기 때문에 명나라 체재 중에도 상복을 계속 입고 있었다. 당시 명나라 사람들 눈에는 조선의 상복이 이상했던지, 관련한 질문과 설명이 곳곳에 많이 보인다. 도저소에서도 마찬가지다. 반면 최부는 지명과 거리에 대해 질문한다. 자신이 있는 현재 위치 파악하기 위해서 그런 것이다. 그는 중국의 지도를 정확히 기억하고 있었을 것이다. 관리들의 심문은 그가 누구인지, 어떻게 여기까지 왔는지, 명나라 국경에서는 무슨 일이 있었는지, 특이한 복장(상복)에 대해서도 묻는다. 또 대답이 진실인지 파악하기 위한 조선 사정 등도 묻는다. 아마도 자국의 안보를 위해 갑자기 나타난 외국인의 실체를 파악하려고 조사한 듯하다.

23일, 명나라 군인들은 이들을 인솔해 다른 초소들과 역(驛)들을 거쳐, 2월 4일 상급 관청인 소흥부(紹興府) 도착한다. 총독비왜도지휘첨사(總督備倭都指揮僉事) 황종(黃宗) 등 지역 최고 관리들의 엄격한 심문을 받는다. 전체적으로 포청천(包青天)이 나오는 중국 사극에서의 엄숙한 법정 분위기다. 심문의 수준도 이전 도저소와는 다르다. 처음에는 도저소처럼 표류 경위 등을 묻는 수준이었지만, 이윽고 단군 이래의 조선 역사, 산천, 인물, 풍속, 여러 제도 등에 관한 방대한 사항을 묻는다. 이에 최부는 막힘없이 당당하게 대답한다. 해난 사고와 왜구로부터 겨우 빠져나와 심신을 제대로 추스를 수 없을 상황인데도 말이다. 이런 것을 보면 조선 선비 최부는 참 대단한 인물이다. 동시에 최부의 답변이 진실이란 것을 인지한 소흥부의 심문관들은 모두 명나라의 문과 급제자였다. 이때부터 최부 일행에 대한 명의 대우가 달라진다. 수상한 외국인 무리가 아니라 당당한 조선의 관리와 그 일행으로 확인한 후, 손님으로 대한다. 최부와 일행에게 신분에 따라 여러 음식을 충분히 공급한다. 최부가 사례의 시(詩)와 두 번의 절을 올리자, 소흥부의 관리들도 모두 공손히 답례한다.

이때부터 최부 일행은 명의 수도 북경(北京)을 향해 길을 떠났고, 명의 관리들이 인솔하고 접대하기 시작한다. 6일 화려한 항주(杭州)에 도착한다. 이때부터 명나라 지식인들과 교류하는데, 대부분은 학문, 문학에 관한 이야기를 나눈다. 그런데 좀 특이한 것이 있다. 관리들은 조선의 과거제에 대한 질문이 좀 많다. 국적은 달라도 그들 모두는 과거 문과 급제자들이기 때문일 것이다. 지역에서 만나는 명나라 선비들도 비숫하다. 한편, 항주에는 927년 고려의 대각국사 의천(義天, 1055~1101년)이 세운 고려사(高麗寺)라는 절이 있었다. 그곳에 명나라 선비들이 함께 참배하러 가자고 청했지만, 최부는 거절한다. 한마디로 불교는 이단이라는 것이다. 무속도 마찬가지다. 조난 때의 배 위에서도, 명나라 관리가 좋은 뜻으로 권해도, 무속신앙은 유학에서 금기시하는 괴력난신(怪力亂神)에 불과하다고, 그런 예배는 모두 거절한다. 최부는 한결같다.

항저우의 경항대운하 선착장 앞

13일, 항주를 떠났다. 이때부터 주로 배를 타고 경항대운하(京抗大運河, 항주에서 북경으로 이어진 운하)를 따라 북상한다. 도중에 만나는 도시들은 모두 역사의 고도이고, 아름다운 곳으로 유명한 곳이어서 관련 설명이 서술되어 있다. 15일, 가흥부(嘉興府)를 지나. 16일 소주부(蘇州府)에 도착한다. 19일 상주부(常州府), 20일 진강부(鎭江府)에 도착, 22일 서진(西津)에 서 양자강(揚子江)을 건넌다. 23일 양주부(揚州府)를 지나, 26일 회음역(淮陰 驛) 도착, 27일 회안부(淮安府)를 지났고, 3월 1일 비주부(邳州府)를, 3일 서 주(徐州)를, 6일 패현(沛縣), 9일 제령주(濟寧洲)에 도착한다. 읽다 보면, 최부 는 대운하 운용에 대해 많은 서술을 하고 있음을 느끼게 된다.

조선은 산악이 험난하고 노동력 징발이 어려워 운하 건설을 할 수 없었다. 고려와 조선은 아주 위험한 조운선(漕運船, 세금으로 받은 곡식 운 반선) 항로인 충청도 태안반도 안흥량(安興梁)에 운하를 건설하려고 여러 번 시도했지만 모두 실패하였다. 반면, 중국은 아주 강력한 황제 권력이 있고, 상대적으로 지형도 평원이기에 대운하를 건설할 수 있었다. 이미 춘추전국 시대부터 곳곳에 운하를 건설했고, 그중 압권은 수양제(隋煬 帝, 재위 600~604년)의 대운하 건설이다. 그런데 운하는 만드는 것보다 토 사(土砂)에 막히지 않도록 늘 보수하고 잘 관리해야 한다. 중국의 역대 왕조는 국가 운영에서 언제나 삼대정(三大政)이라는 것을 강조했다. 하 공(河工, 하천 치수), 조운(漕運, 하천과 운하의 물류), 염정(鹽政, 소금 전매)이 그 것인데, 이 셋을 모두 아우르는 것은 역시 대운하였다. 이런 점을 잘 알 았던 것으로 보이는 조선의 관리 최부가 대운하에 많은 관심을 보이는 것은 당연한 일이다.

18일, 덕주(德州)를 지난다. 당시 덕주는 황하(黃河)와 대운하가 교차 하는 교통의 요충지다. 지금은 황하의 물길이 바뀌어 덕주가 아닌 제남 (齊南) 쪽으로 흘러간다. 21일 창주(滄州)를, 23일에는 정해현(靜海縣)에 도착했다. 이때 최부는 중국의 수차(水車) 제도를 배우고 싶다고, 인솔하던 관리 부영(傅榮)에게 가르침을 청한다. 수차는 강물을 언덕 위의 논과 밭으로 끌어 올리는 기술이다. 수차는 아주 오래전부터 중국의 많은 지역에서 수차를 이용해 농사를 짓고 있다.『표해록』을 보면, 강남(江南)의 소흥을 지날 때부터 눈여겨본 것 같다. 조선의 관리로서 민생에 도움이 되는 제도라면 당연히 호기심을 가질 만하다. 드디어 24일 북경의 관문인 천진위(天津衛)를 지나 28일 운하의 종착지인 통주(通州)에 도착한다. 같은 날 도보로 북경에 입성해 회동관(會同館)에 드디어 도착한다. 회동관은 조선의 사신들이 명에 오면 이용하는 숙소다. 위치가 옥하(玉河)의 남쪽이어서 옥하관이라고도 한다.

29일, 관리의 인도로 병부(兵部)로 가서 장관인 상서(尚書) 등에게 알현한다. 병부의 관리인 낭중(郎中)들은 최부에게 청사 마당의 홰나무를 보고 절구(絶句, 짧은 한시)를 짓게 한다. 또, 벽의 지도를 보며 온 곳을 짚어 보라고도 하고, 조선의 상례(喪禮)에서도 주자의『가례(家禮)』를 따르는지 등을 묻는다. 심문이 아니라 차와 떡을 먹으며 나누는 대화, 일종의 문화 교류 같은 것이었다. 저녁에 조선어를 하는 명의 역관이 찾아와서 조선의 사신이 회동관에 40여 일 체재하다가 얼마 전 22일에 귀국길을 떠났다는 소식을 알려준다. 이 소식을 듣고 최부가 탄식한다. 다행인 것은 최부 일행이 모두 무사하고 현재 북경을 향해 오고 있다는 사실을 사신들도 알게 되었고, 이런 사실을 조선에 먼저 보고할 수 있게는 되었다. 4월 1일, 예부(禮部)의 홍려시(鴻臚寺) 관리가 와서 2가지 새로운 소식을 알

려준다. 하나는 절강성 관리(무관)들이 표류한 최부 일행 소식을 병부에
만 알리고, 예부에는 보고하지 않아서 곤장 20대를 쳤다는 것이다. 조
선과 마찬가지로 명도 병부는 국방, 안보 사항을 담당하는 부서이고,
예부는 대외 업무를 담당하는 부서이다. 일선 장교가 직속 관청에만
보고했기에 처벌한 것인데, 자국 관리의 근무 불량 또는 부서 이기주의
같은 문제를 조선의 관리에게도 보고한다는 것이 흥미롭다. 다른 두 번
째 소식은 최부 일행을 기쁘게 한다. 10여 일 뒤 조선의 새로운 사신이
북경에 도착한다는 것이다. 특히 최부는 누구보다도 상중이라서 빨리
귀국하고 싶어 했다. "타향에서 하루는 3년 같다"는 말로 그 참담한 심
경을 드러낸다. 명의 하급 관리들은 당시 최부의 처지를 불쌍하게 여긴
것 같다. 명이 공식적으로 최부 일행에게 지급하는 양식은 1인당 하루
묵은쌀 다섯 되뿐이었다. 그래서 어떤 사람은 자신의 집으로 최부를
초청해 음식을 대접하기도 하고, 어떤 사람은 돈을 조금 주기도 한다. 6
일에는 뒤 관사에 머물던 류큐(琉球) 사신단의 일행이 떡과 음식을 가져
와 전하기도 한다. 또 어떤 이는 약간의 선물(조선의 토산품)을 요구하기
도 한다. 하지만 약탈당하고 겨우 목숨만 부지한 표류민에게 조선의 토
산품이 있을 리가 만무하였다. 세상천지 어디나 인정도 있고 탐욕도 있
는 법이다.

18일, 예부에서 최부를 호출해, 그가 당도하니 내일 조정으로 나가
상(償)으로 의복을 지급할 것임을 알려준다. 최부는 황당했다. 아직 상
(喪)중이고 죽다가 살아난 처지인데, 무슨 상을 받고, 또 어떤 명목으로

상을 받으라는 것인지, 도저히 납득이 가지 않았기 때문이다. 최부는 거부했지만 명의 예부는 막무가내로 일을 진행한다. 다만 상은 최부의 부하(아전, 衙前)들이 대신 받는 것으로 한다. 그러나 상을 받고 사은(謝恩, 은혜에 감사함)의 절은 반드시 황제에게 직접 하도록 한다. 아마도 명 측에는 무슨 규정이 있어서 그렇게 강행하는 것이겠지만, 부당한 절차였다. 19일, 아랫사람들을 대신 보내 명 황제의 하사품을 수령한다. 20일, 명의 관리는 최부를 억지로 황궁으로 끌고 가서 명의 사모관대(紗帽冠帶)를 갖추어 입게 한다. 최부가 계속 거부하자 이번에는 명의 관리도 사정한다. '그대가 상중인 것은 알겠지만, 여기는 명이고 이것은 황제의 명령이다. 그냥 임시방편인 권도(權道)로 이해하기를 바란다'고 한다. 결국 출근하는 많은 명의 관리와 함께 입궐하여, 명 황제에게 다섯 번 절하고 머리를 세 번 조아리고 나온다.

21일, 2~3일 사이에 무장 장술조(張述祖)가 최부 일행을 인솔해 요동으로 송환한다는 소식을 알리며 관련 명령서를 보여주었다. 하지만 22일부터 최부가 크게 앓아눕는다. 즉시 명의 관리가 예부에 통보하자, 태의원(太醫院, 황실 의료기관)에서 의관이 와서 진맥하고 처방한다. 24일, 장술조와 그 아들이 순천부(順天府, 수도 북경 관청)의 지원을 받아 최부 일행의 귀국길을 인솔한다. 최부는 말을 타고, 나머지는 수레와 나귀를 타고 북경을 떠난다. 주변 관청의 관리들이 나와 음식 대접도 한다. 드디어 27일, 어양역(漁陽驛)에서 북경으로 가던 조선 사신단의 성건(成健, 1438~1495년) 등을 만난다. 그들에게서 표류한 자신들을 위해 조선이 왕까지 나서서 구조하려고 애썼던 일을 상세히 듣는다. 그들은 그렇게 기쁘게 서로의 소식을 주고받는다. 역시 외국에서 고국 사람 만나는 일은 기쁜 일이다. 특히 표류민 최부의 처지에서는 더욱 그랬을 것이다. 24일, 조선 사신은 귀국하는 최부와 인솔하는 장술조에게도 선물을 주며 이별하고, 각자의 길을 떠난다. 29일, 옥전현(玉田縣)에서 조선에 파견되었던 명의 사신단의 귀국 행렬과 우연히 만나 잠시 인사한다. 이 사신단을 이끌던 정사는 한림학사 동월(董越, 1430~1502년)이다. 그가 이때 조선에 다녀와 남긴 『조선부(朝鮮賦)』라는 작품이 있는데, 전기 조선의 산천, 풍속, 인물, 산물 등을 거론할 때 항상 거론되는 책이다.

5월 1일 난주(蘭州)에 도착, 다음날 난하(灤河)를 도강, 7일 산해관(山海關)을 통과, 16일 광령역(廣寧驛)에서 먼저 떠난 정사 채수(蔡壽, 1449~1515년) 등 조선 사신단과 만나 기쁨을 나눈다. 18일, 그동안 인솔을 맡았던 장술조는 고별인사를 하고 북경으로 떠난다. 그는 최부가 조선에 귀국해 더욱 승진하고, 다시 명나라에 사신으로 오면 꼭 만나고 싶다며 아쉬운 인사말을 남긴다. 20일 광령역을 떠나, 23일 요동성 서쪽 요양역(遼陽驛)에 도착한다. 여기서 조선 출신 승려도 만나고, 지역의 관리, 무장들과도 만난다. 그들도 빈번한 조선 사신 일행을 맞이했던 경험이 있던 자들로 보인다. 29일, 이들의 안내를 받으며 출발한다. 6월 1일, 일행은 청석령(靑石嶺)을 넘는다. 한편, 북경에서 요동에 이르는 통과 지역이 과거 고구려와 수당 전쟁이 있던 곳이기에 관련 역사가 곳곳에 기술이 되어있다. 4일, 드디어 일행은 압록강을 건넌다. 그리고 책은 우두외양에서 시작되는 명나라 전체의 노정을 기술하고 마무리한다.

그는 부친상 중이므로 빨리 고향에 내려가 삼년상을 치러야 했는데, 왕(성종)은 표류 13일과 136일간 명나라 종단 행로, 귀국로를 일기로 지어 바치라고 한다. 이에 8일간 청파역(靑坡驛)에서 머물며 『표해록』을 작성했다. 이를 왕이 직접 보고 외교 실무 담당 관청 승문원(承文院)에 보관토록 했다. 이후 귀향해 삼년상을 치르는 도중에 모친도 돌아가시자 총 4년의 상례를 마치고 탈상해야 했다. 이후 사헌부지평(司憲府持平)으로 임명되었지만 부친상 중에 『표해록』을 쓴 것 때문에 사간원의 비판과 서경(署經, 동의)도 못 받는 일을 겪는다. 하지만 왕이 직접 나서서 『표해록』 저술은 자신의 명령을 수행한 것이라고 하여 겨우 무마한다. 그래서인지 이듬해인 1492년 명에 사신으로 파견되어 다녀오지만 관련 견문록을 남기지 않았다. 그 때문에 사행에서 표류 시절 그에게 친절을 베푼 명나라 관리들과 반가운 재회를 했는지도 알 수 없다. 다시 세월이 흘러 최부는 갑자사화로 비참하게 죽었지만 중종반정으로 신원이 복권되었다. 그리고 『표해록』도 정식으로 출판되었다. 이 책은 국내는 물론 일본에서도 큰 호응을 얻었다. 1769년, 일본에서는 『표해록』를 번역해 『당토행정기(唐土行程記)』라는 이름으로 세이타 겐소(淸田儋叟)가 발간했다. 오늘날에도 명나라의 사회사, 대운하 시스템 등을 연구하는 학자들에게는 필독서로 평가받는다.

네놈들이 끌고 간 우리동포 내놓아라!『해동기(海東記)』

『해동기』는 성재(誠齋) 장희춘(蔣希春, 1556~1618년)이 1607년(선조 40년)에 제1차 회답겸쇄환사(回答兼刷還使)의 일원으로 일본에 다녀와 남긴 사행 기록이다. 그의 문집『성재실기(誠齋實紀)』의 일부다. 여기서 중요한 것은 "회답겸쇄환사"라는 사행단의 공식 이름이 지닌 의미이다.

1598년, 임진왜란은 마침내 끝났다. 하지만 강화(講和) 협정이 없는 종전이었다. 이에 조선은 일본이 다시 침략할 수 있다는 우려 때문에 정탐이 필요했다. 더구나 당시 북방에는 누르하치의 여진족이 새로운 안보 위협 세력으로 부상하고 있었다. 또한 조선에서 납치해간 엄청난 규모의 피로인을 그들 고향으로 무사히 돌려보내야 했다. 응당 국가라면 백성이 국가 존립의 필수 조건이기 때문에 백성을 보호해야 하는 책무가 있다. 그래서 조선은 1604년 사명당(四溟堂)을 탐적사(探賊使)로 일본에 파견하여, 도요토미 히데요시가 죽은 후 내전을 통해 새롭게 등장한 도쿠가와 이에야스를 만나 직접 담판하도록 했다. 여기서 일본이 강화와 국교 재개 의사가 있다고 확인한다. 일본의 새 권력자는 자신은 직접 조선에 출병하지 않았고, 오히려 일본이 침략한 임진왜란에 대한 부정적 인식을 드러내며 국교 재개를 '구두'로 요청한다. 그리고 피로인 3,000여 명도 탐적사와 함께 조선으로 돌려보낸다. 이에 조선은 다시 국교 재개 조건으로 도쿠가와 이에야스 장군의 국서를 먼저 보낼 것, 조선의 왕릉을 파헤친 범인을 포박해 압송하라는 등의 요구를 한다. 일본이 국서를 먼저 보낸다는 것은 일종의 '사과' 의미라고 대부분 해석한다.

　이후 일본이 조선의 요구 조건을 이행하자, 1607년 조선은 회답겸쇄환사를 일본에 파견한다. 회답은 일본이 보낸 국서에 대한 답변이란 의미이고, 쇄환은 피로인을 돌려받는다는 의미이다. 이 사신단으로 인해 조·일 국교가 재개되었고, 1609년에는 기유약조(己酉約條)가 체결되어 교역도 재개되었다. 조선은 이후에도 2차례 더 회답겸쇄환사라는 이름의 사행단을 파견하여 피로인 쇄환을 위해 노력했다. 그 이후에야 통신사라는 이전의 정식 이름으로 복구되었고, 에도 막부의 일본에 통신사를 9차례 파견하였다. 통신사는 믿음으로 왕래하는 사신이라는 의미인데, 무도한 전쟁을 일으켰던 일본에 쉽게 허용할 이름이 아니었다.

　회답겸쇄환사의 첫 번째 사신단 일원이 장희춘인 것이다. 장희춘은 임진왜란 때 경상도 울산 지역에서 거병한 이경연(李景淵)·박봉수(朴鳳壽)의 의병군에서 우익장(右翼將)으로 활약했다. 특히 울산성에 주둔하던 가토 기요마사의 부대와 교섭 업무를 맡아 적의 동향을 탐색한 공적이 있다. 전란이 끝난 후 관직에 올랐고, 제1차 회답겸쇄환사의 일원이 된 것이다. 정사는 여우길(呂祐吉, 1567~1632년), 부사는 경섬(慶暹, 1562~1620년), 종사관은 정호관(丁好寬, 1568~1618년)이었다. 장희춘은 정호관의 수행원으로 추정된다. 그는 당시 형조정랑(刑曹正郎)이었다. 이때 참고한 책이 앞서 소개한 『해동제국기』임을 밝히고 있다. 그리고 북인인 정인홍(鄭仁弘)의 아들 정경엽(鄭景恬, ?~?)이란 수행원과 사행 내내 친밀하게 교류한다. 이 사신단의 부사 경섬이 남긴 사행 기록 『해사록(海槎錄)』도 유명하다. 이제 책의 내용을 보자.

시작은 1606년 가을 쓰시마의 도주 소 요시토시(宗義智, 1568~1615년)가 가신 다치바나 도모마사(橘智正)을 조선에 파견해 서계(書契 일본과 외교문서)를 바치는 것부터이다. 대략의 내용은 '관백(關伯, 일본 관리의 수장) 도요토미 히데요시가 부강한 것을 믿고 망령되이 벌과 전갈의 독을 뿜으며 함부로 군사를 일으키고 장수들을 협박해 명과 조선을 침략했습니다. 이는 대방(大邦, 대국 즉 조선)에 씻기 어려운 죄를 지은 것입니다. 마침내 하늘의 재앙을 입어 히데요시는 갑자기 죽고, 새롭게 도쿠가와 이에야스가 그 직책을 이어 관백이 되었습니다. 새 관백은 지난날의 죄실(罪失)은 지극히 그르다고 여기며 대방에 조빙(朝聘)하고자 합니다'라는 것이다. 일본의 서계에는 과거 침략에 대한 반성을 명백히 담고 있다. 이에 조선은 새로운 관백(도쿠가와 이에야스)을 만나 국교 재개 협상을 하겠다고 사신을 파견한다.

그렇게 사행단은 1607년 1월 15일 서울에서 출발해 부산으로 향한다. 도중에 앞서 탐적사로 활약한 사명당이 편지를 보내온다. 책에는 그의 호인 송운(松雲)으로 표기되어 있다. 사행단 행렬이 지나는 고을의 수령, 무장들이 환송연을 베풀어 준다. 그중에는 임진왜란 때 큰 활약을 했던 정기룡(鄭起龍, 1562~1622년) 장군도 있었다. 장희춘도 그렇지만 이 시절의 장군, 문신들은 모두 임진왜란에서 일본과 치열하게 싸운 사람들이다. 그리고 경상·전라도 지역 출신이라면, 가족, 가까운 친척, 친구 중에 왜란으로 죽거나 피로인으로 끌려간 사람들이 반드시 있었을 것이다. 이런 사람들이 종전 10년 만에 다시 불구대천의 일본과 화해하고 국교도 재개한다니, 무척 복잡한 감정이었을 것이다. 이런 감정은 오늘날을 사는 사람이라도 여전히 한·일 간에는 화해하기 어려운 피맺힌 역사가 있기에 쉽게 이해할 것이다. 당시에도 여전히 피가 끓어 오는 분노가 있었지만, 새롭게 변화된 국제 정세에 어쩔 수 없이 순응해야 한다고 생각했을 것이다. 특히 사행단이 지나는 경상도 지역은 장희춘이 일본과 격전을 치르던 지역이니 누구보다 심사가 복잡했을 것이다. 이때 장희춘은 정유재란 시절 적장 가토 기요마사를 놓친 일을 회상하며 한스러운 시를 남겼다. 또, 그 시절 안타깝게 헤어진 덕랑(德娘)을 꿈속에서 다시 만나고, 그 그리움을 노래한 시도 있다.

2월 8일, 부산에 도착한다. 그 사이 쓰시마에서는 사람을 보내 사행단이 빨리 오도록 재촉한다. 하지만 날씨가 계속 불안정해 26일까지 지체된다. 당시 사행단의 전체 인원은 504명에 이르는 대규모였다. 일본으로 가는 통신사선의 크기는 대체로 길이 34.5미터, 너비 9.3미터, 높이 3미터, 무게 137톤 정도였다. 이후의 사행단들도 대체로 500명에 육박하는 규모였다. 혹시라도 발생할 해난 사고를 늘 조심해야 하는 것은 당연한 일이다. 29일, 해신(海神)에게 제물을 바치고 제사를 지낸 후, 드디어 부산을 동틀 무렵에 출발한다. 사행단의 선단(船團)을 보면, 제1선단에 정사와 수행원 그리고 국서를, 2선단에는 부사와 수행원이, 3선단에는 종사관과 수행원이 탔다. 그리고 각 선단마다 부속된 복선(卜船)이 한 척씩 붙어 있는데, 고위급인 당상(堂上, 정3품) 역관이 각각 2인씩 타고 다른 일원들도 나누어 탄다. 쓰시마의 다치바나 도모마사의 휘하 군졸들이 사행단의 각 배에 올라 안내했다. 하지만 다치바나 도모마사 작은 배로 뒤따라오다가 해류에 휩쓸려 표류해 사라진다. 30일, 쓰시마의 이즈미우라(泉浦)에 도착했고, 밤늦게 야나가와 가게나오(柳川景直)가 물길을 헤치고 문안 인사를 온다. 3월 1일 다시 니시도마리우라(西泊浦)에 배를 대고 근처 사이후쿠지(西福寺)에 오른다. 여기서 정식으로 야나가와 가게나오와 쓰시마 도주의 문안 인사를 받는다. 2일, 일본 배 70여 척의 인도로 후나코지(船越)의 포구에 정박하고 마중 나온 쓰시마의 도주 소 요시토시의 안내로 그들의 본거지 부중(府中, 후츄)에 들어간다. 이후 바이린지(梅林寺) 등에 머문다. 그리고 쓰시마 측의 공식적인 접대 연회를 여러 차례 받는다.

7일, 조선 사행단의 피리 소리를 듣고 찾아온 피로인들을 처음 만난다. 책에는 진주성에서 끌려온 권립(權立)과 그저 대성통곡만 하는 여인을 소개하고 있다. 피로인들과의 만남은 이후 모든 노정에서 반복해 이어진다. 자신들의 사연을 직접 사신들에게 말하는 사람들도 있었고, 그저 멀리서 울기만 하고 그냥 따라오는 사람도 있었다. 사신들은 함께 슬퍼할 수밖에 없는 처지였다. 사행단 누구도 피로인들에게 귀환시키겠다고 자신 있게 약속할 처지가 아니었기 때문이다. 일단 도쿠가와 이에야스와 만나 피로인 송환 문제를 담판지어야 하는 것이 먼저였다. 지금은 그냥 함께 울어 주는 것 밖에는 할 수 있는 것이 없었다.

21일, 쓰시마를 출발해 이키노시마(一岐島)를 거쳐 22일 규슈 후쿠오카 북서쪽 지쿠센주(筑前州)의 아이노시마(藍島)에 도착한다. 당시 이 지역 영주는 구로다 나가마사(黑田長政, 1568~1623년)이다. 그는 임진왜란에 출병하여 황해도, 경상도 등지에서 조선의 의병과 싸워 패배한 전력도 있는 자다. 도요토미 히데요시가 죽자, 도쿠가와 이에야스에게 붙어서 이 지방 영주가 된 것이다. 앞으로 장희춘 등 조선의 사행단이 마주할 일본 측 인사 중에는 이런 자들이 꽤 있었을 것이다. 23일, 조선 사신 접대에 구로다 나가마사가 직접 얼굴을 내밀지 않았지만 부하를 보내 융성한 접대를 시도한다. 하지만 사행단의 삼사(정사, 부사, 종사관) 3인은 딱 술 한 통씩만 받고 나머지는 다 돌려보내고 그냥 출발한다. 같은 날 규슈와 혼슈(本州) 사이의 해협을 통과한다.

29일, 아키주(安藝州, 현 히로시마) 지역을 지나고, 4월 3일 비젠주(飛前州)를 지났고, 7일 효고 지역을, 8일 오사카성 밖에 도착한다. 이때까지도 도요토미 히데요시 아들 히데요리(豊臣秀賴, 1593~1615년)가 아직 이 성에서 높은 지위를 누리며 지내고 있었다. 7년 뒤 도쿠가와 이에야스에게 저항하다가 비참하게 죽는다. 11일, 사행단의 일부는 오사카에서 조선 사신이 타고 온 배와 함께 대기하고, 대부분은 도쿠가와의 에도(江戶, 현 도쿄) 막부로 출발한다. 당시의 그림에서도 잘 드러나듯이 사행단의 삼사는 가마를 타고, 수행원들은 모두 말에 올라 길고 화려한 행렬을 이루며 위풍당당하게 일본의 혼슈를 관통하며 이동한다. 그 주위로 일본이 제공한 하인들과 병사들이 따른다. 이 장관을 보고자 히데요리도 궁녀들을 거느리고 오사카성 7층 누각에 올랐다고 한다. 이 장관은

오사카성

곧 비극으로 치닫는다. 피로인들, 노인과 아이들까지 몰려나와 길을 막고 통곡하였다. 당시 현장에 있던 조선인은 모두 울었을 것이다. 히데요리도 비록 나이는 어렸지만, 이 비극은 제 아비 때문에 일어났다는 것쯤은 알았을 것이다.

이 통곡의 행렬은 이렇게 10여 리쯤 이어졌고, 이후 사행단은 작은 배에 오른다. 오사카와 교토 사이는 운하가 운영 중이었고, 이것을 이용해 교토로 이동하는 것이다. 그렇게 같은 날 후시미성에 도착한다. 이 후시미성이 당시 중요했던 이유가 있다. 도쿠가와 이에야스가 아들 히데타다(德川秀忠, 1579~1632년)에게 막부의 장군직을 물려주고, 자신은 주로 이 성에 와 머물렀기 때문이다. 12일, 사행단은 후시미성을 출발해 교토로 들어서 덴즈이지(天瑞寺)란 절에 머문다.

길에서도, 숙소에서도 피로인들은 계속 밀려들었지만 일본인들이 저지하고 나선다. 이때 수행하던 쓰시마 병사가 몰래 와서 '피로인들 중에 탈출한 조선인들이 미리 배를 타고 쓰시마에서 돌아가는 사행단을 기다린다'는 말을 전한다. 동시에 오직 능라장(綾羅匠, 비단장인) 한 명만 일본의 대우에 만족해 귀국을 거부한다는 사실도 전한다. 실제로 피로인 중에 조선보다 일본에서 더 나은 대우를 받는 경우에는 쇄환을 거절했다고 한다. 하지만 이런 경우는 소수일 것이다. 많은 피로인 사연이 속속 덴즈이지로 들어왔다. 여기서 그간의 행로와 해난 사고로 일본으로 표류했던 전라도 나주의 표류민 13인을 송환한 사실 등을 적어 조정에 장계로 보고한다. 일본인들은 원숭이를 선물하고, 교토 관광도 시켜준다. 일본도 조선과 국교 재개가 절실했다.

5월 6일, 간토(關東, 일본 혼슈 동부)로 출발한다. 교토 동쪽의 큰 호수 세카타호(世田湖, 현 비와호)에 이른다. 오미주(近江州, 현 시가현)을 지나 9일 오와리주(尾長州, 현 아이치현) 청차(晴次)란 곳에 도착한다. 여기서 또다시 한 무리의 피로인 남녀를 만나 그들의 참담한 사연을 듣는다. 겐소(玄蘇), 야나가와 가게나오, 소 요시토시 등과 일종의 회담 사전 실무교섭을 했지만 결렬된다. 11일, 오카자키(岡崎) 도착한다. 이 오카자키는 도쿠가와 이에야스가 태어났고 처음 영주를 지냈던 거점이었다. 13일 도토미주(遠江州, 현 시즈오카현)에 도착했고, 16일 후지산의 절경을 멀리서 바라보며 계속 동쪽으로 행렬은 나간다. 이 지역은 대부분 험한 산길이고,

많은 강을 건너야 하는 험난한 지역이다. 이때 도쿠가와 이에야스에게 전갈이 왔다. 이미 자신은 은퇴했고 장군직은 아들 히데타다에게 물려 줬으니 에도로 가서 그를 먼저 만나라는 내용이다. 당시 이에야스는 근처 스루가(駿河)에 머물고 있었다. 밤중에 이에야스의 환관이 된 이윤복(李允福)이 찾아왔다. 과거 그는 사행단의 수행 무관 신충선(愼忠善)의 종이었다. 이윤복도 피로인으로 끌려왔던 것인데, 잠시 옛 주인에게 인사차 온 것이다. 행렬은 20일 오다와라(小田原, 현 가나가와현)에 이르렀고, 드디어 24일 저녁 에도에 도착한다. 이 번화한 도시에서도 다시 피로인들과 조우한다. 혼세이지(本誓寺)에 숙박한다. 밤에 피로인들을 불러 사정을 물었다. 그런데 그들 중 거의 절반 가까이는 송환을 원치 않았다. 고국의 가족, 친척들은 이미 왜란 중에 대부분 죽어서 돌아가도 의지할 곳이 없기 때문이었다.

이튿날부터 히데타다는 고위직들을 보내서 사행단을 접대하도록 했다. 6월 5일에는 에도의 군대를 동서로 나누어 모의 전쟁을 시험해 사행단에게 보였다. 분위기는 훈련이 아니라 실전처럼 살벌했는데, 본 회담 전 조선 사신의 기를 꺾어 놓으려는 의도였을 수도 있다. 6일, 히데타다가 자신의 궁으로 사행단의 삼사를 불러 맞이한다. 회담에서 가장 중요한 조선의 국서를 맞이하는 장면을 보면, 히데타다는 북쪽 벽에 꿇어 앉고, 사신은 동쪽 벽에 앉는다. 국서는 북쪽 벽 바깥 쪽 책상에 받들어 놓고 비단 보자기로 덮어 놓는다. 그 아래 조선의 예물을 늘어놓는다. 그리고 몇 마디 의례적인 인사말을 주고받고 접대연을 시작한다.

에도성 정문(현재 도쿄 황궁)

7일, 일본의 답서 문제를 놓고 본격적인 회담을 한다. 가장 큰 문제는 답서에 왕(王)이란 글자와 일본 연호 사용이다. 일본의 이상한 정치제도가 근본 원인이다. 막부의 장군에게 왕호를 사용하는 것은 여러모로 문제가 있다. 일본은 중세 막부시대 이래로 허수아비 천황이 있고, 그 아래에 천황의 신하이지만 실제로는 최고 권력자인 장군이 모든 정사를 처리한다. 그렇다면 조선의 왕이 일본 왕도 아닌 일개 장군을 상대로 교린(交隣) 외교를 해야 한다는 말인가. 이것 때문에 조선 시대 내내 통신사와 일본의 막부는 진통 속에서 외교 교섭을 했지만 그때그때 형식을 약간씩 달리하며 교린을 지속했다.

한편, 이에야스가 스루가 서쪽의 '모든' 피로인을 쇄환할 뜻이 있고,

여비도 지급할 것이라는 전언이 들어온다. 이런 소식이 피로인들에게도 퍼져 그리운 고국으로 돌아갈 채비에 분주해진다. 하지만 11일 회담에서 조선 사신이 이 문제를 언급하자 일본은 동의하지 않는다. 아마도 그 엄청난 수의 피로인을 풀어주는 것은 처음부터 불가능했을 것이다. 일본 영주들은 대부분 피로인을 소유했고, 거기서 발생하는 이익은 막대했다. 그런 자들이 피로인 쇄환에 동의할 리 만무하다. 그리고 그런 영주들의 충성에 기반해 세운 것이 에도 막부인데, 막부의 장군이 휘하 영주의 이익을 조선에 양보하라고 요구하는 것도 무척 곤란한 일이었다. 또한 이때는 아직 오사카의 히데요리(도요토미 히데요시 아들) 세력이 건재하고 있었다.

14일, 사행단은 에도를 떠나 귀국 길에 오른다. 20일 스루가에 도착한다. 이곳에 있던 이에야스가 피로인 쇄환을 약속했다는 전언을 다시 확인하려 했다. 하지만 그에게 '돌아가길 원하는' 피로인만 쇄환하겠다는 말을 듣는다. 피로인을 쇄환하는 조건이 '모두'에서 '원하는'으로 바뀐 것이다. 문제는 피로인이 원하는지, 아닌지는 누가 확인할 수 있단 말인가. 결국, 사행단이 머무는 곳까지 영주의 손아귀에서 탈출해서 온 피로인만 데려갈 수 있게 된다. 그러나 고립된 영주의 번(藩)을 도망치는 것도, 말도 통하지 않고 낯선 일본에서 통신사 일행을 찾는 것도, 애초에 쇄환 소식을 듣는 것부터가 모두 난망한 일이다. 또한 일부 피로인이 탈출해 사행단을 따라오지만, 영주의 끈질긴 추격에 잡히면 되돌아가야 했다. 사행단의 삼사와 동행한 일본인 통역관도 나서 말리지만 그들의 체포를 막는 것은 어려웠다. 그래도 사신들은 한 명이라도 더 데려가려고 계속 노력했다.

28일, 교토에 도착해 덴즈이지에 다시 머문다. 여기서 피로인들의 탈출을 기다렸던 것으로 보인다. 역관들을 먼저 오사카로 보내어 이런 사실을 널리 알리도록 한다. 6월 8일, 교토를 출발해 점심에 후시미성에 이른다. 여기서 도요토미 히데요리의 영접을 받는다. 무슨 생각으로 히데요리는 조선 사행단을 영접했는지 궁금하다. 그 바람에 구혼지(九品寺)에서도 지낸다. 다음날부터 구혼지로 피로인 남녀들이 모여들자, 사신들은 그들의 이름을 기록하고 쌀을 배급한다. 10일, 도쿠가와 히데타다가 피로인 쇄환에 영주들은 적극적으로 협조하라는 명령을 했다는 말이 들어온다. 이에 피로인들이 사행단 소식을 듣고 점점 더 많은 몰려들었다. 11일 피로인들을 배에 태우고 바다로 나간다. 12일 효고를 지나 무쓰로(室津)에 이르러 배에서 잔다. 그 밤에도 피로인들은 몰려든다. 14일 다시 출항, 17일 아카마가제키(赤間關)에 도착한다. 피로인으로 잡혀 왔던 나대남(羅大南) 등이 또 다른 피로인을 데려오겠다고 적극적으로 나서 여러 지역으로 떠난다. 19일 아이노시마에 정박한다. 다음 날 규슈의 북쪽 낭고야(郞姑夜, 나고야)에 도착한다. 이 낭고야는 왜란 때 일본군이 출진한 전진 기지였다. 여기서 규슈 지방 피로인들을 데려가려는 것이다. 또 많은 피로인이 왔다. 22일 출항해 이키노시마에 도착한다. 이때 사행단의 배를 따라서 일본 각지에서 오는 피로인들이 배를 타고 따라왔다. 추격하는 영주에게 피로인들이 쫓기다가 바다에 빠져 죽는 참상도 있었다. 아마도 이런 비극은 일본 곳곳에서 일어났을 것이다. 23일, 쓰시마 도착해 게이운지(慶雲寺)에 머문다. 이때까지 도착한 피로인들을 확인해보니 모두 1,020명이었다. 29일, 출항해 부산으로 향했지만, 바람이 심하여 선단은 습로포(榙蘆浦)로 들어온다. 드디어 3일 부산에 도착했다. 그리고 17일, 한양에 이르러 복명(復命, 돌아와 명령을 수행한 것을 보고)한다.

이렇게 제1차 회답겸쇄환사의 긴 여정을 마친다. 그리고 책에는 당시 일본 정황, 풍속 등에 대한 보고로 「문견별록(聞見別錄)」을 남기고 있다. 끝으로 조선말 의병장으로 활동한 김도화(金道和, 1825~1912년)가 『해동기』의 저자 장희춘을 기리는 서문을 썼다. 참고로 이때 돌아온 피로인은 총 1,240명이다. 이전의 탐적사 사명당이 데려온 3,000여 명과 이 사행으로 돌아온 피로인 숫자가 가장 많다. 이후 차츰 숫자가 줄어든다. 이렇게 고국으로 돌아온 숫자는 턱없이 적다. 대부분은 일본에서 고통받다가 죽었거나, 일부는 현지에 뿌리를 내리고 살았다.

끝으로 이 사행을 둘러싼 엄청난 음모를 공개하고자 한다. 이 사행은 1606년 가을 도쿠가와 이에야스가 보낸 일본 국서 때문에 가능한 것이다. 하지만 그 국서는 가짜였다. 조작된 국서를 받고 조선이 속아서 회답겸쇄환사를 파견한 셈이다. 결국, 사건의 진상은 1630년에 이르러 폭로된다. 이 사건을 "국서개찬(國書改竄) 사건" 또는 "야나가와 잇겐(柳川一件)"이라고 한다.

사건의 시말은 대략 이렇다. 사건의 주범은 쓰시마의 도주 소 요시토시와 그 가문이고, 공범은 그의 가신인 야나가와 시게노부(柳川調信, ?~1605년)와 그 아들 도시나가(柳川智永) 등 야나가와 일가다. 앞서서도 밝힌 임진왜란 전의 통신사 파견 요청, 임진왜란 중 명과의 평화 교섭에서도 쓰시마의 비슷한 혐의가 있었다. 이들의 범행동기는 두 가지다. 하나는 중앙 권력자의 요구, 그보다 더 큰 두 번째 이유는 조선 교역에서 발생하는 이익을 쓰시마가 독점하려는 욕심 때문이었다. 제대로 된 토지가 없는 척박한 쓰시마는 조선과 교역이 거의 유일한 생존 방법이었다. 조선과 교역하지 못하면 해적(왜구)이 되어 다시 약탈하다가 토벌을 당할 것이다. 이 사건의 진행은 단순했다. 에도의 도쿠가와 이에야스에게는 조선이 막부 장군, 또는 관백이 된 것을 축하하는 조빙(朝聘, 신하가 조정에 나아가 임금을 만나고 나라와 나라 사이에 서로 사신을 보내는 것) 사절을 보낼 것이라고 허위로 알린다. 동시에 조선이 원하는 도쿠가와 이에야스 명의의 가짜 국서를 조선에도 보낸다. 그리고 아무나 잡아서 조선이 요구한 왕릉 훼손범이라고 조작해, 조선으로 보내 죽게 만들어 버린다. 이 시기 일본은 장장 130여 년 전란이 끝나는 시점었기 때문에 무고한 사람의 생명을 죽이는 것은 너무나 쉬운 일이었다. 물론 조선도 범인들이 너무 어려서 수상하다고 여긴다. 하지만 조선은 일본과 국교를 재개하고 피로인 쇄환이 필요했기 때문에, 길게 따지지 않고 사신을 파견한다. 일본의 도쿠가와 이에야스도 눈치를 챘지만, 조선과의 국교 재개와 정기적인 통신사 방문이 막부의 정치적 위상을 높이는 데 꼭 필요했기 때문에 더 따지지 않고 그대로 진행했다.

야나가와 시게노부의 손자 시게오키(柳川調興, 1603~1684년)는 당시 쓰시마 도주를 상대로 소송을 일으키면서, 자신의 가문과 도주 가문이 저지른 과거 범죄를 폭로한 것이다. 그러나 에도 막부는 이 사건을 단순 하극상으로 처리하고 마무리한다. 다만 이 사건의 본질은 쓰시마가 조선과의 교역에서 이익을 독점하려는 욕심에서 기인했다고 판단했다. 그래서 막부가 직접 통제할 수 있는 교토 고산(京都五山)의 승려를 쓰시마의 외교 실무를 맡는 이테이안(以酊菴)의 주지로 임명한다. 그렇게 쓰시마의 조선 외교 업무를 막부에서 직접 감시하고 관할하게 된다. 조선과의 교역은 막부 입장에서 국가의 중대사이므로 일개 번이 중간에서 독점하거나 농단할 수 없도록 만들었다. 그래도 쓰시마가 조선의 통신사 접대, 실무교섭 등은 계속 담당하도록 한다. 이 당시 조선과 교섭한 많은 문서가 지금도 남아 있는데, "대마도종가문서(對馬島宗家文書)"라고 한다.

조선도 일본과 국교와 교역을 그대로 진행하지만, 임진왜란 이전과 다른 수준의 규제를 가한다. 과거 쓰시마의 사신들이 일본 중앙의 막부로부터 일본왕사(일본 왕의 사신) 같은 자격을 얻어 도성 한양까지 뻔질나게 드나드는 것을 막았다. 그 이유는 그런 자들이 왜란 때 일본군 북상의 길잡이가 되어 너무 빨리 한양이 함락되는 쓰라린 경험을 했기 때문이다. 왜란 이후 일본에서 어떤 사신이든 부산에 상륙하면, 오직 동래부에 들어가 조선의 왕이 내린 의자(椅子, 앉는 의자)에 절하고 일본 국서를 전달하게 했다. 초량왜관(草梁倭館, 조선 후기 부산광역시 중구 신창동, 중앙동,

광복동, 남포동, 대청동 일대에 있던 왜관)에만 머물며 사무를 보다가 돌아가도록 했다. 교역도 이 초량왜관 한 곳에서만 하도록 엄격히 규제하였다. 반면, 조선은 일본의 막부에 새로운 장군이 습직(襲職, 장군직 승계)이 있으면 매번 에도까지 통신사를 파견해 일본 전국과 그들의 수도를 정탐했다. 이것이 지금도 호평하는 200년 평화로운 한일관계의 진짜 배경이다. 일본에 대한 철저한 경계와 주시가 평화의 절대 조건인 셈이다.

반정을 명에 승인받아라! 『조천록(朝天錄)』

1623년 3월 12일, 조선에서는 광해군을 몰아내고 인조가 즉위하는 인조반정이 일어났다. 명에 이 인조 정권을 승인받으려고 북경에 파견된 사행단의 분투기가 『조천록』이다. 이 사행단의 공식 이름이 "책봉주청사(册封奏請使)"이다. 현대사에서도 두 차례 군부 쿠데타가 있었고, 그 직후 군부가 미국의 승인을 받기 위해 분주했던 일들과 비교해보면 재미있을 것이다.

그러나 누군가는 명의 천자에게 조선이 승인을 받는 일과 오늘날 미국의 승인을 받는 일은 다른 것이라며 불쾌하게 여길지 모른다. 오늘날은 모든 사람이 평등하고, 국가 간의 관계도 대등하다고 말한다. 또, 전쟁 같은 국가 간의 분쟁은 국제연합(UN)이나 다국적 군사동맹으로 해결한다고 한다. 솔직히 지난 5천 년의 역사는 물론 현대에도 단언컨대 인류에게 평등, 대등 같은 일은 거의 없었다. 동서고금 어디서나 국제관계는 작은 나라는 큰 나라를 따르고, 큰 나라는 그런 작은 나라를 인정하고 보호해 주었다. 지난 2천여 년 동안 동아시아의 작은 나라는 중국에 사대(事大)하고, 사대하는 나라를 중국은 책봉(册封)하는 국제관계를 만들어 유지해왔다. 이때 책봉을 받은 작은 나라가 '사대하는 예'로 자국의 특산품 같은 것을 중국에 바치는데, 이를 조공이라 한다. 조공을 받은 중국이 책봉국에게 회사(回賜, 황실이 답례로 선물을 주는 것)한다. 이때 조공을 위해 중국으로 간 사신을 조천사(朝天使, 천자의 조정으로 가는 사신)라고 하고, 그 조천사가 남긴 기록이 이 책 제목처럼 "조천록"이다. 이 책봉주청사처럼 갑자기 특정한 임무를 맡아 떠나는 사신도 있지만, 보통은 정기적으로 파견하였다. 동지를 전후해 가는 동지사(冬至使), 신년에 보내는 정조사(正朝使), 황제와 황후의 생일에 보내는 성절사(聖節使)로, 매년 3회 사신을 파견했다. 사신의 이동 경비와 조공품은 조선이 부담하고, 체류 비용과 회사품은 명이 부담했다. 체류 기간은 40일 정도이고, 사신의 숙소는 회동관(會同館)이다. 회동관을 옥하 근처에 있어서 옥하관(玉河館)이라고 불렀다. 원래 명은 조선에 3년 1회의 조공을 허락했지만, 조선이 1년 3회를 계속 요구해서 이후 변한 것이다. 반면, 일본은 10년 1회, 유구(琉球, 오키나와)는 2년 1회, 그리고 안남(安南, 베트남)을 포함해 많은 나라는 3년 1회였다고 한다.

조공은 오늘날 이해하는 것처럼 굴욕적이고 강압적인 것이 아니었다. 분명히 조선이 필요해서 매년 3회 조공 사신을 보낸 것이다. 그 이유는 경제, 학술, 국제정보 등 여러 가지 국가적 이익 때문이다. 그런데 조공 횟수가 가장 적은 일본이 이에 큰 불만을 가졌다. 명도 초기에는 제국의 위세를 과시하기 위해 조공을 자주 받았지만, 후기로 갈수록 잦은 조공 사신을 접대하고 회사품을 보내는 것에 부담을 느꼈다고 한다.

이 시기 사대와 책봉이라는 국제적인 시스템을 따르지 않는 국가는 어떤 의미일까? 당시 용어로, 그건 "중화(中華)"가 아닌, 그냥 "오랑캐(夷狄)"와 "짐승(禽獸)"일 것이다. 여기서 말하는 "중화"는 1911년 이후 현대 중국에서 국호에 사용하는 그 중화와 다르다. 이 "중화"는 유교적 관점으로 요순(堯舜) 임금 같은 성인의 덕치(德治)로 교화된 세계이다. 마치 오늘날의 말로 문명 세계와 비슷한 의미이다. 이런 점은 새로 즉위한 인조와 조정도 잘 알았을 것이다. 그 때문에 반정으로 왕이 되자마자 책봉을 위해 서둘러야 했다. 그것이 인조반정을 완성하기 위한 마침표이기 때문이다.

또 한 가지 먼저 이해할 것이 더 있다. 인조반정은 알다시피 어리석은 군주 광해군을 몰아내고 인조와 일단의 사람들이 새로운 조정을 세워, 광해군 시절의 폐정을 바로 잡은 사건이다. 오늘날 광해군을 높이 평가하고 인조를 비난하기도 한다. 이러한 인식은 일제 강점기 식민사학자 이나바 이와키치(稻葉岩吉, 1876~1940년) 이래로 형성된 것이다. 하지만 그 당시 조선의 평가는 전혀 달랐다. 그래서 인조 즉위를 "반정(反正, 돌이켜 바로 잡음)"이라고 당시에 명명한 것이다. 만약 당시 조선 사람들이 인조반정을 부당하게 생각했다면, "단종 복위 운동" 같은 '광해군 복위 운동'이 일어나야 했다. 왕위에서 쫓겨난 광해군을 이후 그가 죄인으로 살았던 19년 동안 그런 일은 일어나지 않았다. 실제 반정 이후 반란은 반정공신(反正功臣)들 간의 불안, 반목, 알력 때문에 일어난 것들이다. 가장 유명한 반란 사건은 인조정권의 지나친 기찰(譏察, 범인을 체포하려고 수소문하고 염탐하며 행인을 검문하던 일) 때문에 일어난 1624년 이괄(李适)의 난이다. 여기서 중요한 것은 반정의 이유이다. 반정을 일으킨 날 인목대비(仁穆大妃, 1584~1632년)가 반포한 교서 속에 그 이유가 들어있다.

"그럼에도 광해는 참소하는 간신의 말을 믿고 스스로 시기하여 나의 부모를 형살하고 나의 종족을 어육으로 만들고 품 안의 어린 자식을 빼앗아 죽이고 나를 유폐하여 곤욕을 주는 등 인륜의 도리라곤 다시 없었다. 이는 대개 선왕에게 품은 감정을 펴는 것이라 미망인에게야 그 무엇인들 하지 못하랴. 심지어는 형을 해치고 아우를 죽이며 여러 조카를 도륙하고 서모를 쳐 죽였고, 여러 차례 큰 옥사를 일으켜 무고한 사람들을 해쳤다. 그리고 민가 수천 채를 철거하고 두 채의 궁궐을 건축하는 등 토목 공사를 10년 동안 그치지 않았으며, 선왕조의 구신들은 하나도 남김없이 다 내쫓고 오직 악행을 조장하며 아첨하는 인아(姻婭, 사위의 아버지와 사위 상호 간, 즉 동서)와 부시(婦寺, 궁녀와 환관)들만 높이고 신임하였다. 인사는 뇌물만으로 이루어져서 혼암한 자들이 조정에 차 있고, 돈을 실어 날라 벼슬을 사고파는 것이 마치 장사꾼 같았다. 부역이 번다하고 가렴주구는 한이 없어 백성들은 그 학정을 견디지 못하여 도탄에서 울부짖으므로 종묘사직의 위태로움은 마치 가느다란 실 끈과 같았다."

『인조실록』 1권, 인조 1년 3월 14일 갑진 7번째 기사이다. 이어서 광해군이 대명의리(對明義理)를 지키지 않고 몰래 후금과 통교한 일 등을 지적한다. 끝으로 인조가 왕재(王才)이기에 즉위가 마땅하다는 말로 교서는 마무리한다. 여기서 인조반정의 평가를 하려는 것이 아니다. 당시 사람들은 무엇 때문에 반정을 했는지 말하고자 하는 것이다. 또한 인조가 자신들의 반정을 명에게 승인받는 데 중요한 대의명분은 어떤 것이었는지 밝히기 위해 인목대비의 교서를 길게 인용한 것이다. 이제부터 문제는 인조반정에 대한 명의 태도이다.

25일부터 서둘러 책봉주청사 일행을 꾸린다. 정사는 이경전(李慶全, 1567~1644년), 부사는 윤훤(尹暄, 1573~1627년), 서장관(書狀官)으로 이민성(李民宬, 1570~1629년)이 임명된다. 이민성이 임무를 마치고 남긴 사행 기록이 이 『조천록』이다. 이민성의 동생 이민환은 앞서 소개한 『책중일록』의 저자다. 처음에 정사로는 유명한 문신이자 서예가였던 이정구(李廷龜, 1564~1635년)가 임명되었는데, 그는 과거 광해군의 책봉주청사로 북경에 갔었기 때문에 자진 사퇴한다. 하지만 이민성도 과거 광해군의 세자 책봉주청사였다. 당시에 광해군 정권에서 관직을 삭탈당해 고향인 경북 의성에 은거하고 있었다. 그도 사퇴하려 했지만 출발 날짜가 임박해 그 정도 흠결은 문제가 없다고 하여 그대로 임명된다. 이런 상황 속에서 사행단이 꾸려졌고, 4월 27일에야 사행단은 서울을 출발한다. 개성, 평산, 서흥, 봉산, 황주, 평양, 순안, 숙천, 가산, 정주, 곽산을 거쳐 5월 18일 평안도 철산의 서해안에 있는 선사포(宣沙浦)에 도착한다.

당시에는 후금이 요동을 장악하였기 때문에 이전처럼 육로로 북경에 갈 수가 없었다. 선사포에서 배를 타고 서해를 건너야 했다. 총 6척의 배에 사행단의 삼사 등이 나누어 타고 24일 출항한다. 정식 관원은 43명, 그리고 수행원과 선원 등을 포함하면 325명 규모였다. 25일에는 먼저 가도로 가서 모문룡을 만난다. 당시 조선의 상황을 알리고 이번 책봉주청을 도와달라고 요청한다. 다행히 모문룡은 명에 인조의 책봉을 요청하는 보고서를 올려준다고 하였다. 이 설득과 요청이 무난한 것처럼 서술하고 있지만, 여러 정황과 이후 진행을 보면 쉽지 않았다. 이윽고 27일 가도를 출발, 북상하여 거우도(車牛島)에 정박하고 다음 날은 압록강 어귀 우도(牛島)에 도착한다. 여기까지는 조선의 영역이고, 이제부터는 서쪽으로 나가 요동반도로 갔다가 남쪽의 장산(長山) 열도를 따라 내려가 산동성 등주(登州)로 가야 한다. 등주는 전통적으로 중국의 수군 기지가 있던 곳이다. 6월 13일, 조선의 사행단 6척은 등주의 수성(水城)에 정박하고 개원사(開元寺)를 숙소로 한다. 그런데 그 지역의 명군 사령부는 분위기가 심상치 않았다. 12일, 묘도(廟島)에서 받은 지역 사령관의 공문에는 '조선의 죄상은 마땅히 성토해야 할 것이나 명 조정의 의논이 아직 결정되지 않아서'와 같은 표현도 나온다.

이것 때문에 23일까지 10일간 등주에 머물며 등래순무(登萊巡撫) 원가립(袁可立) 등과 교섭한다. 이들은 명의 관문을 지키는 군인인데, 조선에서 정식 사절이 오면, 이 사실을 북경의 명 조정에 보고하고, 조선 사신의 입국을 허가해야 한다. 하지만 명에서는 조선의 인조반정에 대한 부정적인 인식이 널리 퍼져 있었다. 그들이 받은 인조반정에 대한 첩보는 대강 이렇다. '조선에서 불의한 모반 사건이 일어나 왕을 폐위시켰고, 왕은 현재 생사불명이다. 반정 당일에는 왜병들도 동원되었고, 궁궐에는 불이 나고 사람들도 많이 죽었다.' 이것이 앞서 말한 조선의 죄상이다. 물론 그건 사실이 아니라고 조선 사신들은 열심히 해명한다. '반정은 비교적 평화롭게 진행되었고, 대소신료들과 백성들이 한마음으로 새로운 왕을 추대했고, 인목대비가 승인했다. 또 궁궐 밖도 평온했고, 지금도 마찬가지다. 궁궐의 불은 당일 실수로 한 전각에서 일어났을 뿐이고, 정전 등 다른 전각들은 모두 그대로다'라고 반박했다. 열심히 해명하자 원가립은 그냥 알았다고 답하고, 차 한 잔 내준다. 차 한 잔 마시고 그만 가라는 끽다거(喫茶去)다.

16일경 명의 관리들은 조선 사신의 입국 사실을 명 조정에 보고했고, 그 사실을 조선 사신들에게도 알려 준다. 이에 조선 사신들은 감사의 의미로 17일에 명의 관리들을 초청해 연회를 연다. 이 자리에서 다시 길게 해명한다. 이런 '로비'가 통했는지 명의 관리들도 인조반정의 실상을 어느 정도 이해하기 시작한다. 21일에는 조선에 현재 상황을 알리는 비밀 장계를 배로 보낸다. 23일, 이민성 일행은 지금도 유명한 누각인 봉래각(蓬萊閣)과 등주의 수성에도 오르는 등 유람하고 기록을 남긴다. 특히 수성은 조선에는 없는 시설로 바닷가에 성을 쌓고, 그 안으로 선박이 출입하고 정박하는 시설이다. 또한 지역의 문신 관료, 선비들과 교류한다. 조선의 선비는 학문, 문학, 예술에 대한 해외 교류는 거의 습관 또는 자기과시지만, 다른 측면도 있다. 조선의 사행단이 만나는 현지 문신과 선비들이 바로 그 사회의 여론 주도층이다. 그러므로 이들의 인심을 사는 것이 사행단 임무 수행에서 중요한 수단이기도 하다. 또한 음악 연주가인 악공, 공연예술 하는 예인, 그림 그리는 화원 등이 사행단에 소속되어 해외 파견을 가는 이유도 같다.

24일, 등주를 떠나 7월 7일 제남(齊南)에 도착한다. 가는 길에 산동 지역의 유명한 고적, 위인들의 무덤 등을 둘러보기도 한다. 9일, 제남순무(齊南巡撫) 조언(趙彦)을 알현하고, 인조반정에 대한 해명서 신문(申文, 의정부 명의로 명·청 중국의 예부에 발신한 외교문서)을 바친다. 지역방어 책임자인 병비도(兵備道)에게도 정문(呈文, 아랫사람이 윗사람에게 올리는 공문)을 올려 덕주(德州)에서 천진(天津)까지 이동할 선박을 요청하여 허가를 받는다. 10일, 제남을 떠나 12일에 덕주에 도착한다. 도중에 평원현(平原縣) 근처에서 소설『삼국지연의(三國志演義)』속 "도원결의(桃園結義)"의 옛터를 지났다는 기록을 남겼다. 그 당시는 이 지역이 주인공들이 도원결의를 한 곳이라 생각했던 모양이다. 그렇게 덕주에 도착해보니 지급된 선박은 준비되었지만, 안내하는 명의 하급관리 허선(許選)과 선원들의 농간으로 출발할 수 없었다. 결국 사행단은 바로 떠나지 못하고 부두에서 유숙한다. 명 말, 사회 기강이 해이해지고 부정이 난무하는 사회상을 보는 듯하다. 15일, 선원들은 결국 오지 않았고, 마침 파견 나온 명의 호부낭중을 만나 실정을 호소해 다시 선원을 모았다. 어려움 끝에 덕주를 출발해 19일 천진(天津)에 도착한다. 천진은 북경의 관문 도시라서 대운하와 바다로부터 들어오는 천하의 선박이 모이는 항구다. 이날 저자가 본 선박이 약 일만 척에 이른다고 했다. 22일, 먼저 역관들과 군관에게 배에 짐을 싣고 운하를 통해 북경으로 들어가게 하고, 다른 사행단과 삼사들(정사, 부사, 서장관)은 육로로 23일 출발한다. 그런데 정사의 가마꾼이 도망가 버려 중도에서 사행단의 일정이 지체된다. 현지에서 급히 가마꾼을 구해 다시 출발한다. 여기서 명의 안내인 낙유신(駱惟信)으로부터 명이 상인들로 변장한 '간첩'을 조선에 파견해 인조반정에 대해 정탐하고 있다는 이야기를 듣는다. 조만간 그들이 돌아와 보고할 것이라고 하니, 사신들은 무척 놀란다. 25일, 하서역(河西驛)에 도착해 투숙하는데, 그곳은 과거 명의 요동 군벌이었던 이성량(李成梁) 밑에서 참장(參將)으로 활동한 한종공(韓宗功)의 집이기도 하다. 한종공이 사신들에게 '모문룡은 명 조정을 속이고 있다.', '명과 조선의 우환거리다'라는 비판을 퍼붓는다. 이에 대해 사신들이 뭐라 답했는지 기록에는 없다. 26일, 곽현(漷縣)을 지나 통주(通州)에 들어선다. 통주는 천하의 물산들이 모여드는 수도 북경의 물류단지 같은 곳이다. 27일, 통주를 출발해 드디어 북경 동쪽의 조양문(朝陽門)을 들어섰다. 그리고 일행은 역대 조선 사신들의 역관 옥하관(玉河館)으로 들어가 체류를 시작했다. 이제 그들은 인조의 즉위를 반드시 승인받아야 하는 절체절명의 중대한 임무를 본격적으로 수행해야 한다.

즉시, 보단(報單, 일종의 입국신고서)을 명 조정에 제출하고자 했지만, 당시 명은 7과 8로 끝나는 날에는 관공서가 문서 접수를 하지 않아 그냥 역관에 머문다. 29일, 아침에 사신을 접대하는 기관 홍려시(鴻臚寺)에 인목대비의 주본(奏本, 왕과 황제에게 올리는 글)과 보단을 제출한다. 그리고 8월 1일부터 사신들은 본격적으로 업무를 시작한다. 사신들은 예부로 가서 당상관들에게 무릎 꿇고 네 번 절하는 예를 올린다. 그리고 실무 부서인 주객사(主客司)로 가서 주사(主事)에게 다시 두 번 절을 하자, 주사도 답례의 절을 한다. 통상적인 외교 절차는 딱 거기까지다. 이제부터는 그냥 냉대를 당한다. 정사를 세워놓고 '먼저 너희 나라 옛 왕이 잘못이 있으니 죄에 대한 벌을 내린 후, 새 왕의 책봉을 요청하는 것이 옳다'며 절차에도 시비를 건다. 그리고 조선의 예단(禮單, 예물 적은 명세서) 수령을 거부한다. 그런데 그의 하인이 그냥 집으로 보내라고 일러준다. 사신이 바치는 공식 예물을 자기 집으로 보내라는 것은 마치 뇌물 수수 같다. 다른 부서도 마찬가지다. 정오가 되자 황제의 성지(聖旨)가 내려온다. 내용은 '속국의 왕을 폐하고 새 왕을 세우는 것은 중대한 일이니 해당 부서에서 논의해 보고하라'는 것이다. 이때 명의 황제는 명나라 말기 대표적인 암군 천계제(天啓帝, 재위 1620~1627년)였다. 일자무식의 황제는 종일토록 목공(木工)으로 소일하였고, 환관 위충현(魏忠賢, 1568~1627년)이 황제를 대신해 국정을 농단하고 있었다. 또한 조정은 위충현과 환관 세력인 엄당(閹黨)과 이들을 반대하는 유학자 당파인 동림당(東林黨)이 극렬히 대립하고 있었다. 이런 상황에서 인조 즉위를 승인받아야 하는 조선 사신들은 앞으로 분주하고 처절한 날들을 보내야 했다.

당시 명 조정에서는 간관(諫官)들이 연일 '함부로 광해군을 폐위한 조선을 처벌하라!', '조선 사신의 입국을 허가한 관문의 장수들을 처벌하라!'와 같은 강경한 상주문을 올리고 있었다. 그 중 재상급 최고 관료인 내각대학사(內閣大學士)가 황제에게 사직서까지 내면서 강경한 태도를 보이기도 했다. 명나라는 재상 제도를 없애고 단지 여러 대학사를 두어 황제에게 정책 자문을 하게 했다. 그리고 황제가 6부를 직접 통제하였다.

명나라 중기부터는 공식적으로 6부 위에 내각(內閣)을 설치하고 국가 정책 수립, 조령(詔令, 황실에서 내려지는 글) 작성 등 재상의 역할을 하게 된다. 6부는 조선의 6조(六曹)와 마찬가지로 이부(吏部), 호부(戶部), 예부(禮部), 병부(兵部), 형부(刑部), 공부(工部)로 구성되며, 그 장관을 상서(尙書)라고 한다. 내각의 최고 책임자는 내각대학사이고, 수보(首輔), 각로(閣老)라고도 했다. 이때까지 명 조정의 논의에서 아무도 조선 사신들을 만나 교섭으로 해결하자는 주장은 하지 않았다는 점이 중요하다. 아예 사신을 상대할 것도 없이 조선을 응징해야 한다는 강경론이 많았다.

자금성 정문인 오문(午門)

3일 장대비가 내리는 가운데 궁궐로 출근하는 대신과 관리들 앞에 조선 사신들은 모두 무릎을 꿇어 엎드렸다. 급기야 조선 사신들도 궁궐 문에서 일종의 '농성 시위'에 돌입한 것이다. 이 광경을 보자 명의 조정 대신들도 당황했다. 그들도 가마에서 내려 조선 사신이 올리려는 정문을 받고, 무릎은 꿇지 말라고 만류한다. 아무리 나랏일이라도, 일국의 대신들이 비에 젖은 생쥐 꼴이 되어 꿇고 엎드린 모양은 보기에 측은하고 민망한 일이다. 그리고 앞서 사직서를 냈던 섭향고(葉向高, 1559~1627년) 각로(閣老)가 비로소 조선 사신들에게 질문한다. 한마디로 '왜 명에 알리지도 않고 왕을 폐위했는가?'였다. 이에 대해 다시 간곡히 설명하자, 밝은 얼굴로 '알았다'고 답하고 궐 안으로 들어간다. 이후 조선 사신만 남아 그들이 퇴근하는 오후 시간까지 계속 현장에서 대기 한다. 퇴근 시간이 되자, 다시 꿇어앉아 여섯 명의 각로들을 다시 대면한다. 그들도 퇴근을 멈추고 다가왔다. 섭 각로가 오전과는 다른 것을 묻는다. '거사할 때 왜병 3,000명을 동원했다니, 무슨 이유냐?'고 묻는다. 이에 다시 그건 사실이 아니라며 '무고'라고 답한다. 다른 각로들이 나서 '만약 다른 나라의 일이라면 요청에 그냥 따르겠지만, 조선과 명은 한나라와 같으니 신중히 조사부터 하겠다'고 한다. 그러자 조선 사신들은 놀라서 '무슨 조사냐'라며 펄쩍 뛴다. '우리가 문무백관을 통솔하는 대신이고 자세한 내용은 제출한 정문에 다 있다'며 인조반정에 대한 조사를 거부한다. 또한 지금 조선은 남쪽의 왜와 북쪽의 후금과 대치하는 급박한 상황인데, 더 지체될 수 없다며 빨리 책봉해 달라고 요구한다. 하지만 각로들은 조사가 먼저라는 주장을 굽히지 않고 그냥 가버린다.

다음날 4일, 다시 궁궐로 가는데 문지기가 막아 들어갈 수 없었다. 이날 명의 어사가 올린 글 사본을 사신들이 보았는데, '조선이 멋대로 왕을 폐하고 새로 왕을 세운 것은 수상하다. 모문룡에게 상황을 조사해 보고한 후에 다시 외교 관계를 회복하라'는 내용이다. 이때부터 논점이 약간 바뀐 듯하다. 7일, 예부가 상소하였는데, '조선의 일은 중대한 문제이므로 지금 예부가 의논해 결정할 수 없다. 황제가 모문룡을 통해 상세히 알아보고 결정하라'는 것이다. 모문룡과 황제에게 공을 넘기는 내용이다. 한편, 앞서 산동성 등주에서 만난 원가립(袁可立) 등의 상소들도 북경에 도착하였고, 그 내용도 조선 사신들이 파악한다. 9일, 황제의 명령이 떨어졌다. 조선의 한양으로 사신을 보내 진상을 조사하고 결정하겠다는 것이다.

10일, 예부와 병부에 찾아가 상서 등 고관들을 만나 무릎 꿇고 사정한다. '책봉 승인 문제는 지금 조선의 상황에서 시간이 급박하니 서둘러 달라'는 것이다. 또한 모문룡에게도 기한을 정해 보고를 올리라고 한다. 하지만 그냥 '알았다'는 대답뿐이었다. 예부와 병부는 여전히 냉랭한 분위기였다. 때로는 불쾌한 표정도 감추지 않고 드러내기도 한다. 11일에는 섭 각로에게도 '시급한 일이니 모문룡의 보고에 기한을 두고 받아 처리해달라'고 요청한다. 이에 섭 각로는 '이치에 맞는 말이다. 한양으로 조사차 사신을 보내지 않고 모문룡 보고로 처리하겠다. 그대들은 안심하라' 하고 답한다. 섭 각로는 이 문제에서 조선에 우호적인 입장으로 선회한 것 같다. 이후 조선 사신들은 옥하관에만 머물며 명 조정의 여러 소식에 촉각을 곤두세우고 듣고 있었다. 19일, 병부에서 예부로 '소국의 일에 너무 나서지 말고 모문룡에게 일임하자, 가함참장(加銜參將) 왕숭효(汪崇孝)에게 편지 한 장 주어 모문룡에게 파견해 처리하자, 최종적으로는 담당 부처인 예부에서 마무리해라'라는 자문(咨文, 국왕이 명·청 중국의 외교 관련 관부와 주고받은 외교문서의 서식)을 보냈다는 소식을 듣는다. 그동안 명 조정의 요처에 애걸복걸하며 사정한 효과가 나타나기 시작한다. 20일, 조사 책임자로 왕숭효가 결정되었고, 예부에서는 과거 조선 사신들이 바친 정문과 옥하관에 있는 현재 조선 사신의 정문을 비교하는 작업이 시작된다.

그렇다면 조선 사신들이 원하는 대로 명이 움직이기 시작한 것일까? 아직 아니다. 다만 전면적인 조사가 아니라 모문룡을 통한 간접적인 조사를 한다는 것으로 수위가 낮아진 것이다. 21일, 예부에서도 황제에게 병부의 말대로 '가도의 모문룡을 통해 간략한 조사'를 하자는 내용의 의견을 올렸다. 이유는 형식적으로 명의 체통을 지키는 것이고, 여기에 더해 조선의 한양에 명의 사신을 파견해 전면적으로 조사하기 번거롭다는 것이다. 전면적인 조사는 조선의 민폐가 된다는 것이다. 22일, 예부가 이같은 내용으로 다시 황제에게 올린다. 황제가 답한다. '의논한 대로 시행하라. 시간을 명기하여 파견한 자를 속히 돌아와 보고하도록 하라'는 것이다. 하지만 간관들이 다시 나서 해외에 조사관 파견은 신중히 하라며 다시 제동을 걸고 나선다. 명의 체통이 걸린 문제이니 조사관 선발부터 잘하라는 것이다. 사실, 명 입장에서는 맞는 말이다. 이 문제는 조선과 명만의 문제가 아니다. 인조반정을 가볍게 처리하여 선례가 생기면, 다른 책봉국들에서 불법 쿠데타로 누구나 왕이 되어 책봉을 요구하는 일이 자주 발생할 수 있는 문제였다. 그렇게 명에게 사대하던 왕이 쉽게 폐위되면, 궁극적으로 명을 중심으로 만든 동아시아의 조공-책봉이라는 국제질서가 무너지는 것이다. 23일, 예부로 가서 출근하는 고관들에게 진행 상황을 물으니, 오늘내일 중이라도 황제의 명령이 내려오면 조사관을 파견할 것이라고 한다. 저녁에는 그들이 다시 한양을 다녀올 수 있는 기간은 얼마인지 물어 왔다. 40일이면 된다고 답한다. 상황이 처음으로 되돌아가는 것인지 우려되는 상황이었다. 27일, 역관과 군관에게 또다시 비밀 장계를 한양에 보내도록 한다.

조선 사신들도 명의 관리인 추관(推官, 죄인 심문관) 맹양지(孟養志)가 조선의 반정을 무고했다고 항변도 하고, 예부상서 임요유(林堯兪)에게 해명서도 올린다. 또한 가도의 모문룡에게도 다시 한번 선처를 부탁하는 품첩(稟帖, 외국의 관서나 관원에게 보내는 편지)을 보내기도 한다. 하지만 더는 진척은 없었다. 오히려 등주에서 출발하기로 한 왕승효는 계속 머뭇거리고 있었다. 이에 등래순무 원가립에게 왕승효의 출발을 서두르라는 독촉 공문을 보내기도 한다. 10일 22일, 황제의 후궁 범씨(范氏)가 황자를 출산했다는 소식을 듣고, 사신들은 '큰 경사이니 황제가 조선에도 조서(詔書)를 내려 새 왕의 책봉을 해달라'는 상소를 올리기도 한다. 하지만 조선 왕 책봉 건을 먼저 처리하고 이후 조선에 조서를 보내겠다고 답하여 왔다. 경하 예식에 조선 사신들도 참석하라고 통지한다. 그래서 윤10월 16일 황자 탄생 조서 반포에 참석한다. 조선에서도 인조 즉위에 대한 '왕실 종친(宗親)과 문무백관의 보결(保結, 보증서)' 12장이 19일에 도착한다. 또, 20일에는 조선의 동지사(冬至使, 해마다 동짓달에 중국에 보내던 사신) 조즙(趙濈, 1568~?) 일행이 북경에 입성해 같은 옥하관에 묵게 되었다. 이로써 새로운 고국 소식을 알 수 있게 되었다. 그리고 명에서는 등래순무가 모문룡의 보고 내용을 담은 공문이 올 때까지 무조건 기다리라고 하였다. 11월 2일에는 명의 동지(冬至) 하례에, 14일에는 성절하례(聖節賀禮, 황제의 생일 행사)에 맥없이 참석만 한다. 그냥 그렇게 2개월여의 시간이 흐르고 있었다. 요동 후금과 모문룡의 군사 상황, 검주(黔州)의 소수민족 반란 같은 소식들이 많이 전해져 『조천록』에도 기록을 남긴다.

11월 15일, 다시 역관을 등주로 보내 독촉하였는데, 24일 등래순무 원가립이 조사관으로 파견된 조연령(趙延齡)이 해상에서 익사했다는 소식이 들어온다. 이제는 사신들도 낙담하고 지칠 수밖에 없었을 것이다. 꽃 피는 봄날에 한양을 떠나왔는데, 이제는 북풍한설 몰아치는 북경에서 겨울을 보내고 있기 때문이다. 이즈음 예부의 관리들이 조선 사신들을 측은하게 여겨 임요유 상서에게 책봉을 추진하자고 청한다. 조선 사신이 주본을 올리면 황제에게 제본(題本, 제안서)을 올리겠다고 하였다. 내용은 조선의 왕위 계승이 정당한지 모르겠지만, 여기 조선 사신들이 성의를 다하니 책봉하자는 것이다. 하지만 쉽지 않았다. 여전히 간관들은 강경했다. 더욱이 병부상서 조언(趙彦)은 조선의 새 왕을 권서국사(權署國事, 왕호를 인정받지 못하는 동안에 사용한 왕의 칭호. '권지국사라고도 함.)로 임명하자는 안을 제기하기도 한다. 아직은 믿을 수 없으니, 일단 임시로 조선의 국정을 맡기자는 것이다. 하지만 권서국사로 임명되면 다시 오랜 시간이 걸려 왕으로 책봉을 받는 수고를 다시 해야 한다. 조선 측은 이 방안에는 당연히 부정적이었다.

12월 13일, 다시 예부에 가보니, 조정의 분위기가 바뀌고 있다는 소식을 전해 듣는다. 바로 궁궐 대문으로 가서 각로들을 만나니, 다시 정문을 올리라고 말해 준다. 이에 사신들은 서둘러 달라고 요청하자, 간관들은 아직 강경하다고 답하고 궁으로 들어가 버린다. 그 이후 사신들은 예부로 가서 섬라(暹羅, 태국)의 조공 사절이 방물(方物, 특산물)을 접수하는 장면을 구경한다. 열대의 나라 태국의 특산물이기에 신기했을 것 같다. 아마 이 섬라 사신은 신년하례 때문에 온 것 같다. 그날 땅이 흔들렸는데 내년 5월에 전쟁이 난다는 말도 듣는다. 그런데 바로 이날 명나라 조정은 각로, 6부, 9경(九卿) 급사중(給事中) 등이 모며 조선 왕 책봉 문제를 두고 난상 토론을 하였고, 책봉으로 결정되었다. 14일, 명이 요구한 정문을 병부에 제출했다. 날이 추워 관료들이 근무를 잘 하지 않았다고 기록하고 있다. 예부상서는 출근도 안 했다. 명 말 관리들의 근무 기강은 한심해 보인다.

15일, 사신들이 다시 병부에 가니, 상서가 화를 내며 '우리는 임진왜란 때 10만 대군을 조선에 파병했고, 백만 냥의 전쟁 비용을 썼는데, 너희는 모문룡의 8만 군대조차 돕지 않는다고 조선을 비난했다. 이때 모문룡이 병부에 올린 정문의 내용을 조선 사신이 파악한다. '조선의 새 왕이 쌀 교역을 막아서 병사들이 굶어 죽겠다는 것이다. 조선의 새 왕 책봉을 도와준다고 약속해 놓고 결국 뒤통수를 친 것이다. 이 와중에 조선 주둔비를 명과 조선에서 더 올려 받으려는 모문룡의 수작도 보인다.

16일, 예부로 다시 가보니 '이제 조정의 의론이 결정되었으니 즉시 제본을 올리겠다'고 약속한다. 조정의 대세에 눈치보던 예부가 드디어 결단을 내린 것이다. 그 약속은 다음 날 이행되었다.

드디어 18일, 황제의 재가가 떨어졌다. 황제의 성지(聖旨)에 이르기를, '이종(李倧, 인조의 이름)은 그 나라의 신민들이 공동으로 보증했고, 윤리와 차례로도 왕위 계승이 맞고, 명나라 군대의 군량 운송에 조력했으니 조선 국왕 책봉을 인준한다. 먼저 칙유(勅諭)를 내리고 책봉 칙사는 옛 사례를 조사해 시행하라'고 했다. 그간 조선의 책봉주청사들이 노심초사 노력해 온 대업이 드디어 성사된 것이다. 하지만 책봉 칙사는 이후 보내겠다고 하니, 조금 불충분하다. 결국, 이듬해인 1624년 조선은 책봉에 대한 사례, 인조에게 줄 고명(誥命, 임명장), 면복(冕服, 제왕의 옷)을 요청하는 사신을 또 보내야 했다.

명확한 이유는 잘 모르겠지만, 예부의 임 상서와 섭 각로가 뒤에서 노력해 준 것으로 보인다. 명분과 의리상 인조반정 승인은 어느 정도 문제가 있지만, 계속 조선과 강고한 관계를 유지하는 것이 후금 견제라는 명의 안보 이익과 부합된다는 판단 때문으로 보인다. 그런데 우스운 일은 소식이 전해지자 각 관청의 하인들까지 나서서 조선 사신들에게 축하 사례비를 요구하여 소란스러웠다는 점이다. 이것이 대국 명의 체통이 무너지는 장면일 것이다.

이후 책봉주청사 사신들은 동지사와 함께 이듬해 1624년 1월 1일 정조하례(正朝賀禮)에 참석하고, 편한 마음으로 북경을 유람하고, 류큐의 사신 등과 만나 환담하며 시간을 보낸다. 한편, 병조에 역관을 보내 화약의 주요 원료인 염초 교역을 요청했다가 거부당한다. '너희는 명의 군대를 돕지도 않으면서 화약은 만들어 뭐하냐'고 면박당한다. 근본적으로 이 문제는 염초는 전략 물자라서 교역 자체가 금지된 품목이었다. 처음부터 교역은 불가능했지만, 조선도 절실하니 한 번 요청해봤을 것이다. 이런 날들을 보낸 사행단은 3월 3일 귀국길에 오른다. 4월 20일, 한양에 도착했다. 거의 1년여 동안의 여정이었다.

이처럼 『조천록』은 일자별로 주요 행로, 중요 사건, 회담 등을 정리한 후, 부록으로 명 황제와 조선의 국왕, 모문룡에게 올린 공식문서 8편을 붙여 놓았다. 약점이 많은 약소국이 거만한 강대국을 상대로 벌인 처절한 외교전이 궁금하다면 꼼꼼히 읽어볼 만한 책이다.

패전국 세자의 볼모 생활보고 『심양장계(瀋陽狀啓)』

　1637년 정월 병자호란에서 조선은 패배하고 청나라에 항복했다. 청은 패전국 조선의 소현세자(昭顯世子, 1612~1645년) 부부와 둘째 왕자 봉림대군 부부, 끝까지 항전을 주장한 신하를 붙잡아 자신들의 당시 수도였던 심양(瀋陽)으로 강제로 끌고 갔다. 이후 소현세자와 봉림대군을 '볼모'로 잡아서 1645년까지 장장 9년 동안 청에 억류하였다. 청의 목적은 세자와 왕자를 볼모로 잡아 두고, 조선과 아버지 인조가 자신들을 배신하고 보복하려는 의지를 꺾어버리려는 의도였다. 거기에 더해, 막대한 군수물자와 병력을 강탈하려는 목적이 있었다.

　이 8년 동안 세자를 수행한 시강원(侍講院)에서 본국 승정원(承政院)에 보고한 장계(狀啓)를 묶은 것이 『심양장계』다. 10권 10책의 분량으로, 거의 일정한 크기의 조선 백지에 행서(行書)와 초서(草書)로 써서 거의 매일, 어떤 날은 하루에도 여러 차례 보고한 것이다. 보고 내용은 세자와 일행에 대한 사항, 청의 요구와 교섭 사항과 관련하여 본국에 문의한 사항, 명과 청의 전쟁 기밀 사항 등이다. 초기 조선과 청의 외교 상황, 청나라 내부 상황, 소현세자의 역할 등을 알 수 있는 귀중한 책이다. 시기적으로 보면 1637년 2월 19일부터 1643년 12월 15일까지의 방대한 내용이 장계가 수록되어 있다.

　그런데 1643년 12월 15일 이후부터 귀국하는 1645년 2월 18일까지의 기록은 없다. 이 시기 동안 청은 조선을 침략했던 태종(太宗)이 급사하고 어린 순치제(順治帝)가 즉위하였고, 산해관(山海關)을 넘어 이자성(李自成)의 농민 반란군을 격퇴하고 북경으로 수도를 천도했다. 이 시기 청의 요구로 세자와 수행원들은 이 모든 현장을 방문하였고 기록도 남겼다. 그 기록은 『심양일기(瀋陽日記)』이다. 『심양일기』는 수행한 시강원의 내부 일지다. 기간도 세자가 석방되는 1644년 8월 18일까지로, 분량은 더 방대하고 상세하여 『심양장계』를 보완할 수 있다.

당시 세자 일행의 전체 규모는 세자와 왕실, 신하, 시종 등을 합쳐 처음 출발 시 192명에 이르렀다. 이후 청의 요구로 줄어든다. 이중 세자시강원 소속 관리는 모두 19명이다. 문신으로는 남이웅(南以雄, 1575~1648년), 박황(朴潢, 1597~1648년), 박로(朴簹, 1584~1643년) 3명, 무신으로 이기축(李起築, 1589~1645년) 1명, 강원(講院) 5명, 익위사(翊衛司) 5명, 선전관(宣傳官) 3명, 의관 2인이다. 여기서 문신과 무신은 재신(宰臣, 정2품 이상 재상) 급으로, 문재(文宰)와 무재(武宰)라고 했다. 이들 중 장계 작성은 주로 문재들과 강원의 관리들이 했다. 선전관 등이 문서전달과 정보 탐지 등을 수행했다. 세자빈과 대군 부인을 위한 여러 여의(女醫)와 역관들도 함께 있었다.

이들 일행은 청나라 예친왕(睿親王) 다이곤(多爾袞, 아이신기오로 도르곤 1612~1650년)의 인솔로 2월 6일 한양을 떠났다. 『심양장계』에는 이 다이곤도 많이 등장하는데, 그를 구왕(九王)이라고 하였다. 당시까지 살아있던 청 태조 누르하치의 아들 중 아홉째라서 그렇게 불렀다고 한다. 4월 10일 심양에 도착했다. 처음에는 조선 사신의 숙소였던 동관(東館)에 머물다가 새로 신축한 심양관(瀋陽館)이란 관소로 5월 7일 이사했다. 심양관에 도착한 관리들을 호방(戶房), 예방(禮房), 병방(兵房), 공방(工房)의 4개 부서로 나누어 배속시켰다. 호방은 금전 출납을, 예방은 각종 물품과 약품 공급, 병방은 인마(人馬)의 관리, 공방은 공장 업무를 총괄하도록 했다. 세자 등은 볼모의 신분이고, 그 볼모를 시종하는 관리들에 불과했지만, 일종의 관청처럼 심양관을 조직한 것이다.

소현세자가 처리한 일들을 보면, 청나라에서 조선을 대표하여 공물 납부를 위한 외교 교섭, 대명 정벌전에 동원할 조선 장병 징발, 피로인 등 민감한 사안들이 많았다. 그뿐 아니다. 청나라는 군대, 군량, 화약, 탄환, 수송용 말과 소 등부터 배와 감 같은 과일류, 생강 같은 한약재, 종이 등등 온갖 것들을 요구했다. 또한 무슨 잔치가 있으면 뇌물성 금전까지 요구까지 했다. 아주 꼼꼼하게 조선을 약탈한 것이다. 청의 이런 요구 사항을 전달받으면 세자는 승정원에 보고하고, 다시 명령받아 처리하였다. 때로는 청과 국경을 담당하는 평안감사나 의주부윤에게 직접 세자로서 명령을 내려 시급한 일을 처리하기도 했다. 승정원은 왕의 비서실 같은 곳으로, 왕에게 장계 등을 보고하고 왕명을 받아 전달하는 기관이다. 아버지 인조에게 먼저 보고하여 인조 지시대로 일 처리를 해야 했다. 그러나 만약 청의 요구는 턱없이 높고 강경하거나, 반대로 인조가 부당하다며 거부하거나 공물 납부가 지체되면, 세자는 중간에서 난처한 지경에 빠지게 된다. 이런 일들은 아주 많았다.

사실 왕이 아닌 소현세자에게는 그 어떤 권한도 없다. 조선에서 왕세자란 단지 먼 미래의 어느 날 왕이 될 것이라는 의미일 뿐이고, 왕으로 즉위할 그날을 위해 열심히 학문과 수양을 하는 것이 주어진 임무다. 오히려 자기 마음대로 나랏일을 처리하면 왕의 권력을 빼앗은 참람(僭濫, 분수에 넘쳐 너무 지나침)한 불법이 된다. 그러나 500년 조선왕조에 존재했던 수많은 세자 중에 오직 소현세자만 패전국 세자로서 적대적인 나라에서 감당하기 어려운 일을 해야만 했다. 여기에 더해 청의 입장에서는 조선의 세자란 패전국에서 잡아 온 쓸만한 인질에 불과한 존재였다. 이와 같이 청의 입장이 노골적으로 드러났던 소현세자의 이야기를 소개한다. 소현세자가 심양에 억류된 지 4년째 되는 때의 일이다. 1640년 2월 13일, 아버지 인조의 병문안을 위해 봉림대군과 함께 처음 귀국했다. 3월 7일 한양에 도착, 다시 4월 2일 출발해 5월 3일 심양으로 돌아왔다. 이 기간 동안 소현세자 대신 4살이 된 맏아들 원손 경선군(慶善君, 1636~1648년)과 동생 인평대군(麟坪大君, 1622~1658년) 부부가 볼모로 끌려와야 했다. 1643년 2차 귀국 때도 마찬가지다. 이처럼 볼모로 온 세자는 청이 인조를 압박하는 수단일 뿐이었다.

그뿐 아니라 조선의 세자는 좋은 구경거리이기였다. 몇 차례 사냥 행사에 따라나서야 했고, 명나라와의 전쟁에서 두 차례 종군(從軍)하였다. 사냥터에서 헐레벌떡 뛰어다니는 조선의 태자를 보는 청의 지배계급은 승리자로서 큰 만족감을 느꼈을 것이다. 과거 조선에 은혜를 베푼 천자국으로 자부심이 넘치던 명나라 장병들에게, 전쟁터에 총알받이로 끌려 나온 조선의 세자는 열패감을 주었을 것이다. 장계를 보면, 한겨울 사냥터에서 부상당하기도 하고, 전쟁터에서 위험한 상황에 놓이기도 하였다.

청나라에 인질로 끌려갔던 소현세자의 자취가 담긴 선양고궁(瀋陽古宮)의 편전, 숭정전

　이런 처지의 소현세자에게 오늘날 조선의 이익을 위해 청에 당당한 외교협상을 하고, 청과 무역하여 돈도 많이 번 것처럼 주장하는 것은 과장이다. 그 농사와 교역도 심양관에 체재하는 세자와 가족, 많은 수행원이 먹고살기 위한 어쩔수 없는 선택이었다. 볼모의 체재 비용이 부담된 청은 처음부터 인원을 줄이라고 요구하고, 급기야 땅을 주고 스스로 농사지어 먹고살라고 한 것이었다. 1641년 12월 23일, 장계를 보면 청의 이런 요구에 대한 심양관 관리의 항변들이 나온다. "대국에서 소국의 볼모를 먹일 수 없어서 스스로 경작하게 한다면 이는 만고에 없던 일입니다"라고 항의했다.

　이제 억류 첫해인 1637년 보고한 장계 몇 개를 보자. 억류 첫째 해인

1637년 5월 24일의 기록이다. 이날의 장계는 모두 2개다. 앞은 피로인 속환(贖還, 몸값을 내고 돌려받음) 문제이다.

"사족(士族)의 부모 처자 등은 부르는 값이 많아서 수십만 냥에 이르므로, 속환을 보내기가 어려워 희망을 잃고 우는 사람이 길을 메우고 있습니다. 그 가운데 친척이 없는 외로운 사람은 관청에서 속환시켜주기만 기다리며 날마다 관청 밖에서 울고 있으니, 참혹해서 차마 보기 힘듭니다. 강화(패전 후 청과 화의) 후에도 잡혀 온 자들은 그 수를 알 수 없는데도, (청은) 그들의 말을 믿을 수 없다며 (풀어 달라는 요청을) 들어주지를 않습니다. 그 안에서 스스로 탄원하여 사실이 밝혀진 자들은 황제께서 돌려보내도록 허락했으므로, 앞으로 보낼 남녀 몇 사람을 관중(館中, 심양관)에 머물러 있게 하였습니다."

같은 피로인이라도 가난해 청이 요구하는 몸값을 지불하지 못하면 더욱 괴롭다. 여기에, 청은 강화 후에도 집요하게 피로인을 잡아들였다는 사실을 기록하고 있다.

다음은 윤집(尹集, 1606~1637년)과 오달제(吳達濟, 1609~1637년)의 처형을 막지 못했다는 장계다. 윤집, 오달제 등은 남한산성에서 끝까지 항전을 주장했던 충신들이다. 윤집, 오달제 그리고 홍익한(洪翼漢, 1586~1637년), 이 3명을 삼학사(三學士)라고 하며, 조선에서는 충신으로 받들어졌다. 이들도 세자 일행과 함께 청에 끌려와 심문받고 처형을 기다리고 있었다. 조선은 이들을 살려 무사히 귀국시키고 싶었을 것이다.

"지난달 4월 19일 용골대(龍骨大) 장군 등이 저희를 불러 아문(衙門)에 앉히고, 윤집과 오달제를 앞으로 끌어내어 황제의 명을 전했습니다. 이들의 죄는 죽어 마땅하지만, 목숨이 중하기로 살려주니 처자를 이끌고 와 여기에 살라고 했다. 그런데 윤집은 난리 통에 처자의 생사를 모르니 그것부터 알아보고 처리하겠다고 하고, 오달제는 지금 죽음을 참고 이곳에 온 것은 …… 살아도 죽는 것만 같지 못하다고 하였다. 용골대는 '황제의 은혜는 생각하지 않고 이렇게 저항하는 말을 하니 다시 살아날 길이 없소'라고 하였습니다. 저희는 '이 사람들은 모두 나이가 젊고 임금과 부모를 생각하는 마음이 간절하여 이런 망발을 한 것입니다. 끝까지 간절하게 타일러 살려주시면 길이 아름다운 일이 아니겠습니까?' 하며 간곡히 사정했지만, 끝내 살려내지를 못하였습니다. 그들이 당한 참혹한 모습은 차마 볼 수가 없었습니다. 그들이 데리고 있던 종 세 사람을 저희에게 보내왔기에 이번에 돌려보냅니다."

이번에는 6월 21일 보고다. 19일에 청나라 종묘에 황제가 제사를 지낸다고 조선의 세자와 대군, 신하들도 동행하도록 하였다.

"제사를 지내는 곳에 이르니 세자의 자리는 여러 왕과 같은 줄에, 저희 셋은 대장의 줄에 있었습니다. 따라온 신하들은 그 아래에 차례로 자리를 잡았습니다. 종묘는 앞뒤 두 채의 집으로 되어있는데, 뒤채에는 이전 추장 이상의 조상을 모셨고, 앞채에는 이 전 추장을 태조(太祖)로 삼아 제사를 지냈습니다. 황제는 앞채에서, 뒤채에서는 다른 사람을 시켜 제례를 동시에 거행했습니다. 처음에는 한 번 절하고 세 번 머리를 조아린 뒤에 향을 피우고 술잔을 돌리며, 축문을 읽고 나서는 세 번 절하고 아홉 번 머리를 조아립니다. 옆에서 거드는 사람이 황제를 인도하여 망전례(望奠禮)를 한 뒤에 마치고 나왔습니다. 세자께서는 대궐 문밖까지 따라갔다가 거처로 돌아오셨습니다."

패전국의 왕세자로서 자신들을 짓밟은 승전국의 종묘에 산 제물처럼 들어가 그들의 조상신(누루하치)에게 제사를 지낸다는 것은 매우 모욕적이고 슬픈 일이다. 하지만 볼모로써 그런 감정을 드러낼 수도 없었을 것이다.

8월 19일에는 용골대와 마부대(馬夫大)가 세자에게 협박한 일을 보고했다. 내용은 탈출한 피로인을 조선이 잡아 보내라는 독촉이다. '숲속에 숨어서 잡아내기 힘들다', '어린아이가 도망쳐 왔는데 부모가 차마 묶어 보낼 수 없다'며 거절하는 조선의 자문(咨文, 외교문서)을 들이대고 말이다.

이 외에도 혼인하겠다며 조선의 여인을 바치라고 요구하기도 한다. 무엇보다도 조선이 명과 몰래 내통한다고 의심하고 비난하는 내용이 『심양장계』 곳곳에 보인다. 심지어 10월 5일 장계는 국경 지역에서 인삼 캐는 조선인 심마니 둘을 쇠사슬로 묶어서 끌고 와 명과 내통하는 것이 아니냐는 의심까지 한다. 그런데 1642년 10월부터 후반기는 조선과 명이 내통한 사실이 구체적으로 드러났다. 재상 최명길(崔鳴吉)까지 청에 불려 가 문초를 당하고 수감되기도 하였다. 청은 수시로 조선의 조정대신, 지방관, 장군들을 소환하고 심문하였다. 심양관에서 관련 내용을 담은 장계가 빈번하게 승정원으로 보내졌다.

1637년으로 다시 돌아가 보면, 연말부터 청나라에 전염병이 창궐한다. 이듬해에는 심양관으로 전염병이 전파되고, 세자도 병에 걸려 쓰러지는 일까지도 발생한다. 그렇지만 심양관은 쉬지 않고 돌아간다. 청이 요구하는 온갖 종류의 공물 납부, 군대 파병, 군량 징발, 그리고 청의 군대를 따라 종군도 수행해야 했다.

조선 세자의 고단한 볼모 생활도 드디어 끝나는 날이 왔다. 1645년 드디어 9년 만에 볼모에서 풀려나 귀국이 허락되었다. 청은 소현세자라는 볼모를 잡아 와 명나라 멸망 때까지 충분히 이용하였으니, 더는 붙잡아 둘 이유가 없어진 것이다. 소현세자는 심양을 출발해, 2월 18일 꿈에도 그리던 조선의 한양에 도착하였다. 그러나 4월 26일에 창경궁의 환경전(歡慶殿)에서 갑자기 죽었다. 이 죽음에 대해 오늘날 많은 의혹을 제기하는데, 아버지가 아들을 죽였다는 말도 안 되는 이야기도 난무한다. 9년의 볼모 생활로 극심한 스트레스와 과로로 그의 심신은 몹시 괴롭고 힘들었을 것이다. 이미 출발 때부터 몸 상태가 좋지 않았다고 장계는 보고하고 있다. 그런 상태에서 당시 유행하던 전염병으로 죽었다는 정사의 기록이 오히려 더 타당해 보인다.

최고 문장가가 본 청나라 『열하일기(熱河日記)』

박지원(朴趾源)의 『열하일기』는 유명한 청나라 여행기이고, 조선 후기 최고의 문장으로 평가받는 작품이다. 원·명·청 시대 북경으로 사행을 간 횟수는 13~14세기 119회, 15세기 698회, 16세기 362회, 17세기 278회, 18세기 172회, 19세기 168회, 총 1,797회에 이른다. 사행이 이토록 많은 이유는 분명하다. 원·명·청 시대 연경(북경의 옛 명칭)은 동아시아 정치의 중심 무대이고, 전 세계 모든 나라의 사람들이 모이는 곳이기 때문이다. 그래서 고려와 조선도 사행단을 많이 보내야 했다. 그리고 현재 사행단이 남긴 기록은 대략 600여 종이 남아 있다고 한다. 최초의 작품은 고려 때 이승휴(李承休, 1224~1300년)가 원나라 수도 대도(大都, 북경)를 사신으로 다녀온 후 1290년 남긴 『빈왕록(賓王錄)』이다. 그중 문학적 가치와 대중적 인기를 얻은 최고의 작품이 『열하일기』이다. 다만 문장가의 문장이고, 치열한 외교 현장을 서술한 책은 아니다. 또한 이 시기의 조·청 관계도 아주 평화로웠기 때문에 군사적, 외교적 긴장도 특별히 없었을 것이다.

명나라 때는 북경이라 했지만, 청나라 때는 오래전 전국시대 연(燕)나라 수도를 연상하게 하는 연경(燕京)이라고 했다. 사신도 조천사에서, 단지 연경에 가는 사신이란 의미의 연행사(燕行使)라고 바꾸어 불렀다. 대개 "반청" 의식 때문이라고 하는데, 명확한 관련 기록은 없다.

박지원은 집안은 당대 세도가인 노론(老論) 집안의 반남 박씨(潘南朴

氏) 출신이었지만, 장년이 되도록 벼슬에는 큰 관심이 없어 출사하지 않았다. 평소 글쓰기를 좋아해 앞서 소개한 이덕무, 유득공, 이서구(李書九, 1754~1825년), 박제가 등 당대의 문장가들과 글로 교류했다. 그런 그가 1780년(정조 5) 연행사 일행으로 참여하게 된 것이다. 이 사행의 목적은 청의 건륭제(乾隆帝, 재위 1735~1796년)의 칠순 잔치를 축하하는 것이었다. 그 연행사들을 진하별사(進賀別使)라 했다 그중 박명원(朴明源, 1725~1790년)이 그의 삼종형(三從兄, 팔촌)이었다. 이 박명원의 자제군관(子弟軍官)으로 수행을 한 것이었다. 자제군관은 사신의 자제나 친척 중 사적인 수행 목적으로 한 두 사람을 동반하는 경우를 말한다. 한편, 박명원은 영조의 3녀 화평옹주와 결혼한 부마(駙馬)로서 왕실의 인척이기도 하다.

사행단은 5월 25일 한양에서 출발한다. 대체로 연행사는 정사, 부사, 서장관, 군관, 역관 등 30여 명이 정식 관리와 말몰이꾼 등 수행원들을 모두 합치면 3~500여 명에 이르는 규모다. 그런데 『열하일기』는 앞서 소개한 사신들이 매일매일 공식적으로 기록한 여행기와는 좀 다르다. 크게 두 부분으로 나뉘는데, 1~7권은 여행 경로 중심으로, 8~26권은 보고 들은 견문과 감상 위주로 서술되었다.

먼저 「도강록(渡江錄)」은 압록강에서 요양(遼陽)까지 6월 24일부터 15일 동안, 그가 본 현지의 집, 배, 우물, 가마, 성곽 등을 묘사하고 자신의 감상 또는 정치적 주장을 썼다. 그중 『열하일기』에서 가장 명문장이라는 「호곡장(好哭場)」이 실린 부분을 보자. 박지원은 압록강을 건너자마자 천여 리에 펼쳐져 있는 광활한 요동 벌판을 보며, "아, 좋은 울음터로구나.

크게 한바탕 울어볼 만하구나!(好哭場 可以哭矣)"라고 했다. 우물 안 개구리처럼 조선 땅에 살다가 드디어 세계를 만난 감동을 표현한 것이다. 그러자 동행한 정 진사(鄭進士)가 '갑자기 왜 우냐'고 묻자, 그는 인간의 다양한 감정(七情)을 말하며 울음이란 슬퍼서만 우는 것이 아니라고 답하며 말한다. 캄캄하고 어두운 조선과 광명천지의 세계(청)라고 비교한 것이다.

> "아이가 아기집에 싸여 태로 있으며 어둠을 무릅쓰고 혼돈 상태로 막혀 있을 때 동이고 얽혀져 꽉 차고 협착하다가 하루아침에 텅 비며 넓어져 손발이 펴지고 마음이 광활하여지는데, 어떻게 진정의 소리를 터뜨리며 마음대로 다해 한 번 쏟아 버리지 않을 것인가?" (兒胞居胎處 蒙冥沌塞 纏糾逼窄 一朝寥廓 展手伸脚 心意空闊 如何不發出眞聲 盡情一洩哉)

다음 「성경잡지(盛京雜識)」는 십리하(十里河)에서 소흑산(小黑山)까지 7월 10일부터 5일 동안, 현지 주민들과의 대화를 채록, 풍경, 절 등을 서술하고 있다. 「일신수필(馹汛隨筆)」은 신광녕(新廣寧)에서 산해관까지 9일 동안 거리 풍경 등을 묘사하는데, '수레'에 관한 이야기가 많은 주목을 받았다.

「관내정사(關內程史)」는 7월 24일 산해관 안으로 들어가서 8월 4일 연경까지를 서술한 것이다. 옛날부터 산해관은 중화(中華)와 이적(夷狄)을 나누는 경계로 보았고, 그래서 산해관을 기점으로 관내와 관외로 부르

산해관

는 것이다. 박지원의 유명한 단편 소설 「호질(虎叱)」은 이 부분에 수록되어 있다. 흥미로운 것은 「호질」은 박지원 자신이 쓴 것이 아닌 청나라 사람이 쓴 것처럼 표현했다는 점이다. 아마도 내용이 당시 조선 사회에 대한 비판, 조롱 같은 것이어서 그랬던 것으로 보인다. 아래의 「허생전(許生傳)」도 마찬가지다.

「막북행정록(漠北行程錄)」은 연경 입성 후 갑자기 열하(熱河)로 이동하게 된 이야기다. 당시 황제의 칠순 잔치가 열하의 별궁에서 열리니 청의 통보 즉시 빨리 가야 했다. 기록은 8월 5일부터 9일까지의 기간이다. 중간 부분에 오래도록 호평을 받아 온 글인 「밤에 고북구를 나서며(夜出高北口記)」와 「하룻밤에 아홉 번 강을 건너며(一夜九渡河記)」가 실려 있다. 열

열하의 피서산장

하는 북동쪽으로 약 180㎞ 떨어져 있는데, 난하(灤河)의 작은 지류인 열하가 흐르는 곳이다. 열하의 별궁은 건륭제의 조부 강희제(康熙帝, 재위 1661~1722년)가 건립한 곳인데, 공식적으로는 연경의 여름 더위를 피하기 위한다고 피서산장(避暑山莊)이라고도 한다. 하지만 내몽골 지역의 유력 부족장들과 정치적 회합(충성 맹세를 받는 것)을 하는 것이 목적이다. 황제 일행은 산장 북쪽의 목란위장(木蘭圍場)에서 대규모 사냥도 하며 그 위세를 북방에 과시한다.

이어지는 「태학유관록(太學留館錄)」은 같은 9일부터 14일까지의 기록인데, 열하의 태학관에서 머물며 청의 학자들과 환담한 내용이 주된 이야기다. 그 외에 건륭제가 신하 접견하는 모습 등이 있다. 「경개록(傾蓋

錄)」도 태학관에서 한족과 만주족의 학자 10여 명과 환담한 내용이다. 한편, 학자들이 공부하는 태학관이 열하에도 있는 것은 황제가 피서와 사냥, 정치적 회합도 해야 하지만, 쉬면서 공부도 하고 학자들에게 국정의 자문도 구해야 했기 때문이다. 정상적인 황제라면 조선의 왕만큼 쉬지 않고 공부해야 한다. 강희제와 옹정제(雍正帝, 재위 1722~1735년)는 그랬지만 말년의 건륭제는 그렇지 않았다. 박지원도 많은 것을 읽고 묻는 것을 좋아했기에 청의 학자들과 다양한 주제들을 두고 대화를 한다. 특히, 지구가 태양을 돈다는 지전설(地轉說)에 관한 토론은 당시 동아시아에도 코페르니쿠스의 지동설 같은 것이 이미 널리 수용되었다는 점을 알 수 있다. 이보다 20여 년 전, 박지원의 지기(知己)였던 홍대용(洪大容, 1731~1783년)도 같은 주장을 했다.

그 외에 처음 급히 열하를 갈 때 미처 보지 못한 것을 연경으로 돌아오는 8월 15일에서 20일까지의 여정을 서술한 「환연도중록(還燕道中錄)」, 라마교의 분파인 황교를 서술한 「황교문답(黃敎問答)」, 유학자인 조선 사신이 황교의 법왕(法王)인 반선(판첸라마)에게 억지로 절을 하는 코믹한 광경을 묘사한 「반선시말(班禪始末)」 등도 볼만하다. 그리고 반선이 주거하는 호화로운 궁전 묘사인 「찰십륜포(札什倫布)」, 음악에 관한 이야기 「망양록(忘羊錄)」, 조선인의 청나라 폄하 문제를 쓴 「심세편(審勢編)」도 볼만하다. 특히, 「심세편」은 '중국 혐오'가 만연한 오늘날에도 곱씹어볼만한 문장들이 종종 눈에 띈다. 한족 학자 왕민호와의 필담 「곡정필담(鵠汀筆談)」, 피서산장에 대한 감상 「산장잡기(山莊雜記)」, 황제의 칠순연에 펼

처진 마술 공연 「환희기(幻戱記)」, 역대 황제와 조청 학자의 글에 대한 감상 「피서록(避暑錄)」, 열하 별궁에서 들은 청의 대조선 정책 등을 쓴 「행재잡록(行在雜錄)」, 만리장성 밖에서 들은 조선 관련 이야기 「구외이문(口外異聞)」, 임진왜란 전후로 큰 활약을 한 역관 홍순언(洪純彥, 1530~1598년)의 이야기 등이 실린 「옥갑야화(玉匣夜話)」, 「허생전」, 의술에 관한 이야기 「금료소초(金蓼小抄)」, 연경의 문물과 제도 등을 정리한 「황도기략(黃圖記略)」, 공묘(孔廟) 참배 등을 쓴 「알성퇴술(謁聖退述)」, 연경 내외의 절과 궁에 관한 이야기 「앙엽기(盎葉記)」, 그 외의 다양한 이야기를 모은 「동란섭필(銅蘭涉筆)」 등등으로 구성되어 있다.

6개월 후 10월 27일에 사행단은 한양으로 돌아온다. 귀국 3년 후 『열하일기』가 세상으로 나왔다. 1786년 늦은 나이의 박지원은 명문인 집안 덕으로 음사(蔭仕, 과거에 합격하지 않고 벼슬을 한 사람)로 선공감감역(繕工監監役)을 제수받는다. 이후 지방 수령직도 제수받았다.

『열하일기』는 1792년 비속한 말과 저속한 표현이 많다는 정조의 비판을 받았다. 그리고 정조의 문체반정(文體反正, 올바른 문장 즉 고문으로 바로잡음) 정책으로 압박을 받기도 했다. 반성문을 올리라는 요구받은 것이다. 오늘날에는 박제가의 『북학의』와 함께 『열하일기』는 조선 비판은 근거가 빈약하고 청에 대해서 과도한 평가를 했다는 학술적 비판을 받기도 한다.

박지원처럼 열하에서 청나라를 보고 기행문을 남긴 또 사람이 있었다. 이 두 사람이 다른 점은 두 가지다. 이제 소개할 사람은 박지원보다 10년 뒤에 열하에 갔다. 무엇보다도 두 사람은 사회적 지위에서 현격한 차이가 있다. 박지원은 그냥 사행단의 일원이며 자유로운 문장가였다. 이제 소개할 사람은 조선 최고위 관료이며, 산전수전 다 겪은 노련한 정치인이었다. 그는 학산(鶴山) 서호수(徐澔修, 1736~1799년)이다. 그도 당대 명문인 달성 서씨(達城徐氏) 가문 출신이고, 부친이 판중추부사(判中樞府事)를 지낸 서명응(徐命膺, 1716~1786년)이다. 조선 후기 유명한 학자 중 서씨인 인물은 대개 이 집안인 경우가 많다. 『임원경제지(林園經濟志)』로 유명한 풍석(楓石) 서유구(徐有榘, 1764~1845년)는 서명응의 손자이자 서호수의 아들이다. 『규합총서(閨閤叢書)』, 『청규박물지(清閨博物志)』 등을 저술한 여성 학자로서 최근 많은 주목받는 빙허각 이씨(憑虛閣李氏, 1759~1824년)도 서명응의 손자며느리이다. 정치적으로도 박지원과 전혀 다르다. 박지원과 반남 박씨 집안은 노론이고, 달성 서씨 집안은 소론(少論)이다. 영·정조 시대 정치사에서 이들 집안 출신은 많이 등장한다.

서호수는 영조(英祖, 1724~1776년) 시절 식년시(式年試, 정규시험) 문과에 장원급제하여 당당하게 출사했다. 중앙에서도 모두가 깨끗하고 귀한 자리라고 부러워하는 청요직(清要職), 즉 삼사(三司)인 사간원·사헌부·홍문관을 모두 거쳤다. 처음부터 엘리트였다. 이후 최고위 정승으로 올라가는 정통 코스인 수원부사를 시작으로, 전라감사, 함경 관찰사, 평안도 관찰사, 한성판윤 등 한양과 전국의 주요 지방관을 두루 지냈다. 이후 형조판서, 예조판서, 이조판서, 병조판서 등 6조 대부분에서 판서를 지내며 국가 운영에 꼭 필요한 경험도 했다. 학자로서 최고 명예라고 할 수 있는 예문관과 규장각도 거쳤다. 실질적으로 규장각은 그가 세운 것이기도 하다. 더욱이 그의 글을 읽다 보면, 음악이나 천문학에 대한 지식이 대단하다는 것을 알게 된다. 그래서 장악원과 관상감의 제조(提調)를 지낸 경험도 있다. 끝으로 그도 부친처럼 1776년 이미 청나라에도 사신으로 다녀와 국제 정세도 잘 이해하고 있었다. 특히 이 첫 사행에서 그는 부사(副使)를 했는데, 그 사행은 정조 즉위에 대한 사은사(謝恩使, 황제의 은혜-책봉에 감사하는 사신)였기 때문에 조선과 정조에게 정치적 의미가 큰 것이다. 이 시절 고위 관료라면 꼭 필요한 정치적 시련(유배와 사직 등)도 이미 겪었다. 모든 것을 완벽하게 갖춘 그의 눈앞에 재상 자리가 보이게 된다. 바로 그런 시점에 다시 청나라로 가게 된 것이다.

1790년 음력 8월 13일의 건륭제 팔순 잔치에 축하 사절로 그가 임명되었다. 10년 전 박지원이 갈 때는 칠순 잔치였다. 건륭제는 중국 황제 중에 가장 장수했고, 치세도 가장 길다. 60년을 황제로서 재위했고, 조부 강희제보다 더할 수 없다며 1796년 스스로 퇴위해 3년을 태상황(太上皇)으로 지냈다. 그는 말년에 자신의 인생을 만족하며 "십전노인(十全老人, 10가지 공적을 완전하게 이룩한 노인)"이라고 자칭했다. 황제로서 문치(文治)와 무공(武功)을 완벽하게 이룩했다는 과시였다. 이제 조선의 노련한 관

팔기 군사들을 사열하는 건륭제

료 서호수가 그 건륭제가 진짜 십전노인이 되었는지, 조선 사신으로서 관찰하고 평가하게 되었다.

그런데 10년 전 사행단과는 코스가 조금 달랐다. 먼저 열하의 팔순 잔치부터 갔다가 수도 연경을 거쳐서 조선으로 돌아가는 것이다. 이때 사행단의 정식 명칭은 성절진하사은사(聖節進賀謝恩使)이다. 성절은 황제의 생일, 진하는 축하드린다, 사은은 은혜에 고맙다는 의미이다.

그런데 여기서 청과 건륭제에게 받은 '은혜'란 무엇이기에 고맙다고 말했을까? 중국에는 새해에 집안 어른이 자손들에게 복(福) 자를 써서 주는 풍습이 있다. 이를 "복자신한(福字宸翰)"이라 한다. 1790년 정초에 청으로 왔던 조선 동지사에게 건륭제가 직접 쓴 복 자를 주며, '이번에는 꼭 아들 낳으라'는 덕담과 함께 정조에게 전하게 했다. 당시 정조는 왕자가 일찍이 요절하였고, 이후 아들이 태어나지 않아 걱정이 많았다. 후사 문제로 정치적 사건도 있어서 불안해하고 있었다. 정조의 측근 홍국영(洪國榮, 1748~1781년)이 자신의 동생을 빈(嬪)으로 들여보내고, 정조의 조카 완풍군(完豊君)을 원자(아직 왕세자에 책봉되지 아니한 임금의 맏아들)로 삼으려 했던 사건이 가장 대표적이다. 그런 때에 건륭제가 신년 덕담과 선물을 보낸 것이다. 같은 해 6월, 신기하게도 정조가 그토록 기다리던 조선의 왕자가 탄생한다. 이 왕자가 훗날 순조(純祖, 재위 1800~1834년)로 즉위한다. 그래서 정조는 출발 전 사신들에게 이일에 고마움을 전하며 어제시(御製詩, 왕이 쓴 시)를 내려준다. 아마도 정조는 건륭제의 신년 선물에 큰 고마움을 느꼈고, 고맙다는 사신을 파견한 것이다.

사행단의 정사는 황인점(黃仁點, ?~1802년), 부사는 이 책의 저자 예조 판서 서호수, 서장관은 홍문관 교리(校理) 이백형(李百亨)이다. 황인점은 영조의 부마(왕의 사위)이다. 이전 1784년에도 동지사로 연경을 다녀왔는데, 그때 수행원이었던 이승훈(李承薰, 1756~1801년)이 『천주실의(天主實義)』, 십자가, 묵주 등을 몰래 가져왔던 일로 인하여 1801년 신유사옥(가톨릭 탄압)으로 큰 처벌을 받았다. 서호수는 이 사행에 수행원으로 이름 높은 문사 박제가와 유득공을 데리고 간다. 이 둘도 청나라 사행을 기록한 책을 출간했다.

서호수는 이 사행을 마치고 돌아와 1793년 고향 파주의 학산에 은거하면서 『열하기유』를 썼다. 일기체로 서술했고 다른 참고 문헌을 인용도 했다. 다만 자신의 견해와 감정 같은 것은 절제된 문장으로 썼다.

오히려 군사적 정탐보고서 같은 성격이 있다. 압록강 건너 연경까지 가는 경로에 있는 각 지역의 성읍, 마을의 규모, 연혁, 수비 병력 등을 세밀히 남겨 놓았다. 연경과 그 주변의 성곽, 수비 병력까지 정말 상세하여 기술한 것이 정말 놀랍다. 앞서 언급했듯이 이 시기 조·청 관계는 아주 아주 우호적이며 평화로운 시기였다. 그런데 이런 청의 비밀스러운 군사 정보를 조선의 고위 관료가 정탐해 여행기에 담은 것이어서 놀라운 것이다. 이것은 마치, 오늘날 한국의 외교부 장관이 대통령 특사로 미국 워싱턴에 가면서, 미국 영내의 모든 미군 시설, 워싱턴 방어 태세를 상세하게 정탐해 장문의 보고서로 남겼다는 것과 같다. 그 때문에 서호수의 의도가 이상하고 궁금하다.

그 외에 천문학, 음악, 당시 청의 연극 소개, 그리고 청의 정계 인물 언행이나 베트남 사정 파악 같은 다양한 이야기가 수록되어 있다. 특히 청의 연극 부분은 당시 이렇게 많은 연극 보고 상세히 기록을 남긴 조선 선비는 서호수뿐일 것이다. 단지 몇 줄이 아니라 많은 이야기를 담았다. 저자의 박학다식한 풍모도 중요하지만, 최신 해외 정보를 철저히 파악하는 태도야말로 더 존경받을 만하다.

서호수는 끝내 재상이 되지 못했다. 만인지상의 재상 자리는 뛰어난 능력만으로 되는 것은 아닌 그 이상의 무언가가 더 필요한가 보다. 하지만 이토록 많은 공적을 남긴 그는 죽은 후, 국가로부터 정헌(靖憲)이란 시호를 받았다. 서호수는 이『열하기유』외에 조선의 전통 농법을 기본으로 청의 농법을 소개한 『해동농서(海東農書)』, 역대의 역법과 의기(儀器)의 제도를 정리한 『국조역상고(國朝曆象考)』 등을 남겼다. 이제 『열하기유』의 내용을 조금 보자.

사행단은 5월 27일 구성되었다. 6월 7일에는 평안도 안주를 지나 11일 의주에 도착했다. 원문에는 용만(龍灣)으로 나온다. 그런데 문제는 한여름 장마였다. 장맛비에 열흘을 더 머물렀다. 이후 압록강을 건너서도 계속 빗속을 뚫고서 열하로 가야 했다. 21일에는 청이 7월 10일까지 열하에 도착하라고 통보한다. 다른 안남(베트남), 남장(南掌, 라오스), 면전(緬甸, 미얀마) 등의 사신들도 7월 10일까지 온다는 것이다. 그렇지만 불과 20여 일 만에 요동, 요서를 모두 통과해 하북성(河北省) 북부 열하까지 기마병도 아닌 사행단이 간다는 것은 매우 어려운 일정이다. 그날 사행단은 서둘러 압록강 강을 건넌다. 산해관 밖까지 행로에서는 변변한 숙소가 없어 노숙도 자주 해야 한다. 청의 지역 관리들도 사행단의 편의를 제공해야 하는데, 실제 상황은 그렇지 않았던 것 같다. 27일 요양(遼陽, 전통적인 요동의 중심도시)에 도착해 묵는다. 『열하기유』에서 이 기간 기록에는 현지의 군사적 상황은 물론 조선과 청, 명이 얽히고설킨 17세기 초반의 역사적 사건과 관련된 사항이 많다. 아무래도 청과는 묵은 원한이 많기 때문일 것이다. 17월 1일 요하(遼河)를 건넌다. 4일 정안보(定安堡)에서 일부 행렬을 나누어 먼저 연경으로 보낸다. 6일 대릉하(大陵河)를 건넌다. 대릉하는 요령성(遼寧省) 서쪽의 강이다.

9일 조양(朝陽)에 도착해 관제묘(삼국지 관우를 숭배하는 사당)에서 묵는다. 당시 조양현에서 큰 홍수가 일어나 큰 참사가 발생하였고, 직후 사행단이 도착한 것이다. 한편, 서호수는 관제묘 벽에서 이조원(李調元, 1734~1803년)이란 한족 학자의 시를 보고 감회에 젖는다. 과거 1776년 사행길에서 처음 만났고, 이후에도 서신 교환을 하는 등 교분을 가진 사이였기 때문이다. 11일에는 초원 지대인 야불수(夜不收)라는 곳에 도착한다. 12일 밤에 또다시 청의 독촉을 받는다. 군기대신 화신(和珅, 1750~1799년)이 사람을 보내 16일까지는 도착하라고 한다. 군기대신은 군사와 정무의 최고 기관인 군기처(軍機處)의 대신이다. 화신은 만주 정홍기(正紅旗) 출신으로, 건륭제 후반기 황제의 총애를 받아 최고 권력자가 되었다. 화신은 중국 역사에서 부정부패의 대명사로 불릴 정도로 악평을 받는 인물인데, 건륭제의 후계로 등극한 가경제(嘉慶帝, 재위 1796년~1820년)에 의해 제거되고, 재산은 모두 황제의 내탕금(內帑金)으로 귀속된다. 이때 드러난 화신이 은닉한 재물은 백은(白銀) 8억 냥이었는데, 청나라 11년 치 재정수입에 맞먹는 규모다. 그는 백성들로부터 엄청난 재물을 약탈했다. 그러나 사실 그 자금은 황제 건륭제의 내탕금(內帑金, 제왕의 개인 자금)으로 사용된 것이기도 하다. 즉 화신의 부정 축재 사건 주범은 건륭제이다. 서호수의 『열하기유』에서 가장 빈번하게 등장하는 청나라 사람은 화신이다. 15일 드디어 사행단은 열하에 도착한다.

　이제부터 서호수가 본 열하는 더는 강희제, 옹정제의 열하가 아니었다. 긴장된 국제정치와 황제의 학문 연구 공간이 아닌 늙은 건륭제의 거대한 오락장이었다. 건륭제는 피서산장에 거대한 극장을 짓고 연일 공연을 보며 인생을 즐겼다. 서호수는 조선의 공식 사절로서 직접 황제와 황실, 최고 권력층의 오락을 함께(직접) 보고 즐겨야 했다. 이런 풍조는 이미 10년 전 박지원이 열하에 갔을 때도 마찬가지였다. 150여 전의청은 조선을 짓밟고 천하에 우뚝 섰던 나라였지만, 서호수가 보고 느낀청은 '먹고 놀자'는 분위기였다. 물론 아직 청에 망조가 깃든 것은 아니었다. 이후로도 청은 한 세기 이상 제국의 지위를 누렸다. 16일 황제의팔순 잔치가 시작된 날, 조선의 공식 사절들은 새벽부터 피서산장으로들어가 건륭제를 알현하고 정조의 감사 인사를 전했다. 주변의 황제 측근 권력자 화신, 복강안(福康安, ?~1796년), 왕걸(王杰, 1725~1805년) 등도 만난다. 복강안은 만주 팔기의 양황기(鑲黃旗) 출신으로 건륭제의 효현순황후(孝賢純皇后) 조카다. 그리고 당대 유명한 장군 중 하나다. 왕걸은 한족출신으로 과거 수석 급제자이다. 동각대학사(東閣大學士)와 군기대신을지냈고, 강직했다고 평가받는다. 모두 이 시기를 다루는 중국 사극, 무협 드라마의 단골 주인공이니, 현재 중국인들의 인지도가 아주 높은 사람들이다. 이후 요란한 청의 연극을 관람하고 베트남 사절과 만나 회담도 한다.

청의 연극, 아니 중국의 연극 무대는 아름답고 화려하다. 서호수도 공연장의 모습, 무대, 제목, 배우의 분장, 반주 음악 등을 상세히 기록에 남겼다. 이때 공연된 연극은 매일매일 새로운 것이었다. 16일부터 19일까지 나흘간 매일 16장씩 총 64장을 보았다. 흥미로운 점은 만주족 복장과 변발로 통일된 청나라에서 오직 이런 연극에서만 한족의 전통 복장과 머리 모양을 볼 수 있다는 것이다. 또 흥미로운 점은 조선 사신들의 복장을 보고 현지 한족들이 조상의 모습을 떠올리며 눈물을 짓기도 했다는 연행사의 기록들도 있다. 조선 관복의 원래 모델이 명나라 관복이기 때문이다.

베트남 사절로 온 완광평(阮光平)과도 긴 대화를 나눈다. 그때 완광평은 베트남 왕으로 청에 자신을 소개했고, 조선 사신들에게도 그렇게 알렸다. 하지만 이것이 거짓이라는 것이 이후 밝혀진다. 여기에는 복잡한 사연이 있었다. 당시 베트남 사정을 잠시 보자. 베트남은 북쪽의 진씨(鄭氏)와 남쪽의 완씨(阮氏) 세력으로 분열되어 대립하였는데, 1771년 베트남 남부에서 완문혜(阮文惠, 1753~1792년) 삼 형제가 봉기하여 서산왕조(西山王朝)를 세워 남북의 세력을 모두 진압하고 일시적으로 전국을 통일하였다. 처음에는 민중 봉기로 시작했고, 과거 려씨(黎氏) 왕조 부활을 내세웠지만 통일 후 서산왕조를 세운 것이다. 이 과정에서 서산왕조는 려씨 왕조를 지지한 청과 전쟁을 해서 승리하고 강화조약을 맺었다. 이후 1790년 책봉을 받고 국교를 정상화하려 청에 사신으로 이제 서산왕조의 태조가 된 완문혜(재위 1788~1792년)가 조카 완광평을 파견한 것이다. 그런데 완광평이 자신을 베트남의 왕이라고 소개한 것이다.

그래서 베트남 사신은 조선의 정사에게 '조선 왕도 청에 친조(親朝)를 한 적이 있냐'고 물었다. 친조는 제후국 왕이 중국 천자의 조정으로 직접 가 알현하는 것을 말한다. 당연히 조선은 '없다'라고 답했다. 그 외에 일본과 거리, 1597년 조선의 이수광(李睟光, 1563~1628년)과 베트남의 학자

풍극관(馮克寬, 1528~1613년)이 교류한 이야기, 베트남 지리 등에 관해 환담한다. 조선과 베트남의 사신이 중국에서 만나 시를 주고받으며 교류한 것은 14기 초부터 19세기 후반까지 약 17회에 이른다. 그중 대중적으로 가장 널리 알려진 사례가 이수광과 풍극관일 것이다. 서호수는 베트남의 당시 상황, 특히 외교 교섭에 대한 상세한 기록을 남긴다. 심지어 완광평이 앞서 소개한 청의 권력자 복강안에게 뇌물을 주고 왕위를 받았다는 사실을 밝히고 있다. 청의 관리들도 부끄러워 이에 대해 말을 안 하고, 심지어 완광평 함께 온 베트남 사신들은 '완안평은 역적이다!'라는 말도 서호수 앞에서 서슴없이 내뱉었다고 기록한다. 그 완안평이 화신과 복강안을 만나면 반쯤 무릎을 꿇고 인사하는 비굴한 모습도 남긴다. 또, 화신의 아들은 서호수에게 '베트남 사람은 결코 깊이 사귈 것이 못 된다'는 말도 한다. 하지만 조선도 명·청 교체기 때 중국 관리에게 뇌물을 제공하는 등 낯부끄러운 대중 외교를 했었으니 굳이 비웃을 처지는 아니다.

청의 예부시랑 철보(鐵保, 1752~1824년)와 학문적 교류를 나눈다. 철보는 만주족으로 팔기군 중 정황기(正黃旗) 출신으로 학자, 서예가로 유명한 인물이다. 이 시기 팔기군은 군사 조직이 아니라 이미 만주족 귀족 집단으로 변하였고, 군과 조정의 요직을 장악한 권력의 핵심 세력이었다. 20일 황제의 명으로 각국 사신들은 열하의 문묘(文廟, 공자 사당)를 배알하고, 21일 열하를 출발, 25일 연경에 도착한다. 이 기간 사행단의 숙소는 원명원(圓明園, 청 황제들의 별장 또는 정원)이었다. 이후 일정도 대부분

원명원에서 진행된다. 원명원은 1860년 2차 아편전쟁 때 영국과 프랑스 연합군에 의해 철저하게 약탈, 파괴, 방화로 폐허가 되었고, 이제는 원래의 아름다운 모습을 다시 볼 수 없다. 이 사건에 대해 프랑스의 유명 작가였던 빅토르 위고(1802~1885년)는 '우리 유럽인은 문명이며, 중국인은 우리 눈에 야만인입니다. 이것이 바로 문명이 야만에 저지른 일입니다' 라고 쓴 분노의 편지가 지금도 전해진다. 이 사건은 그 당시에도 큰 충격이었고, 지금도 세계인의 비난을 받는 사건이다.

서호수는 당시 연경에 대한 상세한 기록을 남긴다. 성의 규모, 성곽과 성문의 구조, 수비 병력, 연혁, 주요 건물, 그리고 연경과 주변의 팔기군에 대한 기록도 상세히 남긴다. 나아가 연경의 수비 병력 현황과 주변지역의 병력 배치도 상세하게 파악해 모두 기록한다. 자금성(紫禁城) 9개 성문 방비를 소개한 부분에서 한 대목만 소개한다. 자금성 9개 성문의 내외 병력을 모두 기록하고, 누구의 지휘를 받는지, 언제부터 시행된 제도인지까지 밝히고 있다.

"내성 9문의 반직(班直)은 문마다 성문령(城門領) 2명, 문천총(門千摠) 2명, 성문리(城門吏) 2명, 효기(驍騎) 260명, 포수 18명이다. 외성 7문의 팔기 반직은 문마다 …… 다 순치(順治) 원년(1644년)에 정한 것이다."

이날 마테오 리치(1552~1610년)의 묘에 참배하고 추모의 글을 지어 바친다. 서호수는 가톨릭 신자는 아니지만 마테오 리치와 유럽의 천문학에 이미 흠뻑 빠져 있었다. 유럽과 유럽 선교사의 업적에 대한 기록도 『열하기유』에 남긴다.

8월 1일 원명원에서 건륭제는 조선과 각국 사신들의 알현을 받고 또 다시 화려한 생일 연회를 베풀어 준다. 연극관람도 이어진다. 이때 기윤 (紀昀, 1724~1805년) 등 청의 최고 학자들과 만나 교류한다. 기윤은 그 유명한 1781년『사고전서(四庫全書)』를 출판할 때 총찬수관(총편집자)을 지낸 대학자이다. 『사고전서』는 건륭제의 명으로 만든 전무후무한 규모의 백과사전이다. 이런 책을 총서(叢書), 유서(類書) 등으로 부르는데, 3,458종, 7만 9,582권의 천하의 모든 책을 수집해 경(經, 유교경전), 사(史, 역사서), 자(子, 유가 이외의 사상서), 집(集, 문집)의 4부로 분류 편집되어 있다.

한편,『사고전서』편찬에 필요한 책을 수집하면서 금서로 지목된 서적을 적발해 폐기하고, 저자를 처벌하는 "문자의 옥(文字之獄)"도 다시 발생하였다. 그『사고전서』의 총편집자였던 기윤과 대담을 서호수는 소개하고 있다. 이 자리에서 서호수는 함경도의 합란전(合懶甸)은 고려 때부터 조선 땅이었다는 것 등 기윤이 과거 편찬한『대청일통지(大淸一統志, 청나라 지리지)』의 여러 오류를 지적한다. 그리고 기윤이 편찬한『명사(明史)』를 한 부 달라고 요청한다. 이에 대해 기윤은 오류를 인정하였고, 나중에 황명을 얻어『명사』를 주겠다는 약속한다. 정인지(鄭麟趾)가 편찬한『고려사(高麗史)』, 서경덕(徐敬德)의『화담집(花潭集)』등을 자신이 소장하고 있고,『사고전서』에도 수록했다고 자랑한다. 서호수가 합란전에 대한 영유권 문제를 제기한 것은 조선 사신으로서 당연한 모습이지만, 양국의 대표 학자들의 대담이라 서로 자기 지식을 과시한다는 생각도 하게 된다. 이 환담으로는 부족했는지, 서호수는 조만간 기윤의 집을 직접 방문하겠다고 약속한다.

그다음 날도 연극을 관람한다. 이후 황제가 소견(召見, 불러서 봄)하는 근정전으로 간다. 청의 관리들이 황제를 알현하는 장면을 목격하고 기록에 남긴다. 청의 신민들이 황제에게 바친 생신 선물이 진열된 가설물들이 자금성 서화문(西華門)에서 원명원까지 장장 20리에 뻗친 모습도 보고 기록에 남긴다.

3일도 같은 일정의 반복이다. 이날 앞서 소개한 왕걸이 조선의 여러 서책을 받고 싶다고 요청한다. 고려 말 정몽주의 문집 『포은집(圃隱集)』, 조선 중기 한백겸이 쓴 기자조선(箕子朝鮮)이 평양에서 실시했다는 정전제(井田制)에 대한 연구논문 『기전고(箕田攷)』 등이다. 이후 귀국해 부쳐준다. 4일에도 같은 일정인데, 황제가 참석자들에게 하사품을 나누어 준다. 이때 아계(阿桂, 1717~1797)가 그 일을 한다. 아계는 만주 정람기(正藍旗) 출신의 명장이다. 저자 서호수는 화신, 복강안 등의 저열하고 탐욕스러운 행실을 비교하며, 아계를 높이 평가하는 기록도 남긴다. 5일에도 똑같이 연극관람이 공식 일정이다. 관람이 이후 황실 귀족, 몽골의 왕들, 각국의 사신 등 참석자들은 배를 나누어 타고 화려하고 아름다운 원명원의 호수를 유람한다. 7일부터 9일까지는 연회가 없었다. 10일이 청 태조 누르하치의 제사 기일이었기 때문에 재계(齋戒, 제사를 앞두고 몸과 마음을 깨끗이 하고 행동도 조심하는 것)하기 때문이다. 9일, 그 대신

이화원 쿤밍호(昆明湖)

에 황제의 또 다른 별궁인 이화원(頤和園)을 황제와 함께 구경한다. 이때 공자의 72세 후손 연성공(衍聖公)을 만난다. 공자의 후손들은 대대로 역대 왕조에 의해 높은 대우를 받았는데, 그중 한 명이 연성공이란 작위를 황제로부터 하사받는 것이다. 10일도 중요 일정은 연극관람이다. 12일에는 건륭제도 조부 강희제처럼 전국의 노인 천 명 이상을 초청해 천수연(千叟宴)을 베푼다. 건륭제는 이때뿐 아니라 이미 1785년에도 즉위 50주년을 기념해 천수연을 했는데, 그때는 조선의 대표로 사행단의 부사로 임명된 강세황(姜世晃, 1713~1791년)이 참석했었다. 강세황은 그 유명한 김홍도(金弘道, 1745~?)의 스승이며, 조선 화단의 총수로서 그때 나이가 70이 넘었다.

이날 서호수는 흠천감(欽天監) 탕사선(湯士選, 1751~1808년)을 만나러 자금성의 북문인 선무문(宣武門)으로 간다. 선무문 안에 가톨릭 성당이 있었는데, 탕사선이 퇴궐 전이라 못 만나고 대신 유사영(劉思永)을 만난다. 여기가 그 유명한 남당(南堂) 성당이다. 두 사람 모두 유럽의 선교사이다. 당시 유럽의 선교사들은 대개 청의 황제 곁에서 머물며 이런저런 일을 했다. 이후 탕사선도 와서 세 사람은 길고 긴 유럽의 천문학에 대한 환담을 이어간다.

13일, 드디어 황제의 생일 만수절(萬壽節)이 왔다. 전통적인 예식 절차에 따른 행사가 진행되었고, 여기에 조선 사신들도 모두 참석한다. 서호수는 전체적인 진행을 설명하면서, 중간중간 관련 역사와 유래, 음악 등에 대한 상세한 고증 자료들도 빼지 않고 모두 기록으로 남겼다. 이후 황제가 내전에서 가족의 하례를 받는 동안, 황족, 신료, 사절들은 또 연극관람을 한다. 14일, 숙소에서 머물며 황제의 선물, 기윤이 보낸 단계연(端溪硯)과 그림을 선물로 받는다. 단계연은 광동성에서 나는 최상품 벼루이다. 박제가와 유득공은 기윤을 찾아가 송별시를 서로 주고받는다. 15일 추분에 황제를 따라 각국의 사신들도 석월단(夕月壇)의 제례에 참석한다. 16일, 원명원에서 황제를 다시 맞이한다. 이때 황제는 조선 사신들의 고두(叩頭, 머리를 조아리는 예)를 면제해준다. 이를 두고 청의 대신들이 특별대우라고 말했다. 17일, 청의 예부에서 조선이 올린 표문(表文, 황제에게 올리는 글)에 대한 황제의 칙서를 내린다. 18일, 근정전에서 황제의 소견에 참석, 19일 연극관람, 20일 또 황제의 연회로 이어진다. 한편, 서호수는 21일 연성공이 보낸 시를 받고, 22일 유럽 선교사 색덕초(索德超)에게 편지와 선물을 보냈고 답례를 받는다. 24일, 공부상서(工部尙書) 김간(金簡, ?~1794년)이 조선의 종이 죽청지(竹淸紙) 등을 요구해 보내자, 답례로 비단 등을 보내왔다. 김간은 조상이 조선 출신인데, 당시 청의 조정과 황실에는 이처럼 조선 출신 후예가 지배계급이 된 사례가 종종 있었다. 25일에는 또 다른 청의 대학자 옹방강(翁方綱, 1733~1818년)에게 박제가를 보내『혼개도설집전(渾蓋圖說集箋)』이라는 책의 오류와『춘추(春秋)』의 사가삭윤표(四家朔閏表)를 바로잡아 달라고 부탁한다. 천문과 역법에 관한 질문으로 보이는데, 몰라서 부탁했다기보다는 토론하고 싶었던 것 같다. 이후 옹방강은 관련 질문을 하고 서호수가 답하기도 한다. 27일에는 철보에게 편액과 대련을 선물 받았는데, "학산견일정(鶴山見一亭)"이란 글을 보아 서호수가 지은 정자를 말하는 것 같다. 철보의 서법(書法)이 마음에 들었다고 한다. 28, 29일 청의 서적을 대량 구입한다. 그의 집안은 대대로 청의 서적을 구매하는 데 열을 올렸고, 집에 소장한 책이 많아서 유명했다.

9월 2일 옹방강이 「혼개도설집전발어(渾蓋圖說集箋跋語)」를 지어 보낸다. 3일 청의 아계, 화신 등이 1786년 편찬한『황청개국방략(皇淸開國方略)』에 실린 삼학사의 죽음에 관한 기록을 입수한다. 삼학사란 병자호란 때 척화론을 주장하다가 청에 끌려가 죽임을 당한 젊은 학자 홍익한(洪翼漢), 윤집(尹集), 오달제(吳達濟)를 말한다. 당시 조선 사회는 이들의 순국을 높이 기리고 있었지만, 죽임을 당하는 순간을 목격한 조선인이 없어 정확한 기록이 없었다. 박제가가 유리창(琉璃廠)의 서사(書肆)에서 이 책을 보고 몇 줄 글을 베껴와 비로소 조선 전체가 삼학사 죽음의 진상을 알게 되었다. 이런 활약을 마친 사행단은 4일 드디어 귀국길에 오른다.

4장

내 나라 내 강토

왜란과 호란으로 조선의 재앙은 끝나지 않았다. 17세기 내내 사상 초
유의 기상이변과 대기근, 질병이 조선 백성들의 목숨을 앗아갔다. 당시
재앙 중 가장 널리 알려진 것이 경신대기근(庚辛大飢饉)이다. 경술년과 신
해년, 조선 현종 11년(1670년)과 12년(1671년)에 걸쳐 발생한 대기근이다.
이때 굶주림과 전염병으로 죽은 백성이 100만 명이었다. 당시 인구 수
준을 보면 엄청난 참사였다. 1695년(숙종 21년)에 또다시 2년에 걸친 을병
대기근(乙丙大飢饉)이 또 발생한다. 이때도 엄청난 백성이 죽었다. 당시 인
구가 변동한 기록으로는 사망자가 141만 명에 이른다는 주장도 있다. 이
때 다급한 조선이 청나라에 구원을 요청하자, 강희제가 조선에 구휼미
5만 석을 보내준다. 앞서 1671년 경신대기근 당시 청의 강희제는 조선에
대해 묘한 말을 했다. 당시 동지사(冬至使)로 청에 다녀온 복선군 이남(李
柟, 1647~1680년)과 부사 정익(鄭榏, 1617~1683년)이 보고한 내용이다. 강희제
는 조선의 참상이 천재이지만, 인재의 측면도 있다고 의심한 것이다.

　"청의 황제가 또 말하기를 '너희 나라 백성이 반궁하여 살아갈 길이 없어
서 다 굶어 죽게 되었는데 이것은 신하가 강한 소치라고 한다. 돌아가서 이
말을 국왕에게 전하라.' 하기에, 신들이 대답하기를 '어찌 신하가 강하여 이렇
게 백성이 굶주리게 되었을 리가 있습니까. 근년 이래로 우리나라에 홍수와
가뭄이 잇달아서 연이어 흉년을 당하였습니다.'

　　1695년, 한여름 폭우와 함께 때아닌 폭설과 서리가 내리는 등 기상이
변이 전국에서 발생한다. 이렇게 날씨가 매우 나쁘니 곡식은 제대로 자
라지 못해 죽었고, 추수철이 오니 곡물값이 치솟고 대기근이 조선을 덮
친 것이다. 이런 을병대기근 사태가 일어나자 숙종은 구황 대책을 논의
하고, 은자 1,000냥으로 진휼청(賑恤廳, 흉년 구제 관청)을 설치한다. 국가
중대사인 과거시험도 연기한다. 이듬해인 1696년 암행어사를 지방 곳곳
에 파견하여 지방관들을 감찰한다. 암행어사란 말 그대로 공개적인 어
사가 아닌 비밀리에 지방 관리를 감찰하는 관리로, 직급은 낮으나 왕에
게 직언하고 조정과 사대부를 감찰·탄핵하던 삼사(三司) 출신을 임명하
는 경우가 많았다. 이제 숙종의 암행어사들은 각 지방 수령들이 제대로
재해 구제를 하고 있는지, 직무에 태만하고 부정부패를 저지르고 있는
지 감찰하려는 것이다. 이런 암행어사 중에 박만정(朴萬鼎, 1648~1717년)이
있었다.

　　박만정은 1683년(숙종 9년) 증광 문과(增廣文科)에 병과로 급제하고, 사
헌부 정언(正言), 홍문관 교리(校理), 사간원 사간(司諫), 왕세자 교육을 하
는 세자시강원(世子侍講院)의 보덕(輔德) 등을 역임했다. 대부분의 관직 생
활을 청요직이라는 주로 삼사에서 활동한 사람이다. 그런데 암행어사
임명 당시는 보덕에서 쫓겨난 상태였다. 숙종 때 가장 큰 정치적 문제인
장희빈과 그녀의 아들인 세자(훗날 경종)를 둘러싼 사건 때문이다. 1694

년 숙종은 중전이었던 장희빈을 격하하고, 정권을 쥐었던 남인을 축출하고 서인에게 정권을 다시 내주는 갑술환국(甲戌換局)을 단행하였다. 그 여파로 박만정도 보덕에서 쫓겨났는데, 정치적으로 남인이며 세자의 스승(보덕)이었기 때문이다. 그렇게 쫓겨난 1년 6개월 뒤 갑자기 암행어사로 임명이 된 것이다. 숙종은 당파를 떠나서 평소 박만정의 언행을 신뢰했던 모양이다. 1696년 3월 6일, 숙종은 박만정 등 3인을 암행어사로 임명한다는 명령을 승정원(承政院, 왕명 출납기관)에 내린다. 박만정이 담당한 곳은 황해도였다. 이 시절 이익(李瀷)이 조선의 3대 도적 중 하나로 지목한 장길산(張吉山)도 황해도 일대에서 활동하고 있었다. 이후 65일 동안 활동하고, 돌아와 서계(書啟)와 별단(別單, 첨부문서)을 작성하고 5월 12일 복명하여 모든 임무를 마친다. 이후 『해서암행일기』로 당시 활동을 정리한 것이다. 해서는 황해도다.

오마패

이제 내용을 보자. 일기의 시작은 3월 6일 군자감정(軍資監正) 이의창(李宜昌, 1650~1697년)을 함경도 암행어사로, 이조정랑(吏曹正郎) 이정겸(李廷謙, 1648~1709년)을 충청도 암행어사로, 그리고 자신을 황해도 암행어사로 임명한다는 왕의 전교(傳敎)부터이다. 다음날 3월 7일 하인을 시켜 승정원에서 명패를 받아와 대궐로 들어 승정원에서 봉서(封書)를 받는다. 그 안에는 총 4장이 있는데, 첫 장은 민간에서 염탐할 17건의 조목, 다른 장은 전결 (田結, 논밭의 세금)에 관한 사항, 또 다른 장은 암행어사가 지켜야 할 계칙 (戒飭), 마지막 장은 암행할 고을을 추생(抽栍, 제비뽑기)한 것이다. 모두 왕 의 친필이다. 박만정이 할당받은 황해도 고을은 모두 12곳이다. 그런데 아직은 개봉하면 안 된다. 혹시 임무를 맡아 임지(任地)로 출발하기 전 에 소문이라도 먼저 돌면, 암행어사에게 온갖 청탁과 압력이 몰려 들어 와 모든 것이 헛일이 될 수 있기 때문이다.

그 외에 왕이 내린 구급약, 정목(正木, 품질 좋은 광목) 네 필, 백미와 콩 등 암행어사 활동 경비를 지급받는다. 이조판서 이세화(李世華, 1630~1701 년)가 여비로 돈 닷 냥을 보내주고, 다른 인사들도 찾아와 작별 인사를 한다. 다른 암행어사들과 함께 동대문 밖으로 나가 관왕묘(關王廟, 삼국 지 관우의 사당, 현재 동묘 또는 동관묘라고 함.)에서 받은 봉서를 뜯어 내용을 처음으로 확인하고 각자의 임무를 확인한다. 마치 소설『춘향전』의 이 도령이 암행어사에 임명된 직후 상황과 같다. 이후 지급된 마패 2개도 확인한다. 수행원은 홍문관의 서리(관아의 실무 관리) 김성익(金成翼), 청파 의 역졸인 선망(善望), 팔명(八命), 갑용(甲用)과 왕십리 역졸 선종(善宗), 그 리고 자신의 집 노비 계봉(季奉) 총 6명이다.

제대로 떠날 채비조차 갖추지 못하고 날이 저문 후 조용히 길을 떠 난다. 8일 임진강(臨津江)을 건너 저녁이 오자 경기도 장단에 도착해 부 사로 있던 남필성(南弼星, 1632~?)을 몰래 찾아간다. 남필성은 박만정의 사 돈이다. 그의 관아에서 잠시 쉬고, 행자(行資, 여비)도 조금 얻으려는 것이다. 앞서 함께 함경도 암행어사로 임명된 이의창도 남필성의 생질이어서 여기에 들려 식량을 얻어 간다. 당시 조선에서 여행하려면, 미리 먹을 양식과 입을 옷가지, 기타 용품을 미리 준비해 떠나야 한다. 더욱이 흉년이라면 구걸도 어려워 길에서 객사하기 쉽다. 상업과 화폐경제가 발달하지 않아 오히려 돈은 많이 필요하지 않다. 양반들은 박만정처럼 이런 인적 네트워크를 통해 여행할 수 있었다. 공무도 아닌데 관아의 객사에서 묵을 수 없어서인지, 밤늦게 관아를 나와 주막에서 하룻밤 묵고 이튿날 새벽 다시 길을 떠난다.

드디어 9일 개성을 지나 황해도 금천(金川)에 도착한다. 이때 두통과 오심증(惡心症)으로 쓰러진다. 할 수 없어서 어느 민가로 들어가 구급약으로 준비한 평위산(平胃散, 위 기능을 회복해주는 가루약)을 한 첩 달여 먹고 겨우 정신을 수습한다. 당시 조선의 의료서비스 수준에서 사전에 상비약을 구비하는 일은 생존을 위해 꼭 필요했다. 그래서 글 읽는 선비는 한의학도 공부했고, 사대부 수준의 집에는 좋은 한약을 늘 구비하고 있었다. 이후 집주인에게 황해도 수령들에 대해 상세히 탐문한다. 10일 백천(白川)으로 들어간다. 거기서 궁핍한 촌민들을 만나 사정을 듣는다. 12일 연안(延安) 서쪽 수곡(水谷)에 도착해 평상복을 벗고 떠돌이 행상인으로 가장한다. 임무지에서 위장복을 입고 본격적인 암행어사 업무를 개시한 것이다. 연안과 해주 사이의 바닷가 마을 평산(平山)에 도착했으나, 밀물 때라 바다로 이동할 수 없어, 그 동네에서 묵을 곳을 찾는다. 하지만 낯선 행상인 무리를 재워줄 집을 구하기 쉽지 않다. 겨우 한 집의 양해를 얻어 주인과 한방에서 잠을 잔다. 밤새 그의 사연을 듣는다. 자신의 조상이 임진왜란 때 호종(扈從, 왕을 따르는 일)한 일로 원종공신(原從功臣, 작은 공로를 세운 공신)이 되었는데, 자신이 이제 힘든 군역에 종사하게 되어, 면제받고자 정소(呈訴, 관청에 소를 제기)를 하고 싶다는 사연이다. 군역 면제는 예나 지금이나 평범한 서민의 꿈일 것이다. 다음날 해주 도착, 14일에는 허정(許亭)이란 근사한 정자에서 쉬며 밥해 먹을 생각으로 거짓말을 한다. 그곳 정자지기에게 '내가 네 상전하고 친구였던 사이다. 그러니 여기서 아침밥 좀 해 먹자고 속인다. 어리숙한 정자지기가 그러라고 해서 아침밥을 지어 먹을 수 있었다. 18일에는 문화(文化) 서쪽 초리(草里)에 도착해 어떤 집에 하룻밤 유숙을 청했지만 막무가내로 거절당한다. 다른 집에 또 청하니, 자신의 집에는 마마(천연두)를 앓는 아이가 둘이라고 또 거절당한다. 또 청하자, 3월이지만 마루에 돗자리 깔고 잘 수 있게 된다. 동네 사연을 들으니, 도적이 창궐해 자신도 다른 마을로 이사 가려고 했지만, 아픈 아이들 때문에 어쩔 수 없이 머문다는 것이다. 언제나 도적은 대개 부잣집을 터는 것이 아니라 가난한 집부터 터는 모양이다.

19일에는 안악(安岳) 청파 마을에 도착하는데, 암행어사 일행의 양식이 모두 떨어졌다. 결국, 서리 김성익을 인접 지역인 평안도 용강 현령 유구징(柳龜徵, 1649~1713년)에게 보내 양식을 구해오도록 조처한다. 유구징은 저자 박만정의 오랜 친구였다. 그리고 남은 일행도 여드레 기한으로 쌀 한 말을 꾸러 다닌다. 이쯤 되면, 암행어사가 아니라 구걸하는 걸인이다. 결국 그도 평안도로 들어가 21일 용강 관아에서 유구징을 잠시 만나 양식 등을 지원받는다. 22일 배를 타고 다시 황해도 황주 서쪽 송산리(松山里)로 들어간다. 23일 산산진(蒜山鎭)에 도착했다. 신달현(申達賢)이란 사람 집에서 양식을 주고 저녁밥을 지어달라 부탁한다. 평산 신씨(平山申氏) 양반인 듯하다. 그리고 주인과 한담을 하는데, 그의 손님인 임우(任瑀)란 사람이 그 집에 찾아왔다. 그가 박만정을 보자, 자신이 지난해 서울에 가서 친척 임상원(任相元, 1638~1697년 공조판서 형조판서 역임)을 만났던 일을 말한다. 그때 자신이 당신(박만정)을 봤다고 말한다. 이에 박만정이 깜짝 놀라 자신은 시골 사람이라 서울의 임 판서를 모른다고 딱 잡아뗀다. 신분이 노출되면 암행어사 임무에 큰 어려움이 발생하기 때문이다. 하지만 조선팔도 작은 나라에 양반집이 얼마나 되겠는가. 더욱이 한양도 아니고 시골 마을이라면 양반이 희귀했을 것이다. 결국 이런 날이 온 것이다. 그러나 대기근이 덮친 조선에서 낯선 외지인을 반겨줄 여유가 있는 평민은 거의 없을 것이다. 어쩔 수 없이 하룻밤 유숙이 가능한 여유있는 양반집을 찾았다가 일어난 일이다. 다음 날 새벽, 비는 세차게 내리지만 박만정 일행은 도망치듯 그 집을 나와 출발하려 한다. 그러자 주인이 뛰어나와 식사하고 가라고 만류한다. 어젯밤 그 대화로 박만정의 정체가 이미 탄로 난 것으로 보인다. 겨우 뿌리치고 출발해 신천(信川)에 도착한다. 다시 한밤이 오자 묵을 곳을 찾아 헤맨다.

마침내 묵을 수 있는 어떤 집을 찾는다. 일기에 기술된 내용을 보면, 병든 아이가 누운 단칸방인 듯하다. 그렇게 늦은 저녁을 먹는데, 이번에는 아이가 누어 그대로 변을 본다. 하룻밤 사이에 대여섯 번이나 그런다고 한다. 박만정이 부채로 코를 가리고 병세를 물어보아야 했다. 마침 집주인의 형이 찾아와 자신의 집으로 가자고 한다. 그렇게 그 집을 피하게 되었지만, 미안했던지 아이의 배꼽 주위에 뜸을 뜨라고 처방을 알려준다. 박만정은 그 아이의 증세는 호전되기 어렵다고 말한다. 이런 그의 고생길을 계속 이어진다. 그런 와중에 본연의 임무인 비밀스러운 관리 감찰 업무는 계속한다. 핵심은 백성을 만나 열심히 탐문 하는 것이다. 매일매일의 기록이 오늘은 어디서 누구를 만나 무엇을 물었고, 무슨 말을 들었다는 것이다. 대개는 다 궁핍한 삶에서 비롯된 사연들이다. 그리고 저녁 식사와 잠자리는 어떻게 해결했다는 이야기로 이어진다.

4월 6일, 드디어 "암행어사 출두야!"를 외치는 날이 왔다. 새벽에 신계(新溪) 관아의 객사로 암행어사 박만정과 그의 일행이 들이닥친 것이다. 아전들은 안절부절못하고, 현령 심능(沈棱)은 낯빛이 창백해졌다. 이미 백성들로부터 각종 비리에 대한 탐문을 마친 상태였다. 진위를 파악하기 위해 관아의 각종 문서를 검증하고 불법행위를 찾아내, 봉고파직(封庫罷職, 관아의 창고를 잠그고 관리를 파면함)한다. 그리고 현령의 인신(印信, 관인)과 병부(兵符, 군사명령 신표)를 회수해 겸관(兼官)에게 보냈다. 겸관은 말 그대로 한 명의 관리가 아닌 다른 관리도 함께 직무를 수행할 수 있도록 한 겸직제도를 말한다. 지방 수령을 교체할 때 불가피하게 생기는 공백 기간에 잠시 인근 고을의 수령을 겸관으로 임명하기도 한다. 관례대로 그날은 관아에서 하룻밤을 묵고 부족한 양식도 보충했다. 8일에도 곡산 부사 최박(崔樸)의 비리를 탐지해 관아의 객사로 들이닥친다. 마찬가지로 각종 문서를 검증했는데, 큰 하자(결점)가 없었다. 곡산 관아의 예방(禮房)이 공장(公狀, 관리를 만날 때 올리는 문서)을 올렸다. 이윽고 부사 최박이 찾아와 어사 박만정을 보고 갔다. 9일 문성진(文城鎭)으로 갔다. 첨사(僉事, 진의 군사책임자) 정달도(丁達道)가 융복(戎服, 군복)을 갖춰 입고 박만정을 찾아와 만났다. 진휼 관련 문서를 검증하고, 곡산 객사로 돌아와 유숙한다.

10일은 광산진(光山鎭)에 도착해 진휼 관련 문서를 검증한다. 그리고 만호(萬戶, 진의 무관) 유상만(柳尙萬)이 융복을 입고 찾아와 만났다. 저녁에 다른 마을로 이동하다가 하룻밤 묵게 된 지역 주민에게서 어사 행차 관련 소식을 듣는다. 관아의 관패자(官牌字, 관보를 알리는 글)에 어사 행차가 이곳을 지나니 큰 쏘가리를 잡아 바치라는 내용이 있다는 것이다. 이미 박만정의 정체와 이동 경로가 어느 정도 드러난 것이다. 더 큰 문제는 그 핑계로 큰 쏘가리 공납을 받으려는 관아의 태도다. 그 주민은 최근의 가뭄으로 큰 시냇물이 다 말랐는데, 어떡해야 할지 모르겠다고 박만정에게 하소연한다. 11일 수안군(遂安郡) 관아로 들어가 진휼 관련 문서 검증을 실시한다. 그리고 군수 이만엽(李萬葉)도 만난다. 그날 밤은 관아에서 묵고, 다음날 12일 한양 본가로 편지를 보내며, 끌고 온 역마 4필, 역졸 4명도 돌려보낸다. 대신 수안군에 소속된 역졸 이상(二相), 선이(善伊), 억만(億萬), 귀선(貴先) 4명과 말을 차출하였다. 수안을 떠나, 15일 새벽 비가 내리는 가운데 백천군(百川郡) 관아로 들이닥쳤다. 그리고 앞서 신계와 마찬가지로 각종 문서를 모두 검증해 군수 이동형(李東亨)의 비리를 확인하고, 봉고파직 등의 처분을 내렸다. 그리고 저녁에 연안(延安)의 외동헌(外東軒, 공적인 근무 공간)에 묵는다. 16일도 연안 외동헌에 머물며 문서작업을 한다. 연안부사 이관주(李觀周)가 공장을 올리고 찾아왔다. 17일 새벽 서리 김성익이 연일 강행군에 감기에 걸려 힘든데도 억지로 출발하며, 참소음(參蘇飮, 차조기로 만든 감기약) 한 첩을 먹인다.

18일, 해주 객사로 들어간다. 해주목사 이야(李壄, 1648~1719년), 용매 만호 정영한(鄭榮漢), 청단 찰방(察訪, 역참 관리자) 오정석(吳挺奭) 등이 공장을 들고 와 차례로 만난다. 황해도 관찰사(원문에는 감사) 이징명(李徵明, 1648~1699년)도 찾아와 만난다. 이징명, 이야, 박만정, 이 셋은 모두 나이도 같고, 등과(登科, 과거급제)도 같이 한 사이라서 즐겁게 이야기를 나누었다. 하지만 암행어사 직무와 흉년이기 때문에 술 한 잔 나누지 못하고 헤어지자, 한스럽다고 일기는 기록하고 있다. 그런데 저자 박만정은 장희빈과 그녀의 아들(세자)을 옹호하다가 파직당했던 남인이고, 이이명은 송시열의 제자로서 장희빈을 탄핵하여 귀양을 갔었던 서인-노론이다. 서로 당색은 달랐는데 객지에서 만나니 더 반갑고 좋았던 것 같다. 19일 하루 해주 객사에 머물고, 20일 길을 떠난다.

이미 어사 소식이 지역에 알려졌다. 21일, 강령(康翎) 객사에 들어가 문서를 검증하고 현감 김세형(金世衡)도 만났다. 오후 등산곶(登山串)으로 간다. 진(鎭)로 가는 길에 보이는 해안 풍경은 절경인데, 마을과 관사는 너무도 피폐해 개탄스러워한다. 다음날 22일 만호 황상윤(黃尙潤)을 만나고 다시 강령으로 돌아갔다. 23일 새벽에 출발했는데, 바다 밀물을 만나 육로로 옹진현(甕津縣)에 도착한다. 현령 박준번(朴俊蕃)을 만나니, 황당선(荒唐船) 문제로 힘들다고 호소했다. 황당선은 앞서 소개한 대로, 정체불명의 외국 배로 대개 불법적인 행동을 해 단속하려 하지만 쉽지 않았다고 한다. 이 지역은 오늘날과 마찬가지로 청나라 배의 불법 어로행위가 기승을 부렸다. 얼마 전에도 조선 수군이 추적했지만 잡지 못했다고 보고했다. 24일 장연부(長淵府)에 들어가 객사에 묵었다. 부사 임원성(任元聖)을 만나 이야기를 나눈다. 마침 오랜 가뭄 끝에 큰비가 오자 임원성이 이 비를 "어사우(御史雨)"라고 부르자고 해 크게 웃는다. 실제 역사에서 어사우라는 말은 종종 등장한다. 25일 송화현(松禾縣)의 객사에 도착해 관련 문서 검증을 하자, 현감 김해(金瀣)의 불법이 드러났다. 마찬가지로 인신과 병부를 거두어 겸관에게 보냈다. 저녁에 풍천(豊川)에 도착해 한밤인 이경(亥時, 21:00~23:00)에 관아의 객사로 들어간다. 배도 고프고, 해무(海霧)에 젖어 피곤하여 괜히 심부름하는 통인(通引)과 사령(使令), 아전(衙前, 관아 하급관리)에게 심통을 부린다. 따뜻한 온돌방을 달라고 투정한 것이다. 결국 따뜻한 외동헌에 묵게 되었다. 다음날 허사(許沙) 첨사 박지병(朴之屛)이 시행한 진휼 관련 문서를 검증한다. 부사 이세강(李世剛)이 공장을 올리고 찾아와 만났다.

27일 길을 나섰는데, 거리에 붙은 방문(榜文)을 보게 된다. 방문은 오늘날 대자보같이 어느 민간인이 무언가 알리기 위해 쓴 벽보다. 대개 한글인데 이번 방문은 형식을 갖춘 한문체였다. 내용은 풍천 부사의 죄상을 알리는 것인데, 박만정은 아전들 소행으로 여긴다. 누군가가 그들이

어사 행렬인지 알고 소리를 질렀다. 이후 은율(殷栗) 객사에 도착해 현감 한종운(韓宗運)을 만난다. 다시 출발해 오후 장련(長連)에 도착한다. 28일 은율 관아의 문서도 조사하고 현감 이행도(李行道)도 만난다. 안악군(安岳郡)에 도착해 군수 이익주(李翊周)를 만나 안악의 인심이 예전과 비교해 야박하고 고약해졌다고 지적한다. 하지만 흉년과 기아 탓이지 사람을 탓하는 것이 좀처럼 이해가 가지 않는다. 그도 일기에서 밝혔지만 안악 관내에서 험한 꼴을 당하지도 않았기 때문이다. 29일 문화현(文化縣) 객사에 도착한다. 현감 어진척(魚震陟, 1631~1703년)도 만난다. 어진척은 박만정의 외족 5촌 당숙(堂叔)인데, 법적으로는 4촌이 아니라서 상피(相避, 친족 또는 기타 관계로 같은 곳에서 벼슬하는 일 따위를 피함) 관계는 아닌 듯하다. 고려·조선 시대에는 각종 비리와 전횡을 막고자 4촌 이내의 친인척이나 같은 지역 출신은 같은 관청의 상하 통솔 관계, 청송관(聽訟官, 소송을 맡는 관리)과 시관(試官, 시험을 맡는 관리) 등으로 근무하지 못하게 만든 것이 상피제도이다. 이 제도는 4촌 이상으로 확대 적용되기도 했는데, 그러면 어진척과 박만정은 상피 대상이 된다.

30일 새벽에 출발해 재령군(載寧郡) 객사에 도착해 아침밥을 먹는다. 이후 군수 심익창(沈益昌)을 만나고 다시 출발해, 5월 1일 산산진(蒜山鎭)에 도착해 동헌(東軒)으로 들이닥쳤다. 어사출두 소식에 첨사 송영기(宋永基)가 사람들과 쌍륙(雙六) 놀이를 하다가 놀라 도망갔다. 이후 진휼문서를 검증하려는데, 아전들도 모두 도망쳐 한동안 나타나지 않았다. 이후 사람들이 하나둘씩 나타나 겨우 일을 마친다. 저녁에 출발해 황주

(黃州) 객사에 도착한다. 병사 홍하명(洪夏明, 1645~1705년 무신)과 판관 홍수제(洪受濟, 1637~1698년)를 만난다. 2일 성문을 나서는데, 억울한 옥살이하는 남편의 구명을 호소하는 여인을 만나 그 민원을 해결해 준다. 봉산군(鳳山郡) 객사에 도착해 늦은 아침밥을 먹고 군수 이행성(李行成)을 만난다. 또 그의 친척인 어사형(魚史衡, 1647~1723년) 등도 만난다. 이후 다른 민원인들을 만나 그들의 사연을 듣고 서계와 별단을 작성해 이후 왕에게 올렸다.

3일 출발해 이동하는 길에서 정주목사 이징구(李徵龜, 1641~1723)를 만나기도 한다. 서흥현(瑞興縣) 익손당(益損堂)에서 하룻밤을 묵으며 현감 이징즙(李徵楫)을 만났다. 이때부터 어사의 신분을 완전히 공개하기로 한다. 출발 전에는 먼저 선문(先文, 지방 출장 때 미리 도착을 알리는 공문)을 도착할 관아에 발송하고 행차한다. 4일 일찍 출발해 평산현(平山縣)의 총수산참(蔥秀山站)에 도착한다. 현령 유성채(柳星彩)가 나왔다. 오후 평산 객사에 도착해 금교(金郊) 찰방 김구(金禾+后)도 찾아왔다. 5일 금천 객사에 도착한다. 백천군(白川郡) 문서를 미리 이 객사에 옮겨 놓도록 해놓았는데, 아직 도착 전이다. 군수 이수장(李守長)이 찾아와 한양 출신 박희경(朴希慶)이 어사를 수행하는 관리를 사칭해 여러 고을에서 대접받다가 송도(개성)에서 잡혔다고 고한다. 이후 박희경은 해주 감영에서 처벌받고 한양으로 압송되었는데, 하필 그때 나라의 경사가 있어서 풀려나 버렸다고 한다. 박만정이 이 일을 일기에 쓰며 통탄한다. 관직자 사칭은 예나 지금이나 범죄다. 이후 가족 편지도 받고 금천의 친척들도 만난다. 6

일 귀로에 올라 7일 고양군 객사에 도착해 서계를 정리한다. 그렇게 한강 주변에 머물며 왕에게 올리는 원단(元單, 본문서)과 서계, 별단을 정리한다. 12일 대궐에 들어가 복명을 한다. 이렇게 일기는 끝난다.

끝으로 그가 올린 서계와 원단을 간략히 보자. 이것이 암행어사 임무의 마지막이기 때문이다. 먼저 서계를 보자. 서계는 전체 요약문이기에 간략한 경위와 주제 정도만 드러난다. 이어서 원단을 보면, 감찰 대상 고을의 지방관이 시정으로 했던 것들과 그 평가다. 연안 부사 이관주, 곡산 부사 최박, 안악 군수 이익주, 광산 만호 유상만, 황해 감사 이징명, 병사 홍하명 등에게는 아주 후한 평가를 한다. 그들이 펼친 시정(施政)들도 상세히 적었다. 대개 평소 공평한 과세를 하고, 흉년에 감세하였다는 내용이다. 최박의 경우, 고을에서 원래 생산하지 않았던 작물(면화)을 재배토록 지도하여 농가 소득을 올리도록 민생을 잘 살폈다는 것이 눈에 띈다. 반면 최악의 평가는 백천 군수 이동형, 신계 현령 심능, 송화 현감 김해, 소강 첨사 이용(李溶), 산산 첨사 송영기, 신당 만호 이응준(李俊雄) 등이다. 부임 이후 잘한 것은 하나도 없다는 평가를 받은 심능의 경우를 보자. 평소에도 고율로 징세하고, 관청의 곡식과 돈을 유용한 혐의도 있다. 특히 규휼과 관련해서 상인과 결탁해서 백성 구제용 곡식을 빼돌려 팔아 횡령도 하였다. 읽다 보면, 이 시절 탐관오리의 수법도 알게 된다. 그 외에는 다 애매한 경우다. 잘한 행적과 잘못한 행정, 악행, 민심 등을 기록해 보고하였다. 아마도 왕이 직접 판단해야 할 것이다. 마지막 별단은 17가지 항목으로 황해도 감찰에 대한 전체 보고서, 정책을 건의하는 상주문, 지역별 대책 같은 것이 수록되어 있다. 꼼꼼히 읽으면 당시 백성들의 상황, 각종 제도 등에 대해 지식을 많이 얻을 것이다.

18세기 초 제주도의 모든 것 『남환박물(南宦博物)』

『남환박물』은 '남쪽 벼슬아치가 쓴 제주 박물지'라는 의미로, 일종의 제주도 백과사전이다. 저자는 병와(甁窩) 이형상(李衡祥, 1653~1733년)이다. 이형상은 효령대군(孝寧大君) 이보(李補, 1396~1486년)의 10대손으로 태어났고, 숙종 연간에 과거 급제로 출사해서 지방관으로 8년, 서울의 관청에서 4년, 총 12년간 벼슬을 했다. 그 기간 중, 1702년 3월 제주목사와 병마수군절제사로 부임해 1년 3개월간 제주도에서 직무를 수행했다. 이후 경상도 영천으로 가 호연정(浩然亭)을 짓고 머물며 1704년 이『남환박물』을 저술한다. 제주에서 돌아올 때 그의 행장은 한라산 백록담의 고목으로 만든 거문고와 시초(詩草, 시 초고) 두어 권뿐이었다고 하고 한다.

제주 관아 관덕정(觀德亭)

처음『남환박물』의 저술을 적극적으로 권유했던 사람은 강렬한 인상의 "자화상"으로 유명한 윤두서(尹斗緖, 1668~1715년)이다. 윤두서는 이형상의 생질서(甥姪壻, 누이의 사위)이다. 두 사람 모두 남인이다. 이형상도 제주목사를 불명예스럽게 파직당했는데, 이 또한 정치적 의리를 지키다가 생긴 일이다. 당시 남인인 오시복(吳始復, 1637~1716년)이 1701년 장희빈이 인현왕후를 저주했다는 "무고(巫蠱)의 옥" 사건으로 제주도로 유배왔다. 이형상이 그를 두둔하며 관아에 두고 함께 지낸 것이다. 이 때문에 이형상은 파직되고, 오시복은 다른 곳으로 이배(移配) 되었다. 이 사건 이후 남인은 몰락한다.

이형상은 300여 권의 저술을 남겼는데, 그중 제주도에 관한 것은『남환박물』,『탐라순력도(耽羅巡歷圖)』,『탐라장계(耽羅狀啓)』,『탐라록(耽羅錄)』 등이 있다. 이 중『탐라순력도』는 제주도 부임 당시 제주도의 각 고을을 순력(고위지방관의 관할지역 순찰)하는 장면과 각종 행사 장면을 그림 41폭에 제목과 설명에 해당하는 좌목(座目, 자리의 차례를 적은 목록)을 써 넣은 것이다. 여기에 서문 2면 등을 더해 총 43면으로 만든 화첩이다. 40폭 채색 그림은 제주목 소속 화공 김남길(金南吉)이 그린 것이다. 이 시기 제주도의 생생한 모습을 담고 있어서 귀중한 문화유산으로 인정되어, 모두 보물로 지정되었다. 참고로 최초의 제주도 지리지는 평가받고 있는 책은 태호(太湖) 이원진(李元鎭, 1594~1665년)의『탐라지(耽羅志)』다. 이형상도 이원진의『탐라지』를 많이 참고했다. 이원진은 조선에 표류한 하멜 일행 30여 명을 심문하고 서울로 압송한 제주목사다.

이제 『남환박물』의 내용을 보자. 모두 37개 항목으로 당시 제주도에 관한 모든 것을 정리했는데, 다음과 같다. 읍의 호칭, 노정(誌路程), 바다, 섬, 기후, 지리, 경승(誌勝), 사적, 성씨, 인물, 풍속, 문예, 무예, 경작지, 산물(誌産), 날짐승, 들짐승, 풀, 나무, 과일, 말·소, 물고기, 약재, 공물, 부역, 사당, 해안 방어, 봉수, 창고(邊倉), 관청 건물, 군사, 공인(誌工), 서리(誌吏), 행실(誌行), 고적(誌古), 유명한 관리 등이다.

그리고 「황복원대가(荒服願戴歌)」가 있다. 역대로 제주도를 노래한 시가 중에 유명한 3인의 작품에 이형상이 차운(次韻, 다른 사람 시의 운을 빌려 쓴 시)하여 쓴 시들이다. 그 시들은 김종직(金宗直)의 「탁라가(乇羅歌)」 14절, 충암(冲菴) 김정(金淨, 1486~1521년)의 「우도가(牛島歌)」, 최부(崔溥)의 「탐라시(耽羅詩)」 35절이다. 이 세 사람의 공통점은 높은 지조 때문에 사화(士禍)로 비참하게 죽었거나, 사후에 부관참시당했던 인물들이다. 이 때문에 모든 사림의 존경을 받는 인물들이다. 김정은 기묘사화로 제주도에 유배 와서 죽은 인물이고, 최부는 앞서 소개한 것처럼 제주도에 관리로 부임했다가 부친상으로 돌아가는 배를 탔다가 해난 사고로 명나라까지 표류한 인물이다.

흥미로운 내용 몇 가지를 소개한다. 그중 제주도의 신비롭고 색다른 풍속을 보자. 노인 잔치에 온 사람 중 102세가 1인, 101세가 2인, 90세 이상이 29인, 80세 이상이 211인이었다. 이 노인들은 앞서 말한 을병대기근으로 수많은 사람과 노인들이 죽은 이후의 일이다. 당시 인구를 정확히 알 수 없지만, 제주 지역의 평균수명은 다른 지역과 비교해 더 높았던 것 같다. 저자는 김정의 견해를 인용하여 인간의 장수와 수명을 관장하는 하늘의 수성(壽星, 노인성)이 비치는 곳이 제주도라고 결론짓는다. 당시 제주도는 여성이 많고 남성이 적었는데, 매년 배가 침몰하여 죽는 경우가 많아서라고 생각했다. 제주도는 여자, 돌, 바람이 많아서 삼다도(三多島)라고 불린다. 의복은 검소하여 칡으로 짠 베 옷을 많이 해 입었다. 결혼을 청하는 납채(納采)는 사위가 될 사람이 술과 고기를 갖추어 신부의 부모를 배알한다. 음식이 조촐하면 신부가 나오지 않았다고 한다. 또 혼례 때 초례상 앞에서 신랑과 신부가 절을 주고받는 교배례(交拜禮)는 하지 않고, 그냥 술에 취한 신랑이 신부 방에 들어가는 것이었다. 지금도 그렇지만 당시에도 제주 사투리를 알아듣기 어려웠다. '앞소리가 높고 뒷소리가 낮다. 서울을 서냐(西那), 숲을 곳(花), 오름을 오롬(兀音), 손톱을 콥(蹄), 입을 굴레(勒), 풀로 만든 말굴레를 녹대(祿大), 쇠로 만든 재갈을 가달(加達)' 등의 제주 사투리를 소개한다. 제주 여인들이 관문에서 고소하는데, '재두루미 소리 같고, 바늘로 찌르는 소리' 같다는 말도 덧붙였다. 그래서 서리들이 통역해야 비로소 이해했다고 한다.

제주도는 토질이 척박하고 백성은 가난하다고 평가했다. 그중 가장 딱한 사람은 제주 여인들이었다. 진상품인 미역과 전복을 따는 잠녀(潛女, 해녀)의 일, 샘에서 물 길어오는 일, 곡식 수확, 땔나무 마련 등 당시 제주의 평범한 여성들의 일상적인 노동을 서술했다. '무릇 모든 힘든 일을 여인으로 하여금 그것을 담당하게 한다'고 말이다. 한편 여성들의 의상이 알몸을 너무 드러낸 것이어서 참담하여 차마 볼 수 없다고 토로했다. 매번 영(令)을 내려 노출이 심한 의상을 금지했지만, 오랜 풍속이라서 고쳐지지 않는다고 했다. 그가 보기에 가장 심한 여성들은 잠녀였다. 그래서 이형상이 최초로 그녀들에게 잠수복을 만들어 입혔다고 한다.

책에는 자세히 서술되지 않았지만 이형상이 제주도에서 전력을 다해 싸운 풍속은 무속이다. 한라호국신사(漢拏護國神祠)인 광정당(廣靜堂)에서 기도하던 풍습을 금지하였다. 그뿐 아니라 무당의 신당 129개를 불태워 버리고, 남녀 무당 1천여 명을 모두 집으로 돌려보내 농사를 짓도록 했다. 불교도 배척해 2개 사찰을 불태워버렸다. 당시에도 불교는 무속을 수용하고 있었다. 이형상은 왜 그랬을까? 그는 유학자다. 그는 괴력난신으로 백성을 현혹시키는 것을 도저히 용납할 수 없었을 것이다. 특히 그들이 개인의 복을 빌기 위해 온갖 귀신을 불러 지내는 굿 같은 것을 음사(淫祀, 부정한 귀신에게 지내는 더러운 제사)라고 경멸했을 것이다. 이런 이유로 그는 유교의 성현에 대한 제사를 지내는 성묘(聖廟, 문묘)를 수리하고 교육에 힘을 썼다. 그리고 제주의 세 성씨의 시조인 고을나(高乙那), 양을나(良乙那), 부을나(夫乙那)를 모시는 삼성사(三聖祠)를 세웠다. 이것을 당시 풍속교화라고 불렀다. 그는 다른 지방에서 지방관으로 있을 때도 풍속교화에 힘을 써 높은 평가를 받았다.

조선팔도, 선비가 살만한 동네는?『택리지(擇里志)』

『택리지』는 1751년 청담(淸潭) 이중환(李重煥, 1690~1756년)이 현지답사를 하여 저술한 지리서이다. 그런데 읽다 보면 풍수지리 같다는 느낌도 든다. 이중환은 이익(李瀷)의 재종손(再從孫, 사촌 형제의 손자)이며 그의 문하에서 학문을 배운 남인이었다. 숙종 때 과거에 급제해 출사했는데, 1722년 노론이 경종을 시해하고 찬탈을 도모했다는 "목호룡(睦虎龍, 1684~1724)의 고변(告變, 변란 모의를 알림) 사건"에 연루되어 절도(絶島)로 유배형에 처해졌다. 그의 나이 38세 때의 일이다. 이후 유배에서 풀려났지만 한양으로 다시 오지 못하고 고향(충청도 연기군)으로 돌아갔다. 그리고 남은 평생 전국을 쓸쓸히 떠돌며 살다가『택리지』를 썼다. 이것이 당시 당쟁에서 패배한 선비의 모습일 것이다. 그래도 이중환은 오늘날 조선 후기 최고의 지리서라고 평가받는『택리지』를 남겼다.

전체 내용은 오헌(迃軒) 정언유(鄭彦儒, 1687~1764년)와 이익이 쓴 「서문」, 「사민총론(四民總論)」, 「팔도총론(八道總論)」, 「복거총론(卜居總論)」, 「총론」으로 구성되어 있다.

「서문」에서 정언유는 전국시대 초나라의 애국 시인 굴원(屈原)과 당나라의 시성 두보(杜甫)의 사례를 들어 이중환과『택리지』를 격려하는 내용이 인상적이다. 굴원과 두보는 옛날부터 평생 불행하게 살았지만 불멸의 작품을 남긴 선비의 대명사로 많이 거론한다. 반면 이익의 「서문」은 기자조선부터 시작되는 조선의 역사와 풍속 등을 서술했다. 그냥 자신의 문집에서 주장했던 것을 다시 기술한 듯하다. 「사민총론」에서 이중환은 사·농·공·상의 연원 등을 설명하고 사대부들도 생업을 가져 여유 있는 삶을 누려야 성인의 예법도 지킬 수 있다고 주장한다. 「팔도총론」은 평안, 함경, 황해, 강원, 경상, 전라, 충청, 경기도 등 팔도의 위치와 역사를 설명한다. 흥미로운 점은 중국 서북쪽에 있는 곤륜산(崑崙山)의 한 줄기가 사막지대를 지나 요령성의 의무려산(醫巫閭山)이 되었고, 이 맥이 백두산이 되었다는 것이다. 『산해경(山海經)』에서 말하는 불함산(不咸山)이 백두산의 다른 이름이라고 주장한다.

저자는 「복거총론」을 가장 강조하려 했는지는 몰라도 분량이 가장 길다. 여기서 사람이 살 만한 조건, 즉 지리(풍수지리), 생리(生利, 토지 생산력), 좋은 인심, 빼어난 산수를 제시한다. 이 4가지 중 하나라도 모자라면 살기 좋은 땅이 아니라고 단언한다.

"지리는 비록 좋아도 생리가 모자라면 오래 살 수가 없고, 생리는 좋더라도 지리가 나쁘면 이 또한 오래 살 곳이 못 된다. 지리와 생리가 함께 좋으나 인심이 나쁘면 반드시 후회할 일이 있게 되고, 가까운 곳에 소풍할 만한 산수가 없으면 성정을 갈고닦지 못한다."(雖佳生利乏則不能居久 生利雖好地理惡則亦不能久居 地理及生利俱好而人心不淑則必有悔吝 近處無山水可賞處无以陶瀉性情)

지리를 따지는 조건을 보면, 먼저 수구(水口, 물이 들어오고 나가는 곳),

땅의 모양과 지세인 형세(形勢), 산의 모양, 흙의 빛깔, 조산(朝山, 앞으로 보이는 멀고 높은 산)과 조수(朝水, 작은 시내들이 모여드는 큰 강)를 순서대로 보아야 한다. 풍수지리학에서 좋은 집의 구비 조건과 거의 같다. 다음 생리가 중요한 이유로, 위로는 조상과 부모를 봉양하고, 아래로는 처자와 노비를 길러야 하니, 재물과 이익을 경영하고 넓혀야 한다는 점을 든다. 이것은 공자 이래 유학에서의 가르침을 따르려면 필요하다는 근거를 댄다.

팔도인심에 대한 평가는 흥미롭다. 평안도는 인심이 순후하고, 경상도 인심은 풍속이 진실하고, 함경도 인심은 굳세며 사납고, 황해도 인심은 산수가 험해서 인심도 사납고, 강원도 인심은 산골이 많아 어리석고, 전라도 인심은 오로지 간사함을 숭상해 나쁜 데로 움직이고, 경기도는 도성 밖이라서 재물은 보잘것없고, 충청도는 오로지 세도(勢道, 권력)와 재물만 좇는다. 이 팔도인심에 대한 평가는 이중환이 남인이고 당쟁으로 인생이 피폐해져서 이런 편견을 가졌을 수도 있다. 남인의 성리학은 대개 퇴계 이황(李滉, 1502~1571년)에서 출발해 영남(嶺南, 조령 남쪽 경상도) 출신이 많아 "영남학파"라고 했다. 반면 서인의 성리학은 대개 율곡 이이(李珥, 1537~1584년)에서 출발해 경기도, 충청도, 전라도, 황해도 등 기호(畿湖, 경기 충청) 출신이 많아 "기호학파"라고 했다. 대체로 그가 호평하거나 비하한 지역은 이 구분과 대체로 맞는다. 자신의 고향 충청도도 나쁘게 말한 것이다. 물론 그는 이 평가가 서민의 인심이고, 사대부는 다르다고 단서를 달았다.

마지막으로 한양의 인심을 설명한다. 먼저 선조 때 이조전랑(吏曹銓郎, 이조에서 인사 추천권을 지닌 정랑과 좌랑) 자리를 두고 시작된 당쟁의 길고 긴 역사를 서술한다. 이 단락의 마지막, 이중환의 전체 총평으로 이어지는 부분을 보면 사대부 인심에 대해 평가하기 위해 당쟁을 먼저 말한다.

"보통 사대부가 사는 곳은 인심이 고약하지 않은 곳이 없다. 당파를 만들어 죄 없는 자를 거둬들이고, 권세를 부려 영세민을 침노하기도 한다. 자신의 행실을 단속하지 못하면서 남이 자기를 논의함을 미워하고, 한 지방의 패권 잡기를 좋아한다. 다른 당파와는 같은 고장에 함께 살지 못하며, 동리와 골목에서 서로 나무라고 헐뜯어서 뭐가 뭔지 측량할 수 없다."

사대부에 대한 저자의 혐오가 마치 오늘날의 "정치 혐오"처럼 느껴진다. 그가 내린 결론은 이렇다.

"오히려 사대부가 없는 곳을 가서 문을 닫고 교제를 끊고 홀로 자신을 착하게 하면, 비록 농·공·상이 되더라도 즐거움이 그 가운데에 있을 것이다."

산수는 백두산으로부터 시작되는 국토의 자연지리다. 백두대간을 따라서 팔도가 자연지리로 나뉘는 모습을 길게 서술한다. 그리고 지역의 역사와 전설을 소개한다. 중간에 이런 글귀도 나온다. 「저기(著記)」의 글을 인용하며, "병란(兵亂)을 피하는 데는 태백산과 소백산이 제일 좋은 지역이다"라고 한다. 「저기」란 글이 정확히 어떤 책인지 알 수 없지만, 어떤 예언서 같기도 하고, 도사나 신선 이야기 같기도 하다. 어쩌면 이 산수에서 가장 중요한 부분은 구체적으로 살만한 지역을 직접 소개하는 부분일 것이다. 아마도 이중환이 직접 팔도유람을 통해 확인한 지역이 대부분일 것이다. 몇 군데를 보면, 먼저 강을 끼고 성장한 지역이다. 평양(외성 일대), 춘천의 우두촌, 여주읍, 부여에서 은진까지의 지역 등을 호평한다. 다만 평양은 땔나무가 부족하다고 지적한다. 다음은 시냇가 지역은 영남 예안의 도산(陶山)과 안동의 하회(河回) 등을 호평한다. 또 이런 평가도 한다. 문경의 병천 등은 속세를 피해 도를 닦기에는 알맞지만, 너무 궁벽한 곳이어서 평시에 살 만한 곳이 아니라는 것이다. 또 속리산 북쪽 지역도 비슷한 평가를 한다. 이렇게 곳곳을 자신이 제시한 조건에 맞추어 분석하고 평가하였다. 하지만 이런 평가는 조선 시대라는 사회·경제적 환경을 기반한 것이어서 지금은 적용하기 어렵다.

"아래 땅에 사는 사람들이 우러러 보다." 『유백두산기(遊白頭山記)』

'민족의 영산'이라며, 백두산을 우러러보는 마음은 예전이나 지금이나 같다. 일부에서는 민족의식, 국토애 같은 감정이 일제 강점기 형성된 것이라는 잘못된 주장도 하지만, 조선 시대 사람들도 백두산을 신성시하고 보고 싶어 했다. 이번에 소개하려는 책도 그런 민족의식을 지닌 선비가 직접 백두산에 올라 돌아보고 남긴 여행기이다. 여러 편의 백두산 여행기가 이 시대에도 있었지만, 그중 가장 유명하고 널리 알려진 글은 『유백두산기』이다. 이 글은 영·정조 시절 문신이며 학자로 활약한 보만재(保晚齋) 서명응(徐命膺, 1716~1787년)이 1766년에 쓴 것이다. 앞서 소개한 서호수(徐浩修)의 부친이다. 그도 음악과 천문에 조예가 깊었다.

서명응이 백두산에 오르게 된 경위를 보면 함경도 갑산(甲山)으로 유배를 갔기 때문이다. 그런데 그 경위가 조금 이상하다. 당시 그는 홍문관 부제학(副提學)으로 있었는데, 당시 왕인 영조가 홍문관록(弘文館錄, 홍문관 관리 선발에 관한 기록)을 주관하도록 명령했다. 하지만 서명응은 그 수행을 거부한다. 두 번이나 왕명을 어긴 서명응에게 화가 난 영조는 그를 갑산으로 유배를 보내버린 것이다. 또 한 가지 이상한 점은 후임자로 임명된 조엄(趙曮, 1719~1777년)도 계속해서 홍문관록 주관을 거부했다. 조엄은 통신사로 일본에 파견되어 고구마를 국내로 들여온 인물로 알려져 있다. 역시 화가 난 영조는 조엄도 갑산 옆 삼수(三水)로 유배 보낸다. 그런데 이 둘이 중간에 만나 유배지에서 탈출해 백두산에 오른 것이다. 유배지의 유배인을 감시하고 관리해야 할 갑산 부사 민원(閔源), 삼수 부사 조한기(趙漢紀) 등도 함께 왕복 8일의 일정으로 백두산 등정을 감행했다. 그뿐 아니라 이 두 사람은 주변의 친구들을 불러 모아 현지 선비와 군관들을 길 안내자로 삼아 오른 것이다. 이 백두산 등정에 이르는 전체 경위는 『유백두산기』의 앞부분에 실려 있다.

영조실록을 확인해보니 두 사람에 대한 왕의 유배 명령은 모두 5월 21일의 일이다. 그런데 6월 7일 모두 방면이 되고, 8월 16일 다시 버슬에 등용된다. 그 이틀 전에는 특별히 서명응의 아들 서호수를 부교리(副校理)에 제수했다는 기록도 있다.

『유백두산기』상의 구체적 일정과 행적을 보자. 6월 10일, 두 사람은 각자의 유배지를 출발해 운총진(雲寵鎭)에서 만난다. 11일, 운총진을 출발해 심포(深浦)에 도착한다. 이 지역은 지난 숙종 때 백두산정계비를 세우기 위해 처음 길을 개척했다고 밝힌다. 지역의 유래, 지형 등을 설명한다. 12일, 심포를 출발해 임어수(林魚水)에서 하룻밤을 묵는다. 압록강 근처다. 그런데 여기서 재목과 목수를 구해 상한의(象限儀)라는 관측기구를 제작하고 별을 관측해 자신들의 위치를 확인한다. 위치는 42도 조금 못 되는 곳이고, 만주의 심양(瀋陽)과 같은 위도였다. 13일, 임어수를 출발해 삼지연(三池淵)에 도착한다. 백두산 정상에서 30리 지점이다. 저자는 삼지연은 다음과 같이 평가한다.

"신선의 땅이요 사람 사는 땅이 아니다. 일행 중에 경포대와 영랑호를 본 사람이 있었는데, 모두 여기에 미치지 못한다고 하였다. 나 자신도 일찍이 태액지(太液池)를 본 적이 있지만 이보다는 훨씬 못하였다. (仙境也 非人境也 一行中有見鏡浦臺永郎湖者 皆以爲不及也 君受曾見太液池 亦曰下於此遠甚)"

삼지연에서 북쪽으로 30리 떨어진 곳에 천수(泉水)라는 샘에서 점심을 해 먹고, 백두산 동남쪽 연지봉(燕脂峯)에 도착한다. 여기서 본격적인 백두산 등정에 앞서 산신에게 제사를 지낸다. 두 편의 제문이 남겨져 있다. 13일 저녁 갑산 부사의 제문이다.

"우뚝한 백두산이 우리 강토에 진주하니, 아래 땅에 사는 사람들이 우러러 그 전모를 보고자 합니다. 이번의 행차는 참으로 하늘이 편의를 베풀어 주신 것으로, 풍찬노숙하면서 온 것이 거의 삼천리나 되었습니다. 산에 신령이 계시면 우리의 성의를 아실 것입니다. 구름과 안개를 거두시고 장엄한 모습을 보여주시옵소서." (崧高白山 鎭我箕疆 下土瞻仰 願覩其全 今玆之來 天實借便 風餐露宿 幾刊杉阡 山之有靈 尙監誠虔 雲收霧斂 壯矚是宣)

다른 하나는 14일 새벽 산수 부사의 제문이다.

"산신은 우리를 보우하셔서 해와 달이 밝게 비추어서 만상이 밝게 드러나고 산의 풍광을 모두 다 볼 수 있게 하십시오." (神其垂佑 使日星明

백두산

蓋 萬象呈露 得以盡山之觀焉)

그런데 이 두 제문은 서명응 자신이 지은 것이라 밝히고 있다. 이날 밤도 상한의로 천추(天樞, 북극성)를 측정해 지상과 각도가 42도 3분이란 측정값을 얻는다.

14일, 출발해 드디어 백두산 정상에 이른다. 여기서 '서로는 압록이요 동으로는 토문(土門江)이다'라는 명문으로 유명한 "백두산정계비"를 확인한다. 백두산정계비는 건립 때부터 조선의 대표가 배제된 채로 세워져 문제의 소지가 있었다. 그리고 더 큰 문제는 토문강에 대해 조선과 청이 명확히 합의하지 않고 명문화한 것이다. 이 부분은 당시 현장에서 길잡이로 나섰던 조선인들이 항의했지만, 청의 목극등(穆克登) 총독이 일방적으로 정해버린 것이다. 서명응도 『유백두산기』에서 이 사건의 경위와 비판을 담았다. 당시 조선의 대표였던 접반사(接伴使, 외국 사신을 접대하던 임시직 벼슬아치) 박권(朴權, 1658~1715년)과 함경도 관찰사 이선부(李善溥, 1646~1721년)를 "두 사람은 오로지 자기 몸만 돌보고, 국토를 가볍게 보고 그 국토가 크게 줄어들었다"라고 혹독하게 비판했다.

이들은 백두산의 비경에 곧 매료된다. 사슴 무리는 한가롭게 물을 마시거나 걸어 다니고, 검은 곰 두세 마리는 절벽을 따라 오르내리고, 신기한 새 한 쌍이 물에 점을 찍듯 오락가락 날아다닌다. 이 정경을 갑산 선비 조현규(趙顯奎)에게 그림으로 남기게 하고, 백두산 천지와 열두 봉우리의 이름을 짓는다. 모두 주역과 풍수의 논리, 12간지 등을 근거로 삼았다. 천지는 태일택(太一澤), 그리고 봉우리 이름은 다음과 같다. 북쪽(子)의 현명봉(玄冥峰), 북동쪽(丑)의 오갈봉(烏碣峰), 동북쪽(寅)의 대각봉(大角峰), 동쪽(卯)의 청양봉(靑陽峰), 동남쪽(辰)의 포덕봉(布德峰), 남동쪽(巳)의 예악봉(禮樂峰), 남쪽(午)의 주명봉(朱明峰), 남서쪽(未)의 황종봉(黃鐘峰), 서남쪽(申)의 실침봉(實沈峰), 서쪽(酉)의 총장봉(總章峰), 서북쪽(戌)의 신창봉(神倉峰), 북서쪽(亥)의 일성봉(日星峰)이다. 원래 이 봉우리와 주변은 현지 주민들이 부른 이름이 따로 있었다. 그것이 마음에 들지 않는다고 새로 작명한 것이다. 처음에 조엄은 '지나친 일'이라고 부정적인 반응을 보였지만, 서명응이 주도해 작명했다. 그날은 천수로 돌아와 야영하고, 15일 귀로에 오른다. 이상이 『유백두산기』의 전체 줄거리이다.

"천지가 크다 해도, 내 가슴 속에 담을 수 있다." 『호동서락기(湖東西洛記)』

제목의 의미부터 보면, 호(湖)는 충청도, 동(東)은 관동 지방, 서(西)는 관서 지방, 락(洛)은 한양이다. 이 책은 조선 말 김금원(金錦園, 1817~?)이라는 여인이 호중(湖中, 충청도) 4군과 관동 지방의 금강산과 관동팔경, 관서 지방의 의주, 한양 일대를 두루 유람하고 남긴 1편 시집이며 여행기이다. 여기서 호는 대체로 벽골제(碧骨堤, 백제 때 만든 제천의 인공호수)를 말하고, 관동은 대관령 동쪽이다. 관동지방에서 유명한 경승지는 관동팔경이다. 관동팔경은 고성의 청간정, 강릉의 경포대, 고성의 삼일포, 삼척의 죽서루, 양양의 낙산사, 울진의 망양정, 통천의 총석정, 평해(平海)의 월송정 등이다. 관서는 강원도와 함경도 접경의 철령관(鐵嶺關) 서쪽을 말하며, 주로 평안도 일대를 말한다. 락은 중국 고대 수도인 낙양에서 유래했고 수도 한양을 의미한다. 참고로 일본에서도 과거 수도였던 교토를 락이라고 했고, 교토로 올라가는 것을 "조우락쿠(上洛)"라고 했다. 이처럼 락은 동아시아에서 수도를 의미하는 일반 명사였다.

단순한 여행기, 여행 시집이 아니다. 저자 김금원을 알게 되면 이 책이 가진 가치가 얼마나 큰지 알게 된다. 1830년 14살에 남장을 하고 고향 강원 원주를 떠나 첫 여행에 나섰다. 첫 여행지는 제천의 의림지(삼한 시대 조성된 인공호수)와 단양, 영춘, 청풍 4군, 관동팔경과 금강산, 한양이었다. 여성이 여행하기 쉽지 않았던 조선 시대에 14살 소녀가 한 달이 훨씬 넘게 여행한다는 것은 보통 일이 아니다. 그녀가 밝힌 자기소개를 보면, 어떤 사람인지 조금을 알 수가 있다.

"나는 관동 봉래산 사람으로 스스로 호를 금원이라 칭하였다. 어려서 잔병이 많아 부모님께서 나를 어여삐 여기시어 여자의 일(女工)에 힘쓰지 않고 문자를 가르쳐 주셨다. 글공부한 지 얼마 되지 않아 경사(經史, 유교 경전과 역사)를 통달하고 고금의 문장을 본받아 흥이 나면 때로 시문(詩文)을 짓기에 이르렀다."

이런 그녀가 어느 날 각성한 것이다. 이를 계기로 넓은 세상으로 여행을 떠나게 된 것이다.

"하늘이 내게 총명한 재주를 주셨으니 문명한 나라(조선)에서 쓸모있게 쓰이지 않겠는가! 여자로 태어났다고 규방 깊숙이 들어앉아 여자의 길을 지키는 것이 옳은 것인가? 한미한 집안에서 태어났다고 세상에 이름을 남기는 것을 단념하고 분수대로 사는 것이 옳은 것인가?"

그리고 여행에서 돌아와 규방에 들어앉지 않았다. 어떤 경위인지 명확하게 밝혀지지 않았지만 기생이 되었다. 시 창작에 큰 재능이 있어서 "시기(詩妓)"로 이름이 알려지게 된다. 신위(申緯, 1769~1847년) 등 당대의 문사들과도 교류한다. 그런데 1845년 김덕희(金德喜, 1800~?)의 소실(첩)이 되었다. 김덕희가 의주 부윤으로 부임하게 되자 평양과 의주를 여행하였다. 이후 김덕희와 서울 용산의 별장 삼호정에 머물며, 비슷한 처지의 첩, 기생 등과 같은 여성들과 어울려 1847년 "삼호정시사(三湖亭詩社)"라는 여성 시인 동호회를 결성해 활동한다. 김부용(金芙蓉, 1805?~1850년?), 김경춘(金鏡春), 죽엽(竹葉), 금홍(錦紅), 경혜(瓊蕙), 박죽서(朴竹西, 1820?~1850년?) 등이 주요 멤버이다. 이중 김부용은 시문집『운초당시고(雲楚堂詩稿)』를, 박죽서는『죽서시집(竹西詩集)』을 남겼다. 이들은 자신의 이름으로 시집을 남길 정도로 당대 이미 이름이 알려진 시인들이었다. 또한 김경춘은 김금원의 동생으로『호동서락기』에 시평을 실어 문학 비평의 영역을 넓혔다. 조선 후기에 들어서 양반뿐만 아니라 수많은 계급, 계층의 사람들이 자신의 시와 문장을 활발하게 드러냈다. 중인, 평민, 여성들의 작품이 지금도 많이 남아 있다. 이들은 문학 동호회를 결성해 공동 시문집을 발간하기도 했다. 이런 모임을 "시사(詩社)"라고 한다. 삼호정시사도 그런 모임이다. 1850년『호동서락기』를 쓰기 시작해 이듬해 편집을 마친다. 책 출간 후 그녀와 관련한 이야기는 찾아볼 수 없다.

『호동서락기』에는 충청도 여행을 그린 시는 〈제천의림지〉 외 10편, 금강산 여행을 쓴 시로 〈유점사(楡岾寺)〉 외 4편, 관서 지방의 시로 〈통군정관개시거화(統軍亭觀開市擧火)〉 외 3편, 낙양의 시로 〈용산삼호정(龍山三湖亭)〉 외 6편이 실렸다. 이제 몇 편의 시를 보자. 〈춘수(春愁, 봄날의 근심)〉는 제천 의림지에서 쓴 것이다.

호숫가 버들은 푸르게 늘어져, (池邊楊柳綠垂垂)

우울한 봄날 시름을 아는 듯하여라. (蠟曙春愁若自知)

나무 위 꾀꼬리는 쉬지 않고 울어대니, (上有黃隱啼未己)

이별의 슬픔 견디기 어렵게 하네. (不堪趣紂送人時)

이번 시는 〈관해(觀海)〉로 금강산에서 쓴 것이다.

모든 물 동쪽으로 흘러가니, (百川東涯盡)

깊고 넓어 아득히 끝이 없구나. (深廣渺無窮)

이제야 알겠노라! 천지가 크다 해도, (方知天地大)

내 가슴 속에 담을 수 있다는 것을. (容得一胸中)

이번 시 〈해당화(海棠花)〉는 동해 바닷가에서 쓴 것이다.

늦봄 모든 꽃은 지고, (白花春已晚)

다만 해당화만 남았구나. (只有海棠花)

이제 해당화마저 또 지고 만다면, (海棠花又盡)

봄날의 일은 헛되고 또 헛되겠지. (春事空復空)

이번에는 의주 망신루에 오른 감회를 쓴 시다. 〈망신루(望宸樓)〉라는
제목을 보면 신(宸)은 북극성, 즉 중앙의 제왕을 말하는 것이다. 아마도
망신루는 한양 쪽을 하늘이 잘 보이는 누각이었을 것이다.

용성의 뿔피리 소리 봄을 이기지 못하고, (龍城畵角不勝春)

강가의 버들, 물가의 꽃 곱고도 새로워라. (江柳江花色色新)

한낮의 고요한 관아 뜰에는 풀이 자라고, (晝靜官閒庭自草)

깊은 밤 달에 비친 자리엔 티끌 하나 없구나. (夜沈月到座無塵)

얇은 적삼 외씨 버선발로 기생들은 투호하고, (輕衫寶襪投壺妓)

금띠에 산호 갓끈 맨 객들은 칼을 어루만진다. (金帶瑚纓撫劍賓)

연산 천 리 길에 꽃비가 내리고, (紅雨燕山千里路)

가마 타고 당도하니 임금의 은혜 무겁구나. (星軺來渡荷君恩)

마지막으로 용산삼호정에서 한강을 바라보며 쓴 〈강사(江舍)〉를 보자. 서호는 마포 앞 한강을 말한다.

서호의 좋은 경치 이 누대에 있으니, (西湖形勝在斯樓)

마음대로 올라가서 흥겹게 노닌다네. (隨意登臨作遊遊)

서쪽 언덕 비단옷 같은 이 봄풀과 어울렸고, (西岸綺羅春草合)

강물 가득 빛나는 푸른 물빛 석양 속에 흐르네. (一江金碧夕陽流)

구름 드리운 작은 마을엔 외로운 배 한 척 숨어 있고, (雲垂短巷孤帆隱)

꽃이 진 한가한 물가에 멀리 피리 소리 구슬퍼라. (花落閒磯遠笛愁)

끝없는 바람이 안개 거두어 사라지니, (無限風烟收拾盡)

시 담은 비단 주머니 그림 같은 난간 앞에서 빛나네. (錦囊生色畵欄頭)

　　조선 시대 지리학자로 가장 널리 알려진 인물이 김정호(金正浩)다. 하지만 그에 대한 기록도 많지 않고 오해도 많다. 그 오해 중 가장 큰 것이 1861년 그가 제작한 목판본 『대동여지도(大東輿地圖)』 22첩을 흥선대원군 이하응(李昰應, 1820~1898년)이 "쇄국정책(통상수교거부정책)"을 위해 불태워버렸다는 이야기다. 불태웠다는 것은 불순한 의도를 가진 자들이 유포한 거짓말이다. 일제 식민사학자들이 조선은 지도 제작은 할 줄도 모르고, 쇄국을 위해 선구자(김정희)의 노고를 훼손하는 수준 낮은 민족이라는 것을 주장하기 위해 지어낸 것이다. 지금도 『대동여지도』는 보물로 지정되어 국립중앙박물관에 소장되어 있다.

　　조선 후기에는 상업이 발달하면서 국가 아닌 민간에서도 많은 지도와 지리지를 발간했다. 최초로 민간에서 저술한 지리지는 1656년의 『동국여지지』로써 유형원(柳馨遠)의 작품이다. 또한 영조 때 『동국지도(東國地圖)』를 제작한 농포자(農圃子) 정상기(鄭尙驥, 1678~1752년)도 널리 알려진 선비다. 특히 이 시기부

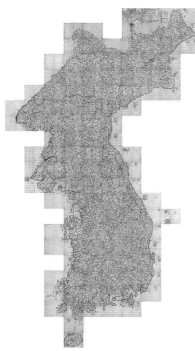

대동여지도

터는 다양한 지도 제작 기법이 쓰인다. 긴 길이와 넓은 면적을 축소하여 지도를 그리는 백리척식(百里尺式)과 방안도법(方眼圖法), 경도와 위도 위에 지도를 그리는 경위도식(經緯度式) 등 보다 정확하고 과학적인 방식의 지도 제작을 말한다. 이처럼 조선은 지리 연구와 지도 제작의 강국이었다. 그 마지막 대미를 장식한 인물이 조선 말의 김정호인 것이다.

김정호는 알려진 것이 많지 않은 인물이다. 그에 대한 기록은 오주(五洲) 이규경(李圭景, 1788~1856년)이 쓴 백과사전 『오주연문장전산고(五洲衍文長箋散稿)』에서 지도 관련 부분에, 겸산(兼山) 유재건(劉在建, 1793~1880년)이 중인들의 전기를 쓴 『이향견문록(里鄕見聞錄)』 중에, 혜강(惠岡) 최한기(崔漢綺, 1803~1877년)가 김정호의 1834년 전국 지도 『청구도(1834년)』에 남긴 「제문(題文)」으로, 금당(琴堂) 신헌(申櫶, 1810~1884년)의 문집 『금당초고(琴堂初稿)』에 실린 「대동방여도서(大東方輿圖序)」에 있다. 이 4종의 책에서 짧은 몇 줄의 문장이 전부다. 단지 김정호는 오래도록 지도 연구와 제작을 해왔던 민간 학자 또는 제작자라는 점과 그가 만든 지도는 상인, 여행자 정도가 아닌 군대와 관청에서도 수요가 컸다는 것을 어느 정도가 추론할 뿐이다. 이런 기록을 남겨 준 이규경, 유재건, 최한기는 당대의 학자이자 문인이었고 모두 김정호와 자주 교류하던 사이였다. 신헌은 무신으로 1876년 일본과의 강화도조약, 1882년 미국과의 조미수호조약을 체결한 조선 대표였다. 또한 대원군 치세 때 일어난 병인양요(丙寅洋擾, 1866년 프랑스 침략전쟁)에서 활동한 장군이기도 하다. 그런 그가 김정호의 오랜 후원자라고 한다. 대원군의 총애를 받았던 장군이 '대원군의 탄압을 받는 지도제작자 김정호의 오랜 지기였다는 것이 참으로 아이러니하다.

김정호가 제작한 지도 『청구도』, 『동여도(東輿圖)』, 『대동여지도』와 그가 저술한 지리지 『동여도지(東輿圖志)』, 『여도비지(輿圖備志)』, 『대동지지』는 그가 남긴 최고의 작품이다. 이중 『대동지지』는 『대동여지도』를 간행한 1861년 이후부터 1866년경 사이에 편찬한 것이다. 즉, 지도와 지리지는 '한 쌍'이며, 이 둘을 함께 보아야 한다는 의미이다. 편찬 시점을 1866년이라고 추정하는 이유는 "중궁 전하는 민씨로서 본적은 여주이고, 부원군 민치록의 딸이다"라는 『대동지지』 1권에 있는 기록 때문이다. 즉 1866년이 민씨가 고종과 혼인하여 중전이 된 해이다. 그리고 이 『대동지지』는 김정호의 마지막 작품이고, 편찬 시점까지는 김정호가 생존했다고 추정한다.

책의 전체 구성은 「총괄(總括)」, 「팔도지지(八道地志)」, 「산수고(山水考)」, 「변방고(邊防考)」, 「정리고(程里考)」, 「역대지(歷代志)」로, 총 32권 15책으로 되어있다. 조선 후기 사회 제도, 생산, 지방행정 등을 제대로 알려면 볼 만한 책이다.

「총괄」은 전체 목차와 편집 원칙 같은 내용의 문목(門目) 22와 인용한 책들을 소개한다. 이중 문목 22에서 방언해(方言解)를 보면, 지금은 거의 쓰지 않는 고유어를 많이 소개하고 있다. 인용한 책을 보면 중국의 『사기』 같은 역사서와 『대명일통지(大明一統志)』 같은 지리지 22종, 국내의 『삼국사기』 같은 역사서와 『동국여지승람』 같은 지리지 43종이 있다. 이

「팔도지지」는 1권부터 24권까지인데, 서울, 경기 등 전국의 지리 상황, 주요 건물, 관아, 봉수, 역참, 다리, 토지, 생산물, 호구, 시장, 능묘 등을 담고 있다. 토지와 민호 등의 정보는 순조 28년(1828년)의 조사 자료에 따른 것이다. 25권과 26권은 「산수고」와 「변방고」인데, 현재는 빠져 사라졌다. 27권과 28권의 2권은 「정리고」이다. 국내 간선과 지선 도로, 수로의 통과 지점과 거리를 기록했다. 해외로도 이어져 청, 일본, 유구(오키나와)로 이어진 육로와 수로도 다루고 있다. 29권부터 32권까지의 「역대지」는 단군조선에서부터 고려까지의 지명 비정, 각국의 수도와 행정 구역, 영토, 도로 등을 설명하고 있다.

이 중 1권의 몇 가지 내용을 소개한다. 맨 앞에는 「경도(京都, 서울)」 편이 있다. 백제의 위례성부터 시작되는 서울의 역사다. 조선에 이르러 "조선"이라는 국호가 정해지는 경위, 한양 천도 과정을 소개하고 있다. 이어서 조선 창업 후 추숭(追崇, 왕위에 오르지 못하고 죽은 이에게 임금의 칭호를 주던 일)이 된 목조(穆祖, 태조의 4대조)부터 당시까지의 역대 왕과 왕비들의 묘호(廟號, 종묘에 올린 이름)와 시호(諡號, 사후 평가로 받는 이름), 능호(陵號, 왕릉 이름), 능침(陵寢, 왕릉)의 소재지 등을 정리한 「국조기년(國朝紀年)」이 있다. 지금 쓰는 묘호가 아닌 경우도 여럿 있다. 그 사례로는 영조가 영종(英宗)으로, 정조가 정종(正宗)으로 쓰였다. 또한 추숭으로 왕이 된 사례도 있는데, 인조의 부친이 정원군에서 원종(元宗)이 된 것이다. 이 원종의 능이 경기도 김포시 풍무동의 장릉인데, 최근 아파트 불법 증축으로 세계문화유산 지정이 취소될 수 있다는 우려를 불러온 바로 그곳이다. 한편, 이씨(李氏) 선계(璿系, 왕실 족보)로는 시조가 신라의 사공(司空, 국가 주요 정책을 결정하는 일을 맡아보던 태위·사도와 함께 삼공三公 중 하나)을 한 이한(李翰)이라는 기록도 남겼다. 하지만 이것은 다른 가문의 족보상 선조들과 마찬가지로 오로지 조선 왕실의 주장일 뿐이다. 당시는 신성한 왕실의 조상에 대해 누구도 함부로 논할 수 없었다. 참고로 조선 왕실과 왕의 친인척 족보로 『선원록(璿源錄)』이 현재 남아 있다. 다음은 「도성(都城)」이다. 서울의 도성이 언제, 어떻게 축조되었고, 세종과 영조 때 개축, 수축한 사실도 정리되어 있다. 축조에 동원된 인원과 그 출신, 감독자, 길이와 높이, 각 성문의 위치와 명칭, 담당 군인 등도 기술되어 있다. 다음은 「궁궐」이다. 주내용은 구조와 연혁이다. 이어서 왕족의 집이나 왕이 즉위 전 살던 집인 잠저(潛邸) 등을 정리한 「제궁(諸宮)」, 사직단과 명의 황제 등을 모신 대보단(大報壇)을 정리한 「단유(壇壝)」, 종묘의 태묘(太廟)와 영녕전(永寧殿) 그리고 배향공신을 정리한 「묘전(廟殿)」, 「진전(眞殿, 왕의 초상화를 모신 곳)」, 「궁묘(宮廟, 적장자 아닌 왕의 친족 제향 공간)」, 조선의 모든 문무 관청을 소개하는 「동반부서(東班府署)」와 「서반부서(西班府署)」로 구성되어 있다. 지금의 서울 중앙관청과 주요 공공건물에 해당할 것이다.

이어서 「한성부(漢城府)」이다. 조선 후기 한성부가 관할하는 모든 것을 다루었다. 흥미로운 것 몇 가지를 보자. 당시 인구는 순조 1831년 기준으로 45,700호(戶), 구(口)는 283, 200이다. 19세기 전반기에 한양(서울) 인구가 30만 명이 채 되지 않았다는 점을 알 수 있다. 무악현(毋岳峴, 지금의 무악재) 등 주요 도로 10개와 한강, 개천을 소개하고 있다. 위치와 방향, 다리 이름 등이 있다. 저자도(楮子島, 지금의 뚝섬) 등 한강의 섬들도 소개하고 있다. 여의도는 당시 전생서(典牲署, 제사에 바칠 짐승을 관리하는 관청)라는 관청에서 양을 기르고 있었다. 그리고 관청들과 봉수(나라에 병란이나 사변이 있을 때 신호로 올리던 불), 역참(조선 시대에 있던 공공의 기별, 역마, 역원 등 여행 체계를 합쳐서 이르는 말)에 대한 소개도 나온다. 나루터, 다리, 토산물, 시전(市廛, 상설 점포)도 소개하고 있다. 임금(林禽, 능금), 내도(柰桃, 산앵두), 이(李, 자두) 같은 과일과 이어(鯉魚, 잉어), 수어(秀魚, 숭어), 백어(白魚, 뱅어) 같은 물고기 등 한양에서 생산되는 생산물도 소개한다. 당시 가장 큰 시장 3곳, 종가(鐘街), 이현(梨峴), 남문(南門)과 취급하는 상품별 상점을 소개하고 있다. 그리고 그 시장의 역사를 약술하는데, 처음 설치된 위치와 역대 왕들의 규제 조치들을 기술하고 있다. 원래 있었다가 이후 없애버린 관청과 건물 위치도 설명하고 있다. 그 외에 한성부가 관리하는 다양한 제사와 제단을 소개하고 있다. 흥미로운 것은 당시 국립대학인 성균관의 문묘(文廟)는 한성부 관할로 소개한 점이다. 끝으로 백제 시대부터 내려온 서울의 긴 역사를 서술하고 있다. 다른 지방들도 분량이 적을 뿐 대개 한성부와 비슷한 내용으로 채워져 있다.

5장

조선 양반 사대부의 하루하루

할아버지 묵재(默齋) 이문건(李文楗, 1494~1567년)이 손자 이수봉(李守封, 1551~1594년)이 태어나 16세가 될 때까지 키우면서 기록한 육아일기다. 전체 내용은 서문과 아이가 태어나, 자라고, 아프고, 걷고, 말을 배우고, 글을 배우는 등 아이의 성장 과정 기록과 아이에게 바라는 내용들로 되어있다. 형식은 37가지 주제로 쓴 41수의 시와 산문 4편 등이다. 그런데 부모도 아니고 할아버지가 손자의 육아일기 쓴 것이 흥미롭다. 할아버지가 손자를 사랑하여 육아일기를 쓴 것이 기본적인 동기일 것이다. 그러나 다른 세 가지 측면도 함께 보아야 할 것 같다.

첫 번째 측면은 그의 집안은 죽음이 일상이라는 점이다. 이문건은 형과 함께 조선왕조의 대표적인 개혁론자인 조광조(趙光祖)의 제자였다. 그 때문에 그의 가족도 1519년 기묘사화의 여파로 큰 화를 입었다. 스승인 조광조가 유배지에서 사약을 받고 죽임을 당하자, 이문건 형제는 스승의 죽음에 대한 상례(喪禮)를 다했다. 그 때문에 권력자들의 미움을 샀다. 형은 죽고 자신도 유배를 가야 했다. 그뿐만 아니라 1545년 을사사화 때도 집안이 또다시 풍비박산 났다. 조카들도 죽고 그도 또 유배당했다. 8세에 아버지가 돌아가시고, 형제와 누이들도 일찍 죽었다. 어머니도 6년의 첫 유배 생활 후 돌아가셨다. 23년 동안의 길고 긴 두 번째 유배 생활이 끝나고 집에 돌아와 보니, 직계 가족 중에 남은 자식은 아들 온(熅, 1518~1557년)과 막내딸뿐이었다. 하지만 아들 온은 늘 아팠고,

서울 이윤탁 한글영비

딸도 스무 살에 죽었다. 그런데 두 번째 유배지에서 손자 이수봉의 출생 소식을 들은 것이다.

　두 번째 측면은 이문건의 자기 가문에 대한 자부심이다. 그의 가문은 성주 이씨(星州李氏)이고, 신라 말 출현해서 고려 때부터 크게 번성했다. 그는 고려 후기 "이화에 월백하고~"란 시조로 유명한 이조년(李兆年, 1269~1343년)의 직계 후손이다. 고려 말에 그 유명한 권신 이임인(李仁任, ?~1388년)도 성주이씨였고, 이직(李稷, 1362~1431년)은 개국공신이었다. 부친 이윤탁(李允濯, 1463~1501)은 승문원 정자(正字)였다. 외가도 신숙주(申叔舟)의 고령신씨(高靈申氏) 가문이다. 이윤탁을 기리는 비(靈碑)가 지금도 서울 노원구 하계동에 있는데, 당시 한글로 새겨진 비문이어서 주목받고 있다. 바로 이 비를 세운 사람은 아들 이문건이다. 자신의 가문에 큰 자부심이 있는 이문건이 직접 그린 조상들의 초상화도 남아 있다. 이런 대단한 집안이 자신의 대에서 풍비박산 났다고 그대로 주저앉을 수는 없었을 것이다.

　세 번째는 이문건이 평소 자신의 일상과 당시 조선의 여러 모습을 일기로 기록해 왔다는 것이다. 바로『묵재일기(默齋日記)』이다. 10책의 분량으로, 1535년 그의 나이 41세 때부터 73세로 죽기 몇 달 전인 1567년까지 17년 8개월을 기록했다. 내용은 어머니 상을 당해 여묘살이를 담은 「거우일기(居憂日記)」, 관직 생활 기간을 담은 「관직일기」, 유배 기간을 담은 「유배일기」로 구성되어 있다. 평소 일상을 기록하는 것이 일상인 사람이 새 생명의 탄생과 성장, 그리고 희망을 기록한다는 것은 무척 기쁜 일이고 가슴 벅찬 일이었을 것이다.

이제 주요 내용을 찾아보자. 먼저 손자 탄생 소식을 그가 58세가 되는 해인 1494년 정월 초 5일 유배지에서 듣고, 기쁜 마음에 칠언 율시를 남긴다. 『양아록』의 시작이다.

하늘의 이치는 무궁하게 생명이 계속되니,
어리석은 자식이 아들을 얻어 가풍을 잇게 했네.
지하에 계신 선조의 영령들께서 많이 도와주시리니,
후손들의 올 일들은 다소 잘 되어 가리라.
오늘 저 어린 손자 기쁜 마음으로 바라보니,
노년에 아이가 자라서 커가는 모습 지켜보리라.
귀양살이 쓸쓸하던 차에 마음 흐뭇한 일이 생겨,
늙은 할아비는 스스로 술 따라 마시며 자축하네.

(天理生生果未窮, 癡兒得胤繼家風. 先靈地下應多助, 後事人間庶少豊,

今日喜看渠赤子, 暮年思見爾成童. 謫居蕭索翻舒泰, 自酌春醪慶老翁.)

235 ...

유배에서 풀려나 경상도 성주의 집으로 돌아오자, 충청도 괴산에 새집터와 무덤으로 쓸 산을 찾기 시작한다. 그 일을 조상의 영정을 모신 안봉사(安峯寺) 승려 보명(普明)과 상의도 하고, 조상에 대한 제사도 지낸다. 모두 손자를 염두에 둔 행보다. 그리고 용한 점쟁이에게 사람을 대신 보내 아이의 운수 점을 본다. 점쟁이가 유모에게 맡겨 아이를 기르게 하라고 말한다. 그러자 바로 여종 중에 젖이 풍부한 여인에게 유모를 맡긴다. 또, 축문(祝文)도 지어 손자의 앞날을 기원하는 제사도 올린다. 고명한 성리학자라도 손자 사랑은 어쩔 수 없다.

이 시대에도 돌잡이를 했는데, 이문건의 손자는 붓과 먹, 투환(套環), 활, 쌀, 네모난 나무 인장(印章)을 잡았다. 이문건은 기쁜 마음으로 각각의 아이 행동에 의미를 부여하는 시를 남겼다. 육아에서 가장 괴로운 순간은 아이가 아플 때일 것이다. 이런저런 잔병도 걱정이지만 아이가 세 살 때 걸린 학질(虐疾, 말라리아)은 정말 심각한 일이었다. 아픈 아이와 속수무책인 부모, 울고 싶은 할아버지의 마음을 보여준다.

"먼저 몸이 차가워지고, 그 후에 열이 난다. 오슬오슬 춥고 떨리면 곧 춥다고 외쳐대고, 어미 무릎에서만 맴돈다. 열이 나면 괴로워하며 눈을 감는 것이 자는 듯한데, 가쁘게 숨을 쉰다. 때로는 다시 물을 찾아 마셔 바싹 마른 목을 축인다. 하루걸러 하루 통증이 다섯 번. 여러 날 계속해서 예닐곱 번 일어난다. 아비와 어미는 매우 불쌍하고 가엽게 여겨 병을 낫게 해달라고 두루 빌어 본다. 그러나 아직 효과를 보지 못했고,

날이 갈수록 아파서 약해져만 간다. 얼굴은 누렇게 되고 살도 빠져서 보고 있으면 목이 메어 울음이 나올 것 같다. 하늘이 큰 행운을 내려주서서 좀 나아졌는데, 쓰다듬어 주며 생각하니 더욱 가엾다."

아이가 드디어 걷고, 말도 한다. 그러자 할아버지의 교육이 시작된다. 직접 『논어』, 『맹자』, 『대학』, 『소학』 등을 가르쳤다. 세월도 흘러서 마침내 문정왕후(文定王后, 1501~1565년)가 죽었다. 문정왕후가 반대파들을 대거 죽이고 탄압한 사건이 을사사화이고, 을사사화 때문에 이문건과 그의 집안이 탄압을 받았다. 따라서 문정왕후가 죽었다는 소식은 손자가 과거에 응시할 길이 열렸다는 의미였다. 하지만 기대만큼 손자는 공부에 몰두하지 않았다. 11세에 술을 배운 손자가 술에 취해 비틀거리는 모습을 보았다. 술이 깨기를 기다려 다음날 온 가족이 손자의 종아리를 회초리로 때리게 했다. 먼저 누이들, 어머니, 할머니 순으로 각각 열 대씩 때렸다. 마지막으로 할아버지 이문건이 스무 대를 때렸다. 그러나 아이는 변하지 않았다. 이후에도 "술을 탐하고, 취하면 토하고 뉘우칠 줄 모른다"라고 이문건은 탄식한다. 이번에는 손자에게 눈물 어린 호소의 편지도 썼다. 내용은 어린 나이에 술을 먹으면 몸을 상하고, 그런 손자를 보는 할아비도 슬프다는 것이었다. 간절한 할아버지의 편지에도 상황은 전혀 바뀌지 않았고, 심지어 할아버지와 언쟁도 한다. 이문건은 긴 탄식의 글을 남겼다.

"그 일을 다시 생각해보니, 어렸을 때는 늘 어여삐 여기고 안타깝게 생각해서 차마 손가락 하나 대지 못했지만, 지금 글을 가르치면서 어찌하여 성급하게 화를 내고 자애롭지 않음이 이 지경이 된 것인가. 할아비의 난폭함을 진심으로 경계한다. 손자도 지나치게 게으름을 피워, 날마다 익히는 것이 고작 몇 장이다. 서른 번 읽으라고 하면, 따르지 않고 열다섯 번이나 열 번 정도에서 그만두었다. 글의 뜻을 잘 생각하며 읽으라고 일러도, 끝내 말을 듣지 않는 것은 어찌 잘못이 아니겠는가. 할아비와 손자가 함께 실수를 저질러 그칠 때가 없으니 반드시 할아비가 죽은 후에야 멈출 것이다. 아아, 눈물을 흘리며 시를 지어 읊는다."

그리고 「노옹조노탄(老翁躁怒嘆)」이란 시를 남겼다.

이 늙은이가 하나밖에 없는 손자에게 진심으로 바라는 것은,
처음부터 끝까지 학문을 완성하여 가문을 일으켜 세우는 것.
글을 읽을 때 스스로의 생각으로 가르침을 잘못 이해할까 걱정되어,
뜻을 풀이하기 전에 반드시 본래의 의미를 가르쳐 주거늘,
손자는 어찌 가끔 지극히 오만한 대답을 하는가.
앞으로 누가 날마다 가르쳐서 익힐 수 있게 하겠는가.
손자가 예전의 잘못을 뉘우치고 바로잡는다면,
인륜에 어긋나지 않게 내 은혜를 갚을 것이다.

(翁老眞心冀一孫, 學成終始立家門. 臨書自念差違訓, 解旨先須反覆言,奈復或時辭至慢. 誰將逐日覺能溫. 兒如悔得前非改, 無慊人倫報我恩.)

이후 『양아록』의 기록은 없다. 세월은 흘러 이문건의 아내가 죽자 이문건도 얼마 후 죽는다. 손자는 이후 성주 생활을 정리하고, 할아버지가 오래전 마련해 놓은 괴산에 있는 집으로 남은 가족들과 함께 이사한다. 이름도 원배(元培)로 개명한다. 과거시험은 결국 낙방했다. 하지만 그렇게 끝이 아니었다. 1592년 임진왜란이 일어나자 괴산에서 윤우(尹佑), 조복(趙服, 1525~1592년) 등과 의병을 일으켜 왜적과 싸웠다. 왜란이 끝나고 이원배의 의병 활동에 대해 나라에서 포상하려 했으나 당연한 일을 했다며 거절했다. 괴산 집에서 아들 둘을 낳아 대를 이어갔다.

아이는 어른의 바람대로 살지 않는다. 아이가 스스로 가야 할 길을 선택하는 것이다. 이원배의 선택은 할아버지 이문건이 걸어갔던 그 길을 따르는 것이었다.

7년의 임진왜란으로 한양과 조선 8도는 유린당했다. 문제는 피해복구였다. 전란 때 꼭 필요한 관청의 공식 기록 문서들도 무수히 파괴되고 불타버렸다. 『조선왕조실록』도 전주의 사고(史庫)에 보관되었던 것만 남고 모두 불타버렸다. 광해군 때 『선조실록』을 편찬하려 했지만, 『승정원일기』 등 중요 기록 문서들도 모두 소실되어 난감한 상황이었다. 그 때문에 민간의 역사 자료라도 수집해야 했다. 그래서 『미암일기』, 경연을 기록한 이이의 『석담일기(石潭日記)』, 기대승(奇大升)이 쓴 『논사록(論思錄)』이 『선조실록』의 사료로 활용되었다.

『미암일기』는 미암(眉巖) 유희춘(柳希春, 1513~1577년)이 1567년부터 1577년까지 11년 동안 매일 기록한 일기다. 현재는 전체 11권이며, 처음에는 14권이었는데 일부가 유실되었다고 한다. 마지막 권은 저자가 부인 송덕봉(宋德峰, 1521~1578년)과 주고받은 시문이다. 송덕봉도 자신의 시문집인 『덕봉집(德峰集)』을 남겼다. 유희춘의 집안은 그의 고조부 때 경상도에서 전라도로 이주했고, 유희춘은 해남에 태어나 자랐다. 앞서 소개한 『표해록』의 저자 최부가 그의 외조부이다. 유희춘이 『표해록』 발간을 주도하고 발문을 썼는데, 최부의 고향은 나주이다. 최부의 제자 최산두(崔山斗, 1483~1536년)에게 학문을 배웠다. 스승 최산두는 유희경의 형 유성춘(柳成春)과 함께 기묘사화로 피해를 입은 선비라는 공통점이 있었다. 또 다른 스승 김안국(金安國)도 "기묘사림"이다. 가장 가까운 벗이자 사돈이었던 김인후(金麟厚, 1510~1560년)도 전라도 장성 출신이었다. 김인후는 인종(仁宗, 재위 1544~1545년)의 승하에 충격받아 낙향해 은둔하며 학자이자 시인으로 평생을 살았다. 전라도 담양에 사는 송준(宋駿)의 딸 송덕봉과 혼인하였다. 유희춘은 이처럼 본가도, 외가도, 처가도, 스승도, 친구도 모두 모두 호남 사람이다. 그리고 그의 주변은 사화라는 폭압으로 고통을 받았던 흔적이 곳곳에 있었다.

중종 때 과거에 급제해 스승 김안국과 함께 세자 교육을 보좌하게 되었다. 그 세자가 인종으로 즉위하였지만 불과 9개월 만에 승하하였다. 인종은 사림세력에 큰 기대를 받았지만, 요절하자 사림은 당시 크게 안타까워했다. 이어서 명종이 즉위하고 문정왕후와 그녀의 친정, 훈구세력이 권력을 쥐고 전횡을 시작하였다. 1546년 을사사화와 이듬해 "양재역벽서(良才驛壁書) 사건"으로 사림세력은 죽거나 유배를 갔다. 이때 유희춘은 함경도 종성(鍾城)으로 유배를 떠났고, 장장 19년 동안 유배지에서 고생했다. 그나마 금실 좋은 아내 송덕봉이 시어머니 상을 마치고 유배지로 와서 함께 지낸다. 그 덕인지 이때 많은 책을 집필했다. 그는 문집으로『미암집(眉嚴集)』을 남겼다. 이후 문정왕후와 명종이 차례로 승하하고 그들 세력도 몰락했다. 선조가 즉위하자 1565년 유배에서 풀려나 정계로 복귀한다. 이때부터 남긴 기록이 바로『미암일기』이다.

『미암일기』는 조선 시대 개인 일기 중에는 가장 분량이 많고 사료로써도 가치가 크다. 그 때문에『선조실록』의 사료로 활용되었다. 저자가 정계 중심적인 사대부였기 때문에 16세기 역사를 이해하려면 반드시 읽어야 할 책이다. 당시 하나였던 사림(士林)이 동인과 서인으로 나뉘는 정계와 사림의 동향, 국방 위기 발생과 대비책, 대외 공·사무역, 공납(貢納, 지역 특산물 납부)과 군적(軍籍, 군역부담자 명부) 등 문제, 관리 임명, 경재소(京在所, 지방유력자 자제의 서울연락소)와 유향소(留鄕所, 향촌 양반 세력의 자치기관) 문제, 교육과 시험 실태, 관리와 궁의 부패, 양반과 노비 등 사회 문제, 재해와 물가 등등. 당시 조선의 다양한 모습이 적나라하게 기술되어 있다. 또한 당시의 여러 문제를 바라보는 저자 유희춘의 관점도 잘 드러나 있다. 또한 개인 신변의 기록, 학문에 관한 글, 시문도 수록되어 있다. 하지만 이 일기를 단지 평범한 개인의 기록으로 취급할 수 없다. 그 시대 양반 사대부의 생활, 학문, 예술을 이해하는 대표적인 자료이기 때문이다. 이제 흥미로운 몇 가지 대목을 보자. 병자년(1576년) 10월 4일 자 일기다.

"전적(典籍, 성균관 6품직) 강서(姜緖, 1538~1589년)가 와서 내게 말하기를, '두 붕당(동인과 서인)이 대립하고 있으니 결국에는 반드시 하나가 무너지고 말 것인데, 중립으로 있는 사람은 어떻게 처신해야 합니까?' 하므로, 내가 '마땅히 중정(中正)으로써 존심(存心, 마음에 새김)하여 편당(偏黨, 한 당파에 치우침)이 없어야 하며, 감히 사감(私感)으로 사람을 해치는 자가 있으면 마땅히 정색하여 공격하되, 그 간사한 서슬을 두려워하여 주저해서는 안 된다. 만약 일이 뚜렷이 드러나지 않았는데도 갑작스럽게 격동하여 분기를 내게 되면 유익이 없을 뿐만 아니라 큰 해가 돌아올 것이다'하니, 강군(강서)이 말하기를 '감히 마음에 새기지 않을 수가 있겠습니까.' 하였다."

유희춘의 관점으로 당시 선조의 조정을 보자. 사림의 일원으로서 20년 동안 유배지를 떠돌다가 조정에 복귀하니, 새파란 후배 사림들이 동인과 서인으로 나뉘어 치열하게 싸우고 있었다. 사림의 선배로서 한쪽편만을 들 수도 없었다. 그가 택한 것은 결국 중립이었다. 그렇다고 그냥 침묵하고 방관하는 비겁한 처신을 하지 않았다. 그는 중립의 원칙으로 2가지를 제시한다. 첫째 (대의가 아닌) 개인감정으로 반대파를 해치는경우 나서서 그자를 공격하는 것, 둘째 사건 실체가 분명하게 드러나지않았는데, 먼저 감정을 드러내지 않는다는 것이다. 여야 정쟁이 극심한오늘날에도 정치적 중도파라면 반드시 마음에 새겨야 할 원칙이다. 여기서 "중정(中正)"이란 지나치지 않고, 모자라지도 않고, 치우치지도 않은마음이란 말이다.

이번에는 국방 위기 발생과 대비책 관련 내용이다. 명종 때부터 선조즉위까지 임진왜란 전 이미 북방 여진족과 남쪽 왜구의 침략이 빈번해지고 이에 따른 대책 논의가 분분하였다. 무진년(1568년) 5월 20일 자 일기다.

"어제저녁 평안병사(平安兵使)가 올린 계본(啓本)을 보니, '이달 13일 호인(胡人) 기병 100여 명이고, 보병은 그 수효를 알 수 없는데, 이들이 침입해상토진(上土鎭, 강계부 동북쪽 진)에서 싸웠는데 지극히 놀랍다고 하였다.'"

이어진 23일 자에는 비변사(備邊司, 군국사무를 맡은 기구)에서 대책을 논의한 것이 실려 있다. 다음은 무진년(1568년) 5월 28일 자 일기다. 우리 어부들이 왜구들에게 침탈을 당했는데, 지역방위군이 중앙에 보고도 하지 않고 직무를 태만하게 하였으니 처벌해야 한다는 것이다.

"비로소 13일에 보낸 호남의 사통문(私通文)을 보니, 좌수사(左水使) 김오(金鎬, 1520~1589년)가 올린 첩(牒)의 내용인즉, '금년 3월 2일 수영(水營)에 들려온 소문이 지난 2월 그믐께 순천 지굴포(地掘浦)의 어부 김막손(金莫孫), 독석을이(禿石乙伊) 등이 고기를 잡고 김을 채취 …… 28일 3경(三更, 밤 11에서 새벽 1시 사이)쯤 되어, 왜구들이 그 배에 다가와 배를 부딪치고 배로 뛰어올라서, 우리 쪽 사람들은 물로 뛰어들고 칼에 맞고 부상을 당하거나 죽임을 당하기도 했습니다.' 하기에, '전부터 방답첨사(防踏僉使) 박충신(朴忠信)이 수토(搜討) 복병(伏兵)의 탐지 활동에 소홀하여 변이 생기게 했을 뿐 아니라, 보고 들은 뒤에라도 숨기고 알리지 않아 지극히 놀라운지라 그를 추고(推考)할 양으로 순천부에 수금하고 관찰사께 첩을 보낸다고 하였다."

한편, 그가 받은 녹봉에 관한 내용도 흥미롭다. 계유년(1573년) 4월 7일 자 일기다.

"노복(奴僕) 몽근(夢勤)과 옥석(玉石)이 광흥창(廣興倉, 관리의 녹봉 창고)

에서 녹을 받아왔다. 참판(參判)은 쌀 13석(石), 보리 4석인데, 석은 모두 20두(斗, 말)다. 명주(紬) 1필(匹), 포(布) 1필이다. 아주 많다고 하겠다. 온 집안이 놀라고 기뻐하니 전에 못 보던 바다."

그는 당시 종2품 예조참판으로 있었다. 급료는 대개 3개월씩 1년 4회로 지급되었다. 예조참판은 오늘 날치면 교육부, 외교부, 문화부의 차관급이다. 즉, 차관급 급료가 이 수준이었다는 말이다. 그나마도 흉년이 들거나 국가의 재정 상황이 어려워지면 삭감되거나 밀리기도 했다. 관리는 적은 녹봉으로 살아야 했다. 태생이 부자여야 품위를 유지할 수 있었다. 그것도 아니라면 뇌물 수수 같은 부정을 저지를 수도 있다. 그 외에는 지방관으로 있는 친인척과 선후배 동료의 선물이 생활비에 보탬이 되었다. 그런 내용이 『미암일기』에도 등장한다. 경오년(1570년) 6월 4일자 일기다.

"황해감사 김형언(金亨彦)이 보낸 소금 4석이 마포에 도착했다. 우리 집에서 운임을 주고 실어 왔는데, 매 1석이 10말에 불과하다. (황해도) 은율의 소금은 각 1석마다 13말 남짓하고, 또 말장(末醬, 메주) 2석도 왔는데 과하게 도와준다 하겠다. 우리 집에서는 4짐의 운반 삯으로 소금 7말 2되(升)을 주었다."

김형언이 누군지는 모르겠지만 아마도 유희춘과 어떤 인연이 있었을 것이다. 그래서 귀한 소금과 메주를 선물로 보내준 것이다. 이런 선물은 당시는 당연한 관행이었다. 만약 지방관으로서 자신이 다스리는 지역에서 공물과 진상품으로 생산되는 특산물 중 일부를 약간의 선물로 친인척, 선후배, 동문, 스승에게 나누어 보내지 않으면 인정과 의리가 없다고 오히려 비난받았을 것이다. 그런데 직접적인 청탁과 대가가 없더라도, 오랜 세월 관행처럼 주고받는 선물은 언제나 문제였다. 오늘날에도 공직자의 수상한 선물 수수 관행을 없애고자 "청탁금지법(일명, 김영란법)을 제정했지만, 온갖 핑계를 만들어 처벌을 회피하거나 선물 가격의 한도를 높이는 등 갈수록 무력해지고 있다.

끝으로 그가 아내와 주고받은 시를 소개하며 마무리하고자 한다. 배경을 설명하면 이렇다. 그는 당시 한양에서 셋방을 얻어 관직 생활을 하고 있었다. 그런 그의 뒷바라지를 위해 아내도 올라와 있었다. 때는 늦가을로 제법 쌀쌀한 날씨이었다. 그는 은대(銀臺, 승정원)에서 6일 동안 입직(入直, 숙직)을 하였고, 아내는 빈방에서 홀로 남편을 기다리고 있었다. 남편 유희춘이 먼저 모주(母酒) 한 동이와 시 한 수를 보냈고, 아내 송덕봉이 이에 답시 한 수를 보낸 것이다.

눈 내리고 바람 더욱 차가우니,
찬방에 앉아 있을 당신이 생각났다오.
이 술의 품격은 변변찮으나,
언 속을 덥히기는 족하겠지요.

246

(雪下風增冷, 思君坐冷房, 此醪雖品下, 亦足煖寒腸.)

국화잎에 비록 눈발이 날린다 해도,

은대에는 따스한 방이 있겠지요.

추운 집에서 따스한 술을 받아,

창자를 채우니 그 고마움 그지없어라.

(菊葉雖飛雪, 銀臺有煖房. 寒堂溫酒受, 多謝感充腸.)

양반의 피난 일기 『쇄미록(瑣尾錄)』

『쇄미록』은 비연(斐然) 오희문(吳希文, 1539~1613년)이 1591년 11월 27일부터 1601년 2월 27일까지, 9년 3개월간 동안 거의 매일 쓴 개인의 일기다. 그의 나이 53세에서 63세까지이다. 이 기간은 바로 임진왜란과 정유재란이 일어난 시기와 맞물린다. 그래서 대체로 피난길의 고통스러운 기록이 많다. 전란 초기 200여 일은 한꺼번에 몰아서 쓴 것이고, 한동안은 아파서 일기 기록이 없다. 총 7책으로 구성되어 있는데, 내용상 보면 11개 부분으로 나눌 수 있다. 「임진남행일록(壬辰南行日錄, 1591년 11월~1592년 6월까지 기록)」부터 시작해, 「임진일록(壬辰日錄, 1592년 7월부터 12월까지)」, 「계사일록(癸巳日錄, 1593년 1월부터 12월까지)」 등등 매년을 60 간지별로 나누어 기록했다.

책 제목은 '초라하고 보잘것없는 사람의 기록'이란 의미이다. 『시경(詩經)』에서 "보잘것없도다, 여기저기 떠도는 사람들(瑣兮尾兮, 遊離之子)"이란 구절을 인용한 것이다. 오희문은 유명한 선비이거나 대단한 지위에 오른 양반은 아니다. 평범한 양반 출신으로 외가가 있는 충청도 황간에서 태어났고, 결혼 후 처가가 있던 한양 관동(館洞), 지금 성균관이 있는 동네에 살았다. 전란이 끝난 후 아들 오윤겸(吳允謙, 1559~1636년)이 고위 관직에 오르자, 그 덕에 오희문은 선공감(繕工監, 토목과 배 건조 관청)의 종9품 감역(監役, 감독관)이 되었다. 손자인 오달제(吳達濟)는 병자호란 때 청에 끌려가 순국한 삼학사(三學士)였다.

모든 내용을 보기 어렵지만, 이제부터 왜란 첫해의 기록을 중심으로 살펴보고자 한다. 일기의 시작은 이렇다. 전라도 일대에 거주하던 외거노비(外居奴婢)의 신공(身貢)을 거두어들이려, 임진왜란 전해인 1591년 11월 27일 한양에서 출발하여 남행을 시작하였다. 외거노비란 말 그대로 상전인 양반댁에서 살면서 직접 노역하는 솔거노비(率居奴婢)와 달리 외지에 있는 상전의 토지를 일구며 살면서 노역하는 노비이다. 그들은 다른 구속이 거의 없고 자신의 생산물 중 일부만 바치면 된다. 그 일부의 생산물이 신공이다. 규모 면에서 솔거노비보다는 상전의 재산을 늘려주는 외거노비가 더 많았을 것이다.

한편, 노비와 노예는 다르다는 것을 정확히 알아야 할 것이다. 노비는 재산과 가족을 가질 수 있고, 신분상으로 차별적이지만 법적인 권리가 있는 사람이다. 태종의 측근 권신이었던 이숙번(李叔蕃, 1373~1440년)이 소비(小非)란 여노비를 강제로 겁탈하려다가 그녀가 저항하며 휘두른 칼에 찔리는 사건은 너무도 유명하다. 소비는 노비였지만 자신의 정조를 지킬 권리가 있다고 인정받아 무죄 판결을 받았다. 반면, 노예는 모든 권리가 없는 상태이고, 상품으로서 노예시장에서 거래되는 존재다. 일부(뉴라이트)에서 고의로 이 둘은 같다는 거짓 역사를 유포하고 있어 주의할 필요가 있다. 특히, 전체 인구의 절반이 이상으로 노비가 확산이 되었다는 주장은 근거가 희박하다. 조선은 주로 군역을 부담하는 양인을 파악하는 데 주력했지만, 사노비는 그럴 필요가 없었을 것이다. 오히려 국가에 아무런 의무가 없는 사노비가 확산하는 것은 국가적 큰 손실일 것이다. 공노비는 1801년에, 사노비는 1894년 갑오개혁 때 폐지되었다. 오희문이 살던 시대에는 외거노비들이 원래 거주지에서 대거 도망치고, 그 노비를 추쇄(推刷, 도망한 노비나 부역, 병역 따위를 기피한 사람을 붙잡아 본래의 주인이나 본래의 고장으로 돌려보내는 것)하는 일도 자주 일어났다. 하지만 조선 후기에는 그 노비들이 경제적 부를 쌓아 면천(免賤)하여 평민이 되는 일도 많이 늘어난다. 지주 양반들도 노비를 억압하고 수탈당하는 방식 아닌 새로운 방식을 추구했다. 이런 사회적 변화로 새롭게 대거 출현한 계급, 계층이 머슴과 소작인이다. 머슴은 지주가 고용한 '노동자'다. 머슴은 계약으로 지주에게 잠자리와 음식을 제공받았고, 자신의 노동력을 제공하고 반대급부로 품삯을 받았다. 소작인은 지주의 농토를 빌려 농사를 짓고, 추수 때 소작료를 납부하였다.

오희문은 외거노비 신공(노비가 삼베나 무명, 모시, 쌀, 돈 따위로 납부하던 세)을 받기 위해 12월 10일 전라도 장수에 도착한다. 그리고 이듬해 2월 10일 외가가 있던 황간으로 간다. 그 목적은 신공도 받고, 외거노비들의 자녀들에 대한 자신의 소유권을 확인하려는 것이다. 이후 무주, 남원, 장흥, 영암, 남평, 화순, 광산 등 전라도 일대를 돌며 자신의 토지와 노비 등을 점검한다. 또한 중간중간 지방관으로 활동 중인 친구와 일가친척을 만나 회포를 풀기도 하고, 그들의 애경사를 함께 한다. 4월 16일, 부산에 왜적이 쳐들어왔다는 소식을 처음 듣는다. 임진왜란 발발 소식이다. 급히 한양가는 현의 아전(衙前, 관청 하급 관리)과 남자 종(奴) 둘을 시켜 편지와 아버지 제사에 사용할 제수를 보낸다. 그러나 들리는 소식은 믿었던 조선

군은 무참히 패전했고, 왕의 몽진을 떠났다는 것이다. 그리고 가족의 생사가 불명하다는 소식뿐이었다. 27일부터는 도성 문도 닫아서 출입조차 할 수 없게 되었다는 것이다. 그는 온통 가족 걱정으로 비통해한다.

5월과 6월에는 조선 수군의 원균과 이순신의 승전 소식과 곳곳에서 의병들이 일어났다는 소식도 들어온다. 당시 그가 머물던 집은 장수현감 이빈(李贇, 1532~1592년)의 거처였는데, 그의 큰 처남이다. 전쟁이 일어나자 이빈도 의병을 일으킨다. 이때 전라도 의병장 고경명(高敬命, 1533~1592년)의 격문을 일기에 싣기도 한다. 또한 광해군을 세자에 책봉한다는 조서, 역적에 연루된 사람의 방면을 알리는 교서 등을 실었다. 6월 28일, 오희문은 비통한 심정으로 조상의 신주(神主)를 산허리의 메밀밭 가에 묻고 산속으로 피난한다. 기록을 보면, 주변에 자신의 남자종, 이빈이 보내준 현의 아전, 이빈의 아내 등 다수의 사람이 있었다. 가족들(특히 막내딸) 생각에 눈물을 흘리기도 한다.

7월 3일에는 그들이 숨은 산 근처인 금산 일대에 왜적이 나타나 불을 지르고 분탕질을 저질렀다는 소식이 들어온다. 급히 아침을 먹고 더 깊은 산중으로 들어가 큰 바위 밑에 숨는다. 옛날 암자 터였는데, 바위 아래 나무를 깔아 거처를 만들고 두꺼운 기름종이, 도롱이, 옷 등으로 덮었다. 오래 머무를 생각이었다. 바위틈의 석순(종유석이 아닌 石蓴을 말하는 듯), 산나물을 부식으로 먹고, 틈틈이 종이나 아전을 산 아래로 보내 소식을 알아 오도록 한다. 특히 이빈과 소식을 자주 주고받는다. 오랜 노숙 생활로 건강이 나빠진다. 종일토록 시냇가 바위에 쭈그리고 앉아 있으니 '허리 아래가 쇠처럼 차갑다'라는 고통도 일기에 적었다. 이빈의 편지와 통문, 현의 호장(戶長)이 보낸 소의 앞·뒷다리, 꿀 등을 선물로 받는다. 7월 25일은 저자 오희문의 생일이다. 그는 생일날 자신을 낳느라 고생한 어머니를 그리워하며 눈물을 흘린다. 7월 30일 명나라 군대 6만이 평양에서 승리했다는 소식을 듣는다. 또, 김해의 왜적이 한양 소식을 듣고 돌아갔다는 소식도 듣는다. 모처럼 속이 시원한 소식이라 기뻐한다. 그런데 이 명나라 군대 승전보는 오보이거나 훗날 다른 소식과 혼동한 것이다. 이 시기 명나라 선발부대는 조선군과 연합해 평양성을 탈환하려고 했지만 패전하고 요동으로 회군했다. 이후 조선군은 독자적으로 탈환을 시도했지만 실패했다. 평양 탈환은 이듬해 1월 이여송(李如松)의 명군 4만여 명과 조선군 1만여 명의 연합군이 대승하며 성공한다.

8월이 되자 건강이 급격하게 나빠진다. 급기야 하혈도 한다. 무주 등 주변 지역의 소규모 전투에서 승리했다는 소식이 들린다. 8월 7일, 산을 내려보냈던 자가 관아의 물건을 가져오며, 오희문의 옷, 행기(行器, 여행용 식기), 요강도 챙겨왔다. 중앙 조정의 소식도 다시 알게 된다.

"지금 정사(政事)를 보니, 이산보(李山甫, 1539~1594년)가 이조판서, 이항 복이 병조판서, 이성중(李誠中, 1539~1593년)이 호조판서, 이덕형(李德馨)이 대사헌에 제수되었고, 나머지 사람들은 생략하여 기록하지 않았다. 초 여름 이후로 정초(政草, 관리의 면직과 승진에 관한 문서 초안)를 보지 못한 지 넉 달이 되었는데, 뜻밖에 오늘 조정의 제목(除目, 관직 제수를 받은 관 리 이름을 적은 목록)을 다시 보게 되니 나도 모르게 눈물이 떨어졌다."

중앙 조정의 인사 소식을 전라도 산속에 숨어 있는 평범한 양반도 빠르게 알 수 있었다. 그것도 의주 임시궁궐의 소식이 적이 장악한 평안 도, 황해도, 한양, 경기도, 충청도 지역을 모두 통과해서 말이다. 이는 조 보(朝報, 조선 시대 승정원에서 재결 사항을 기록하고 서사하여 반포하던 관보) 덕 분이다. 계속해서 왕 선조의 유서(諭書, 군사 지휘권을 가진 관리에 내리는 명 령서)도 소개한다. 8월 13일, 그가 본 유서는 조만간 명나라 군대가 한양 으로 대대적인 진격을 할 것이라는 소식과 조선군도 이에 맞춰 매복을 통해 적들을 공격하라는 것이었다. 이에 대한 구체적인 명령은 류성룡 과 도원수 김명원(金命元, 1534~1602년)의 지휘를 받으라는 내용이다. 8월 15일, 추석에도 산속 바위 아래에서 잔다. 명절 음식을 현에서 보내왔는 데, 가족(특히 어머니) 생각이 더욱 간절하다. 8월 16일, 경기도 이천에 있는 왕세자가 의병 투쟁을 격려하며 내리는 글에 대해 듣는다. 8월 26일, 의병장 고경명의 진중에 들어온 중(승려)이 적과 내통해 공생(貢生, 향교에 다니던 학생)과 백성을 살해하고, 관청의 인신(印信, 도장이나 관인 따위를 통틀어 이르는 말)을 탈취하려 했다는 놀라운 소식을 듣는다. 이빈의 군대 조방장(助防將)을 따르는 관리의 편지로 알게 된 것들이다.

9월 13일에도 어떤 의병이 백성의 머리를 베어 적의 수급이라고 순찰사(巡察使, 전시에 전선을 순찰하는 관리)에게 바쳤다는 소식을 듣는다. 전란이 일어나면 충신도 나오지만, 반역자도 나오는 법이다. 이런 소식은 의병과 조선군의 사기를 떨어뜨리고, 사회 혼란도 일으킨다. 후일 기록이지만, 그는 오직 영남의 곽재우와 김면, 경기도의 홍계남(洪季男, 1563~1597년), 충청도의 조헌, 전라도의 김천일과 고경명을 최고의 의병장이라고 높이 평가한다. 9월 15일, 앞서 『고대일록』에서 소개한 영남지방의 여성 피로인 소식을 오희문도 듣고 기록에 남긴다. 9월 22일, 86일 만에 다시 산에서 내려와 관아에 머문다. 9월 27일 밤, 집안의 사내종이 와서 아내의 편지를 전한다. 드디어 가족들의 생사를 알게 된다. 처자식은 그동안 강원도에서 떠돌며 굶주렸다는 것이다. 현재는 충청도 예산 넷째 누이네 농막(농사짓기 위해 농토 옆에 지은 간이 주택)에 도착해 있다는 소식이다. 그런데 어머니는 그들과 떨어져 고양에 사는 첫째 누이의 아들 농막으로 갔는데, 더는 소식을 알 수 없다고 한다. 오희문은 처자식이 아니라 어머니가 더 걱정이다. 당장 출발하고 싶었지만 수행할 종이 아파서 지체된다. 그 외에 가족, 친척들의 소식도 듣는다. 누구네는 무탈하고,

오히려 선물도 보내온다. 그러나 누구네는 왜적에게 분탕질당하고, 납치되고, 죽기도 했다는 애통한 소식들이다. 10월 8일, 어머니를 찾아 말을 타고 북상을 시작한다. 10월 18일 예산에 사는 넷째 누이를 만나 눈물로 상봉한다. 이날 계당(溪堂, 충청도 홍성)에 새 거처를 마련한다.

11월 1일, 계당에 큰 눈이 내린다. 그와 6촌 친척인 경기도 관찰사 심대(沈岱, 1546~1592년)가 마전(麻田, 경기도 연천)에서 130여 명의 군인과 함께 적에게 모두 도륙당했다는 비보를 듣는다. 한양 수복 작전을 위해 대기하던 중 야습을 당한 것이다. 적들은 심대의 머리를 베어 한양 도성 거리에 전시했는데, 60일 지나도 모습이 그대로였다고 한다. 11월 9일, 아산에서 처남 부부와 재회한다. 11월 17일, 병마절도사 이옥(李沃)이 직산(稷山, 충청도 천안)에 참봉 오윤겸(오희문의 아들)이 있다는 소식을 듣고 첩(帖)을 써서 보낸다. 백미 10말 등 생선, 젓갈, 된장 등을 지급한다는 문서다. 그 첩을 아버지에게 보냈고, 이로써 당분간 굶주릴 걱정을 덜었다고 기록한다.

11월 29일, 사포(寺浦, 충청도 보령)의 숙부댁에 방문한다. 동네 사람들과 종정도(從政圖, 종이에 관직을 적고 주사위로 승진과 파면을 정하는 놀이)를 하며 모처럼 즐겁게 보냈는데, 오후에 갑자기 이빈의 부고가 전해진다. 왜적과 전투 중 전사한 것이다. 일기에 그와의 오랜 인연을 적으며 슬퍼한다. 지난 37년 동안 한양의 집에서 함께 살았고, 최근에는 장수에서 피난 생활을 물심양면으로 도와준 큰 처남의 죽음이니 상심이 컸다. 이번에는 오래도록 기다리던 어머니 소식이 들어온다. 그의 어머니는 고양에서 강화도로 가셨는데, 직접 가본 사내종들의 말로는 건강하다는 소식이다. 지금은 아우 조카, 아우의 장인이 모두 함께 있고, 현재는 그 장인의 농막이 있는 전라도 고부로 배를 타고 갔다는 것이다. 다만 어머니는 영암의 둘째 누이 집으로 가고자 영광 법성창(法聖倉, 영암의 조창)에서 하선할 예정이라는 것이다. 노비들도 왜적에게 포로로 잡힌 어린 남녀 노비 둘을 제외하고 모두 데리고 왔다고 한다. 그날의 소회를 그는 "슬픔 속에 기쁜 소식을 들으니 더할 나위 없이 얼떨떨하네"라고 표현하였다. 12월 13일, 아우가 찾아와 눈물로 재회하고, 어머니가 지금은 태안에 계신다는 놀라운 소식도 전한다. 강화도에서 출발한 배가 역풍을 만나 인천 앞바다의 섬에서 조난당해 죽을뻔했는데, 마침 그 섬에 정박 중이던 관선의 구조를 받아 겨우 살았다고 한다. 그 배를 타고 태안 소근포(所斤浦)로 오셨다는 소식이다. 아우가 이 소식을 전하기 위해 급히 말을 구해 달려온 것이다. 12월 16일, 태안군으로 달려가 소근포 근처의 어느 수군의 집에 머물고 계신 어머니와 눈물의 상봉을 한다. 이날의 감격을 오희문은 이렇게 기록했다.

"난리 통에 모자가 남북으로 떨어져서 8, 9개월이나 생사를 몰랐으니, 오늘 어머니의 얼굴을 다시 뵘에 어찌 슬프지 않겠는가. 우리 집 노모와 처자, 형제자매가 각각 목숨을 보전해 한 사람도 죽지 않고 만났으니, 그 기쁨이 어떠하겠는가. 다만 셋째 누이 남매가 아직 양근(楊根, 경기도 양평) 땅에 있는데, 그곳은 적의 소굴이라 걱정스럽다. 어떤 사람은 진천의 농막으로 나왔다고 하는데, 현재로서는 자세히 알 수 없다."

그동안 은혜를 베푼 수군 내외에게 감사 인사를 하고, 12월 23일 대흥(大興, 예산군 내)을 거쳐 24일 계당의 거처에 도착한다. 이날 인연이 있는 주변 지역의 관리들이 먹을 것들을 많이 보내주었다. 12월 25일, 아들 오윤겸의 아내가 여자아이를 분만하였다. "전에 아들 둘을 낳았으나 모두 잃고 연이어 낳은 딸 넷뿐이다. 훗날 양육할 일은 말로 다할 수 없지만 무사히 출산했으니 또한 다행이다." 12월 29일, 오윤겸이 돌아왔다. 이제 그의 가족 대부분은 함께 새해 아침을 맞이하게 되었다. 이날도 부여 현감이 먹을 것들을 많이 보내주었다. 현감이 오윤겸의 동갑내기 친구다. 이렇게 임진왜란 첫해 기록 중에 눈에 띄는 것들을 소개했다.

오희문의 『쇄미록』은 전쟁의 참상과 피난 생활의 고단함이 주된 내용이다. 하지만 읽다 보면 당시 양반과 그 아래 신분인 노비 등의 실제 생활을 많이 이해할 수 있다. 당시는 남녀 차별이 조선 후기보다 적어 오희문은 외가, 처가, 딸과 사위와 깊은 유대감을 나누었다는 점을 알 수 있다. 친인척 남자들 같은 경우는 호(號)보다 친밀한 자(字)로 부르고, 시집간 딸들은 시집간 지역을 붙여 "어디의 딸"이라고 부른 것도 흥미롭다. 관직이 있다면 관직명으로 부른다. 또한 전란 중에도 양반은 노비들을 통한 소식 전달, 조보 소식을 받아 보는 것, 친척이거나 가까운 사이의 관리로부터 받은 선물로 생계가 유지되는 것 등도 중요한 내용이다. 한편, 전란 중에도 양반은 혼인과 제사를, 국가는 과거시험을 계속해 실시한 것도 참으로 경탄스럽다.

"내가 아버지 명 받들어 일기 쓰기 시작한 것 역시 회갑이 되었다."

노상추일기(盧尙樞日記)

조선 후기 무관의 일상과 지역사회 양반의 생활을 알 수 있게 하는 기록이 『노상추일기』이다. 일기를 쓴 노상추(盧尙樞, 1746~1829)의 본관은 안강(安康). 자는 용겸(用謙), 호는 서산와(西山窩)인데 중요한 것은 본관이다. 안강 노씨는 대대로 선산(善山, 구미)에 살던 양반으로 전형적인 영남남인(嶺南南人)의 가문 중 하나이다. 그래서 영남남인의 진퇴와 거의 맞물려 노씨 가문도 성장과 퇴조를 했다. 영남남인은 근기남인(近畿南人)과 달리 이황의 학문을 따르는 정통파 남인이다. 인조반정 이후 중앙 정계에서 떠나 대거 낙향을 많이 했다고 한다. 한편, 인조반정 이후 주로 소북(小北)에서 남인으로 전향한 사람들을 근기남인이라 한다. 한양과 경기도에 거주하였고, 인조 때부터 중앙 정계에서 활동한 남인은 대개 이들이다. 그런 이유로 노상추의 할아버지 노계정(盧啓禎, 1695~1755년)은 문과가 아닌 무과급제를 통해 입신양명하게 되었다. 전국의 주요 무관직을 거쳤지만 부정적인 평가도 많다. 아버지 노철(盧澈, 1715~1772년)은 노계정과 달리 가장으로서 집안 관리만 했던 평범한 삶을 살았다. 그러다가 믿고 의지했던 큰아들이 젊은 나이에 죽자, 18세의 둘째 아들 노상추에게 집안 관리의 상당 부분을 넘겨버린다. 이 과정에서 67년간 (1763~1829년)의 『노상추일기』도 시작된 것이다.

사실 아버지 노철도 열아홉부터 마흔여덟까지 일기를 썼다. 가장의 부담을 노상추에게 넘기면서 일기 쓰기도 함께 넘긴 것이다. 이들의 일기는 개인의 일상과 그에 대한 감상, 비밀스러운 감정 같은 것을 적은 것이 아니다. 가장으로서 집안의 대소사와 가정경제, 자제 교육 등을 기록하는 가문의 역사라고 말할 수 있다. 심지어 죽음을 앞둔 순간에도 자신의 문병을 온 사람들의 이름을 일기에 꼼꼼히 기록했다. 전체적으로 보면, 세 부분으로 나눌 수 있다. 노상추의 30대 중반까지는 아버지 노철을 중심으로 가사 생활, 경제적인 활동, 본인이 무과 준비하는 과정 등이 일기에 수록되어 있다. 다음은 35세에 무과급제를 한 후 4년 뒤 관직에 나가 활동하는 내용을 담은 일기이다. 주로 한양 근무와 변방의 무장으로서 근무한 내용이다. 마지막은 60대 후반 고향으로 돌아와 생을 마감한 84세까지 쓴 일기이다. 주로 손자 교육과 가족과 가문의 대소사에 관한 것들이다. 어떤 날은 간단한 메모만 남기고 나중에 한꺼번에 쓰기도 한다.

일기에서 흥미로운 몇 대목을 보자. 우선 그가 무과 출신이라서 일기를 보면 무과 준비 과정과 시험 과목 등을 알 수 있다. 그는 이미 2번을 낙방하고 서른네 살 나이로 1779년(정조 3년) 세 번째로 도전해 급제한다. 먼저 9월 지역의 향시(鄕試)이다. 첫 과목인 사목(射木)은 그런대로 좋았지만 다음날 방포(放砲, 총 쏘는 것)에서는 말단으로 합격한다. 다음은 11월 대구에서 열린 도시(都試, 무사를 선발하는 시험)에서는 만족스러워 보인다. 이듬해 1780년 2월의 한양에서 열린 정과(庭科, 문과와 무과를 잡과와 비교하는 말)이다. 1월 21일, 고향집을 출발했고, 2월 22일 무과가 개장했다. 첫날 목전(木箭, 나무 화살)과 철전(鐵箭, 무쇠화살)은 만족스럽지만, 다음날 편전(片箭, 아기살)과 조총은 과녁을 정통으로 맞히지 못한다. 셋째 날은 『경국대전』과 여러 병법서 응강(應講, 과거에서 외운 경서를 암송시킨 후 등락 점수를 매기는 시험에 응시함.)이다. 25일, 모화관(慕華館, 서대문에 있던 중국 사신 객관, 현재 독립문 옆 독립관 자리)에 합격자를 알리는 방이 붙었는데, 그는 합격한다. 마지막은 전시(展試)지만 합격 여부가 아니라 성적 순위를 매기는 과정일 뿐이다. 물론 성적 순위가 높아야 좋은 관직에 나갈 수 있었다. 그는 이후 돈을 빌려 한양까지 여러 번 오가지만 추천을 받지 못해 출사하지 못한다. 아마도 그가 영남 남인 출신이라서 차별을 받았을 것이다. 1728년(영조4년) 일어난 이인좌의 난 이후 오랫동안

조선의 경번갑

영남지방은 반역향(反逆鄕)으로 낙인찍혀 차별을 받았기 때문이다. 노상추도 늘 영남차별을 의식하며 살았을 것이다. 그렇게 4년이 흐른 뒤, 꿈에도 그리던 정3품 선전관(宣傳官)에 임명된다. 사실 선전관 임명은 정조가 할아버지 노계정의 이름을 기억하고 내린 은혜였다. 늦었지만 할아버지 덕에 노상추는 대체로 무난한 관직 생활을 한다.

이 『노상추일기』가 대중적으로 많은 호기심을 끌었던 것은 아마도 변방 무관들과 지방 관청에 속한 수청기(守廳妓)의 관계 때문일 것이다. 마흔두 살의 노상추는 갑산의 동변장(東邊將)으로 부임하면서 관련 기록이 많다. 기록을 보면, 이런 무관들은 특정 기생을 아내처럼 여기며 임기 내내 함께 지냈다. 심지어 공적인 관청 행사에도 동행하였다. 노상추는 이런 행태가 지나치다고 여겼지만, 그도 시기(侍妓)라는 어린 기생의 시중을 밤마다 받았다. 그들의 이름과 느낀 애틋한 감정도 일기에 기록한다. 갑산부의 열여섯 어린 기생 석벽(惜璧)과의 사이에서 딸도 태어났다. 하지만 이후 한양의 훈련주부(訓鍊主簿)로 발령이 나면서 그 관계도 끝났다. 훗날, 평안도 삭주(朔州)의 부사로 있던 시절에는 할아버지가 변방에 남긴 딸을 만난다. 혈연 상으로 고모이다. 노계정의 수청기였던 춘당선이 낳은 딸로 이름은 계월(桂月)이다. 이 계월도 커서 기생이 되었고, 당시 박천(博川)의 탁선달(卓先達)의 첩이 되었다. 관청 소속 기생 춘당선 모녀가 노계정과 이별 후 어떻게 살았는지는 어느 정도 상상할 수 있다. 아무리 그 시대의 법과 관습이 그렇다고 해도 분명 비정한 이야기이며, 당시 민중의 생생한 역사이다.

6장

조선의 맛

다시 먹고픈 요리 품평서 「도문대작(屠門大嚼)」

책의 제목부터가 인상적이다. "고깃집 문 앞에서 크게 쩝쩝거리며 고기 씹는 흉내를 낸다"라는 한자 숙어다. 의미는 서로 다른 두 가지인데, '상상만으로도 맛있는 음식' 또는 그냥 '허풍으로 체면을 차린다'라는 것이다. 이 책은 1611년 교산(蛟山) 허균(許筠, 1569~1618년)이 전라도 함열(咸悅) 유배지의 곤궁한 생활 속에서 썼다. 그런데 그 집필 동기가 어이없다. 이전에 그가 잘나갈 때 전국 팔도를 놀러 다니며 먹었던 맛있는 음식들을 회상하며 정리한 것이다. 그의 문집 『성소부부고(惺所覆瓿藁)』 속에 수록되어 있다.

허균이 어떤 인물인지 길게 설명하지 않으려 한다. 드라마 같은 대중 예술 분야의 창작물을 통해 이미 많은 부분 알려져 있기 때문이다. 또한 그의 고향은 그를 소재로 관광지가 개발된 지 아주 오래되었다. 그 때문에 허균은 오늘날 큰 호평을 받는 인물이 되었다. 일부에서는 그의 몇 마디 파격적인 말(글)을 들어서 '자유주의 선구자'처럼 말하지만, 그가 생존했던 당시 기록과 평가는 지금과 전혀 달랐다. 특히 문제는 말이 아니라 행실이었다. 그의 행실에 대한 평가만 잠시 보자. 먼저 그를 직접 죽인 광해군의 입장을 보자.

"역적의 우두머리 허균은 성품이 사납고 행실이 개돼지와 같았다. 윤리를 어지럽히고 음란을 자행하여 인간의 도리가 전연 없었으며, 윤기

강릉의 허균 생가

(倫紀, 윤리와 기강)를 멸시하고 상례(喪禮)를 폐지하여 스스로 자식의 도
리를 끊었다. 붓을 놀리는 자그마한 기예로 출세하여 등급을 건너뛰어
외람되이 작위를 차지하여 녹(관리에게 지급하는 급료)을 훔쳤다."

_『광해군 일기』 132권, 광해 10년 9월 6일 신묘 3번째 기사

가장 잔인한 방식인 능지처참으로 허균을 죽인 후, 광해군이 발표한
교서이다. 이 문장 뒤에는 인목대비의 아버지인 연흥부원군(延興府院君)
김제남(金悌男, 1562~1613년) 등과 결탁하여 역모를 추진한 구체적인 죄상
을 밝힌다. 그리고 역적들을 죽여서 기쁜 마음으로 "대사령(大赦令)"을 발
표하여 죄수들을 풀어준다는 내용이다.

허균은 역모죄로 죽기 전부터 수많은 비판과 탄핵을 받았다. 그의 아버지는 허엽(許曄, 1517~1580년), 이복형제(형)는 허성(許筬, 1548~1612년)으로 전형적인 동인 집안 출신이다. 과거급제 후 주로 대명 외교 분야에서 활약한다. 그의 뛰어난 글재주 덕이다. 그런데 관직에 있을 때 그의 행실은 경악스러운 일들이 많았다. 관아에 불당을 차려놓고 염불과 참선을 했다. 친구들을 관아에 불러들여 먹고 놀았다. 이런 공직자는 당시는 물론 현재도 무사히 자리를 지킬 수 없다. 더욱이 어머니 상중에도 기생까지 불러들여 즐겁게 놀았다고 한다. 이 『도문대작』을 유배지에서 쓰게 된 발단이 된 것도 과거시험 부정 사건이었다. 이 외에도 많지만 더욱 놀라운 것은 전혀 부끄러움을 느끼지 못하고 자신의 문집 『성소부부고』, 『조관기행(漕官紀行)』 등에 이런 사실들을 자랑스럽게 기록했다는 점이다. 『조관기행』은 1601년 허균이 전운판관(轉運判官)에 임명되어 조운(漕運)을 감독하러 충청, 전라 지역으로 출장을 간 공무를 기록한 기행문이다. 그런데 어디서 어떤 기생과 술을 먹고 잠자리했다는 내용을 포함해 재미있게 놀았다는 기록이 많다. 조선 시대 공무로 여행한 후 남긴 기행문을 여럿 보았지만 이런 기행문을 아직 보지 못했다. 이와 같은 허균의 용납할 수 없는 행실 때문에 출사한 이래로 수많은 탄핵을 받았다. 이 탄핵 상소 중에는 허균을 "하늘이 내린 괴물(天生一怪物)"이라 부르고, '살점을 베어 씹어 먹고 싶다'는 표현도 등장할 만큼, 그의 행실은 수많은 선비의 분노를 불러왔다. 이런 상소들과 앞서 소개한 광해군 교서에 나오는 허균의 평가는 일치한다. 그럼에도 그는 늘 왕 주변에서 맴돌며 총애를 받았다. 선조와 광해군 시절의 대명 외교는 그 이전과 비교할 수 없을 정도의 가장 큰 국가 중대사였다. 임진왜란과 광해군의 책봉 등의 문제였기 때문이다. 허균은 대명 외교에서 자신이 가진 글재주를 한껏 드러내 왕들의 총애를 받은 것이다. 그러나 외교에 써야 할 국비도 사적으로 유용하면서 자신을 믿어준 왕을 배신하기도 했다.

다만 허균을 죽음에 이르게 한 사건은 현재도 여러 논란이 있다. 분명한 것은 허균의 불투명하고, 음모적인 여러 행각이 이 사건의 발단이란 점이다. 허균의 이런 행각이 드러나면서 광해군의 의심을 불러왔고, 마침내 역모죄로 처형되었을 것이다. 다른 측면은 광해군 시절에는 이런 역모 사건으로 많이 죽었다. 그중 상당수는 광해군의 병적인 의심으로 조작된 것이 많다. 오죽했으면 당시 사관은 광해군은 신하들과 학문을 연구하고 국정을 고민하는 경연 자리에는 전혀 나오지 않고, 오로지 역모 사건을 직접 심문하는 친국(親鞫)으로 매일 밤낮을 보낸다고 비판할 정도였다.

『도문대작』은 오늘날 한국사에서 가장 오래된 음식 평가서라고 평가받는다. 이제 내용을 보자. 1권 1책의 분량으로 허균이 해당 지역을 방문해 직접 맛을 본 음식에 대한 짧은 평가와 설명이다. 떡류 19종, 과실 33종, 날 짐승류 6종, 수산물 52종, 채소 38종, 그 외의 차, 술, 꿀, 기름, 약밥 등과 계절 음식 43종이다. 이 중에 몇몇 가지를 보면 이렇다.

• 방풍죽(防風粥) : 나의 외가는 강릉이다. 그곳에는 방풍이 많이 난다.

2월이면 그곳 사람들은 해가 뜨기 전에 이슬을 맞으며 처음 돋아난 싹을 딴다. 곱게 찧은 쌀로 죽을 끓이는데, 반쯤 익었을 때 방풍 싹을 넣는다. 다 끓으면 찬 사기그릇에 담아 뜨뜻할 때 먹는데 달콤한 향기가 입에 가득하여 3일 동안은 가시지 않는다. 세속에서는 참으로 상품의 진미이다. 나는 뒤에 요산(遼山 수안군)에 있을 때 시험 삼아 한 번 끓여 먹어 보았더니 강릉에서 먹던 맛과는 어림도 없었다.

• 엿(飴) : 개성의 것이 상품이고 전주 것이 그다음이다. 근래에는 서울 송침교 부근에서도 잘 만든다.

• 대만두(大饅頭) : 의주의 사람들이 중국 사람처럼 잘 만든다. 그밖에는 모두 별로 좋지 않다.

• 하늘 배(天賜梨) : 성화(成化 명나라 헌종)의 연호 연간에 강릉에 사는 진사 김영(金瑛)의 집에 갑자기 배나무 한 그루가 돋아났는데 열매가 사발만 하였다. 지금은 많이 퍼졌는데 맛이 달고 연하다.

• 감귤(甘橘) : 제주에서 나는데 금귤보다는 조금 크고 달다.

• 황도(黃桃) : 춘천과 홍천에서 많이 난다.

• 수박(西瓜) : 고려 때 홍다구(洪茶丘, 1244~1291년 고려를 배신하고 원에 귀부)가 처음 개성에다 심었다. 연대를 따져보면 아마 홍호(洪皓)가 강남(江南)에서 들여온 것보다 먼저일 것이다. 충주에서 나는 것이 상품인데 모양이 동과(冬瓜, 동아)처럼 생긴 것이 좋다. 원주 것이 그다음이다.

• 웅장(熊掌, 곰의 발바닥) : 산골에는 모두 있다. 요리를 잘하지 않으면 제맛이 나지 않는다. 강원도 회양(淮陽)의 요리가 가장 좋고, 의주 희천

(熙川, 평안북도)이 그다음이다.

•표태(豹胎, 표범의 태) : 양양에 요리를 잘하는 사람이 하나 있다. 맛이
매우 좋다. 다른 곳에서 만든 것은 불결하여 먹을 수가 없다.

•녹설(鹿舌, 사슴의 혀) : 회양 사람들이 요리한 것이 매우 맛있다.

•녹미(鹿尾, 사슴의 꼬리) : 부안에서 그늘에 말린 것이 가장 좋고, 제주
도의 것이 그다음이다.

•붕어(鯽魚) : 어느 곳에나 있지만, 강릉의 경포가 바닷물과 통하기 때
문에 흙냄새가 안 나고 가장 맛있다.

•오징어(烏賊魚) : 서해에서는 일부 지방에서만 잡히는데 흥덕(興德, 전
라북도 고창)과 부안에서 잡히는 것이 가장 좋다.

•궐어(鱖魚, 쏘가리) : 서울 동, 서쪽에서 많이 나는데 속칭 염만어(廉鰻
魚)라고 한다.

•복어(河豚) : 한강에서 나는 것이 맛이 좋은데 독이 있어 사람이 많이
죽는다. 영동 지방에서 나는 것은 맛이 조금 떨어지지만, 독은 없다.

•광어(廣魚) : 동해에서 많이 나는데, 가을에 말린 것이 끈끈하지 않
아 좋다.

•대구(大口魚) : 동, 남, 서해에서 모두 나는데 북쪽에서 나는 것이 가
장 크고 누른색이며 두껍다. 동해에서 나는 것은 붉고 작은데 중국인
들이 가장 좋아한다. 서해에서 나는 것은 더욱 작다.

•죽순절임(竹筍醯) : 호남 노령(蘆嶺) 이하에서 잘 담그는데 맛이 썩
좋다.

• 김(甘苔) : 호남에서 나는데 함평, 무안, 나주에서 나는 것이 썩 맛이 좋아 엿처럼 달다.

• 마늘(蒜) : 영월에서 나는 것이 가장 좋다. 먹어도 냄새가 안 난다.

• 차(茶) : 순천에서 나는 작설(雀舌)이 가장 좋고 변산(邊山, 전라북도)의 것이 다음이다.

• 술(酒) : 개성부에서 빚는 태상주(太常酒)가 가장 좋은데 자주(煮酒)는 더욱 좋다. 그다음은 삭주(朔州, 평안북도) 것이 역시 좋다.

• 꿀(蜂蜜) : 평창에서 나는 석청이 가장 좋고 곡산(谷山) · 수안(遂安, 황해도)의 것도 좋다.

• 약밥(藥飯) : 경주에서는 보름날 까마귀에게 먹이는 풍습이 있다. 중국인들이 좋아해서 배워서 해 먹는데 고려반(高麗飯)이라 부른다.

『음식디미방』은 1670년경 장계향(張桂香, 1598~1680년)이 한글로 쓴 요리책이다. 장계향을 "정부인(정·종2품의 아내에게 내리는 작호) 안동 장씨"라고도 한다. 장흥효(張興孝, 1564~1633년)의 외동딸로 태어나 이시명(李時明, 1590~1674년)과 결혼하여 정부인이 되었다. 아들 이현일(李玄逸, 1627~1704년)이 벼슬로 대사헌(大司憲, 시정을 논하고, 관리감찰과 풍속감찰 등의 임무)에 이르러 받은 것이다. 이현일의 학문과 사상적 위상은 영남 산림의 대표 이황의 학맥을 잇는 정통 남인으로 평가받았다. 중요한 것은 장계향의 아버지도 지역의 명문인 안동 장씨이고, 이황의 학문을 잇는 존경받는 선비였다. 남편 이시명도 지역 명문인 재령(載寧) 이씨 종손이었고, 장계향은 그 종가의 종부(종가의 맏며느리)가 된 것이다.

『음식디미방』은 현재 동아시아 최초로 여성이 쓴 요리책이라는 평가를 받고 있다. 그 요리의 전승도 오로지 재령 이씨 종부들에게 이어졌다는 점도 중요하다. 장계향은 책에서 이런 말을 했다.

"이 책은 매우 눈이 어두운데 간신히 썼으니 그 뜻을 잘 알아서 그대로 시행하고, 딸자식들은 각각 베껴 가되 이 책 가져갈 생각은 하지 말고, 부디 상하지 않게 간수하여 훼손하지 말라."

딸들도 배우는 것은 무방하지만 전승의 문제는 다르다고 선을 그은 것 같다. 그렇다면 이 한 권의 요리책이 350년이 넘게 재령 이씨 종부들의 손에서 손으로만 전해진 이유는 무엇일까?

유교 국가인 조선의 사회적 특징은 조상숭배와 가문 존중이라고 말할 수 있다. 이 둘이 합쳐진 공간은 종가와 종가의 사당이다. 종가는 가문의 맏어른 집이며, 가문의 적장자로 계승된다. 이를 대종가라고 한다. 하지만 많은 경우는 5대가 지나서 나뉜 소종가(小宗家)와 사회적 지위와 명성이 높아 나뉜 파종가(派宗家)이다. 사당은 조상들의 위패를 모신 신주가 있는 사묘(祠廟)이다. 모시는 조상들에게 지내는 제사가 많다. 음력 2월, 5월, 8월, 11월에 5대조의 묘소에서 지내는 시제(時祭), 동지에 시조에게 지내는 시조제(始祖祭), 입춘에 고조(高祖) 이상의 선조에게 지내는 선조제(先祖祭), 계추(음력 9월)에 어버이에게 지내는 녜제(禰祭), 그리고 4대조까지의 조상을 위한 기제사(忌祭祀), 삼년상 중 초하루와 보름에 지내는 삭망제(朔望祭), 추석, 설, 한식, 단오에 지내는 차례, 공훈이 큰 조상을 영원히 제사를 지내도록 국가가 허락한 불천위제사(不遷位祭祀), 특별한 일이 있을 때 지내는 고유제(告由祭) 등등. 중요한 것은 이때 직계 가족만이 아니라 가문 구성원 전체가 모여 제사를 지낸다는 사실이다. 이런 제사가 대개 한 달에 거의 두 번 이상이 될 것이다. 유명한 종가라면 대부분이 불천위제사를 지낼 조상이 있기 마련이다. 이런 제사에는 전국의 후손들이 수백 명이 찾아온다. 이 외에도 설과 단오 같은 절기마다 있는 행사, 종가의 여러 관혼상제 등도 있다.

조선의 명문 종가는 모두 제사와 손님 접대가 가장 중요한 일이었다.

제사상

이 막대한 임무를 맡은 사람이 종부이다. 그래서 종부가 종가의 '곳간 열쇠를 관리하는 등 가문 내에서 존경받는다. 이황의 제자로 유명했던 유학자인 김성일 가문에서는 설날에 나이나 항렬에 무관하게 종부에게 세배를 올리기도 한다. 그렇다면 이런 종가는 전국에 얼마나 있을까? 과거에는 많았겠지만, 현재까지도 종가로서 제사를 잘 받들고 있다고 평가받는 종가를 소개하면 다음과 같다.

경상북도가 가장 많다. 성주군에는 이원조(李源祚, 1792~1871년) 종가, 안동시에는 김계행(金係行, 1431~1517년) 종가, 이황 종가, 김성일 종가, 류성룡 종가, 이현일 종가, 예천군은 권문해(權文海, 1534~1591년) 종가, 봉화군은 권벌(權橃, 1478~1548년) 종가, 경주시는 김굉필 종가가 있다. 경상남도 함양군에는 정여창 종가가 있다. 충청남도는 대전시의 권시(權諰, 1604~1672년) 종가와 송준길 종가가 있다. 공주시는 이유태(李惟泰,

1607~1684년) 종가, 윤증 종가가 있고, 논산시는 김장생 종가가 있다. 전라
남도 해남군에는 윤선도 종가가 있다. 마지막으로, 경기도 시흥시에는
한준겸(韓浚謙, 1557~1627년) 종가가 있다.

이런 종가에서 수많은 제사와 엄청난 손님 접대에서 중요한 것은 결
국 상에 올릴 음식이 될 것이다. 그렇게 각 종가에는 독보적인 음식의 조
리법이 존재하게 되었을 것이다. 또한 각 음식의 조리법을 정리한 요리책
도 모든 종가마다 존재했을 것이다. 조선의 요리책으로 많이 알려진 책
들의 제목을 보면, 『수운잡방(需雲雜方)』, 『최씨음식법』, 『주초침저방(酒醋
沉菹方)』, 『주방문(酒方文)』, 『규합총서(閨閤叢書)』, 『시의전서(是議全書)』, 『군학
회등(群學會騰)』, 『주식시의(酒食是儀)』 등이 있다. 지금은 이런 명문 종가
의 요리를 고급 한식 요리라고 하지만, 수많은 종부의 땀과 눈물이 어린
노고이다. 이제 재령 이씨 종가의 종부가 흘린 눈물 맛을 잠시 보자.

주재료로 분류한 요리는 면병류(麵餅類, 국수와 떡)가 18가지, 어육류가
34가지, 주류와 초류(醋類) 54가지로 모두 146가지다. 그 외에 채소 저장
법이 7가지, 파·마늘·푸성귀 같은 부식인 소채류 16가지, 맛질방문 17
가지가 있다. 여기서 「맛질방문」은 일반적으로 장계향의 고향 봉화 지
역의 요리법이란 의미로 말한다. 그러나 이 "맛질"이란 말의 의미에 대해
서는 여러 의견이 분분하다. 이 책에는 고추가 아직 요리에 쓰이지 않는
다. 또한 돼지고기 요리보다 개고기 요리가 더 많은 것도 흥미롭다.

몇 개 찾아보면, 역시 종갓집 요리라서 손이 많이 간다. 착면법(着麵
法)이란 것을 보자.

"녹두를 맷돌로 쪼개어 물에 담갔다가 충분히 붇거든 껍질을 벗기고 또 맷돌에 갈아 물에 거르되, 아주 가는 체로 밭고, 다시 가는 모시 베에 밭아 두어라. 뿌연 빛이 없이 가라앉았거든 위의 맑은 물은 따라 버려라. 밑의 뿌연 물을 그릇에 담아 두어 가라앉았거든 또 웃물을 따라 내고, 가라앉은 가루를 식지에 얇게 널어라. 마르면 다시 찧고 체로 쳐서 가루로 두었다가, 쓸 적마다 가루 한 홉을 물에 타되 너무 걸지 않게 타라. 혹 양푼에 한 숟가락씩 담아 뜨거운 솥뚜껑 물에 띄워 골고루 내저어 잘 익히다가, 살짝 사이에 익으면 찬물에 담갔다가 썰되, 조각지게 썰어 오미자차에 얼음을 넣어 써라. 오미자가 없거든 참깨를 볶아 찧어 체로 걸러 그 국에 말면 토장국이라 한다. 녹두 한 말에 가루 서 되가 나느니라."

이번에는 죽엽주(竹葉酒)다.

"백미 너 말을 여러 번 씻어 물에 담가 재워 무르게 쪄 식거든 끓여, 식은 물 아홉 사발에 국말 일곱 되를 섞어 독에 넣어 서늘한 데 두었다가, 스무날 만에 찹쌀 닷 되를 무르게 쪄 식거든 밀가루 한 되를 섞어 넣어 두어라. 이레 만이면 술 빛이 댓잎 같고 맛이 향기로우니라."

_음식디미방 주해, 2006. 2. 28., 백두현, 정부인 안동 장씨

끝으로 『음식디미방』의 한문식 이름에 대해 살펴보자. 그 이름은 "음

식지미방(飮食知味方)"이다. 이 말은 『중용』의 제4장 "사람들이 음식을 먹고 마시지 않는 이가 없지만, 맛을 아는 이가 적다(人莫不欲飮食也, 鮮能知味也)"라는 문장에서 따온 것이다. 이 말의 의미는 깊은데 음식에도 중정(中正)이 있어야 맛이 있다는 말이다. '지나치거나 모자라지 않고, 치우치지도 않고, 올바르고 곧다'는 의미가 중정이다. 가령, 음식에 소금이 너무 많이 들어가거나 적어서도 안 되고 적절하게 넣어야 맛이 나는 것이다. 그리고 서로 다른 재료를 섞어 조화를 이루어 새로운 맛을 만들어야 한다는 것이다. 책의 제목을 볼 때, 장계향의 음식 철학은 '중용의 도를 실현하는 것에 있었다는 것을 알 수 있다. 이렇듯 그녀의 학문 수준은 높았다. 조숙하여 나이 7세에 「천자문」을 깨우치고, 11세부터 『소학』과 『십구사략(十九史略)』, 『예기』 등 경전과 역사를 배우기 시작했다. 살면서, 「성인음(聖人吟)」, 「소소음(蕭蕭吟)」, 「학발시(鶴髮詩)」, 「회우시(稀又詩)」 등의 시들이 수록된 『학발첩(鶴髮帖)』, 『전가보첩(傳家寶帖)』 등을 남겼다. 이 중 10세 전후에 지은 「학발시」 등은 수작으로 꼽는다. 한편, "경신대기근"의 재앙이 조선을 덮치자 나이 74세의 장계향은 빈민 구제 활동에 적극적으로 나섰다. 학문으로, 사회적 활동으로 장계향은 가문과 지역사회에서 "여중군자(女中君子)"라고 찬양받았다.

해양 수산물의 모든 것 『자산어보(玆山魚譜)』

이 책은 손암(巽庵) 정약전(丁若銓, 1758~1816년)이 유배지 흑산도에서 1814년 쓴 해양 수산물 연구보고서이다. 전체 분량은 3권 1책이다. 그런데 왜 흑산도인지, 이 책이 나오기까지 어떤 과정이 있었는지, 이런 사항들을 먼저 살펴볼 필요가 있다.

1801년 신유박해 때 가톨릭 신자라는 혐의로 정약전, 정약종(丁若鍾, 1760~1801년), 정약용(丁若鏞, 1762~1836년) 3형제가 체포되었는데, 정약종은 끝까지 배교하지 않고 순교하였다. 나머지 정약전은 전라도 신지도로, 정약용은 경상도 장기(포항)로 유배를 가게 되었다. 이때 맏형인 정약현(丁若鉉, 1751~1821년)의 사위인 황사영(黃嗣永, 1775~1801년)이 백서(帛書) 사건을 일으켰다. 황사영이 로마 가톨릭교회 북경 교구의 주교에게 박해를 받는 조선교회의 상황과 대책을 적은 밀서를 보내려다가 발각된 사건이다. 그가 제시한 대책에는 조선을 청의 (고려 때처럼) 부마국(사위의 나라)으로 만들거나 하나의 성(省)으로 편입하라는 것, 천주교 승인을 위해 외국 군대를 동원해 조선을 공격하라는 것 등이었다. 그러자 조정에서는 정약용 등을 다시 엄중하게 처벌하자는 논의가 일어났고, 그런 논의 끝에 정약용은 강진으로, 정약전은 다시 흑산도로 유배를 보냈다. 그래서 정약전이 한양에서 멀고 먼 흑산도까지 간 것이다.

「서문」부터 보면, 먼저 책 제목이 지닌 의미부터 밝혔다. 흑산(黑山)이 아니고 자산(玆山)이 된 이유는 흑산이란 말이 어둡고 무섭기에 바꿨다

흑산도 사리항

고 밝힌다. 즉, 자산과 흑산은 같은 말이란 것이다. 그리고 자신은 박물자(博物者)이기 때문에 흑산도 바다 해양생물에 관심이 가게 되었다고 밝힌다. "박물"이란 말은 대체로 세상 모든 사물을 연구하고, 그 자료를 모으는 학문이다. 근대 이후에는 자연과학을 의미한다. 그러나 평생을 뭍에서 산 정약전이 혼자서 해양 수산물을 살펴보고 연구하기란 쉬운 일이 아니었다. 서문에서는 섬에 사는 장창대(張昌大, 1792~?년)라는 선비의 조력으로 연구하게 되었다고 밝혔다. 한편 편찬 과정에서 이청(李田+靑, 1792~1861년)이란 정약용의 제자가 참여한 것에 대해서 논란이 있다. 현존하는 『자산어보』의 본문을 보면, 관찰한 해양생물 설명에서 이청이 살펴본다는 "청안(田+靑案)"이란 제목의 문헌 고증이 많이 나온다. 처음 정약전이 『자산어보』를 편찬할 때부터 이청도 참여하여 자신의 의견(고증)을 실은 것인지, 아니면 이후 이청이 이 책을 보고 자신의 연구를 추가한 것인지에 대한 논란이 있다. 제목도 『자산어보』가 아닌 『현산어보』로 읽어야 한다는 주장도 있다. 당시 통용되었던 한자 자전인 『전운옥편(全韻玉篇)』을 근거로 玆자가 검다는 뜻으로 쓰일 경우, "현"으로 읽어야 한다는 것이다. 저자가 스스로 밝힌 『자산어보』의 저술 목적은 병 치료, 쓰임을 이롭게 하는 것, 재물을 잘 관리하는 것, 그리고 시인들의 소재로 제공하는 것이라고 했다.

흥미로운 것은 분류 방식이다. 비늘이 있는 어류 72종은 「인류(鱗類)」로, 비늘이 없는 어류 43종은 「무린류(無鱗類)」, 껍데기가 있는 어류 66종은 「개류(介類)」로 나누고, 나머지는 「잡류(雜類)」라고 했다. 잡류에는 "4종의 해충(海蟲)", "5종의 해금(海禽)", "1종의 해수(海獸)", "35종의 해초(海草)"가 있다. 전체 226종이다. 이 분류에 따라서 해양생물의 이름, 모양, 크기, 습성, 맛, 쓰임새, 분포 등을 서술했다. 서문에서는 문헌에서 고증할 수 없는 생물이 절반이었고, 이것 때문에 나머지 생물 이름은 현지 주민들의 말과 자신이 새롭게 지었다고 밝혔다.

이제 수록된 생물 몇 종을 보자. 먼저 맨 앞에 있는 「인류」의 석수어(石首魚)의 설명을 보자. 석수어는 '크고 작은 여러 종이 있다'고 밝히고 있다. 그 중 대면(大鮸)은 오늘날 낚시로 많이 잡는 돗돔이다. "속명은 애웃(艾羽叱)"이라 주를 달았다.

"큰놈은 길이가 10자 남짓이다. 몸통은 두 뼘 정도이며, 모양은 면어 (鮸魚, 민어)를 닮았고, 빛깔은 황흑색이다. 맛도 민어와 비슷하나 더 진하다. 음력 3~4월경에 물 위에 떠다니므로(주로 부레의 공기가 넘치기 때문이고 물속 깊이 못 들어감이라 표시), 어부들이 맨손으로 이를 잡는다. 6~7월경에는 사어(鯊魚, 상어)를 잡는 이들이 낚시를 물 아래에 설치한다."

또 다른 내용에는 "대면의 간에는 지독한 독이 있어서 먹으면 명현(瞑眩, 약물 반응)이 나타나면서, 선창(癬瘡, 버짐)과 개창(疥瘡, 옴)이 발생해 부스럼 병의 뿌리를 삭일 수 있다. 대면의 쓸개는 흉통과 복통을 치료한다"고 되어있다. 그리고 여러 문헌을 통해 고증하는 내용으로 대면에 대한 설명을 마친다. 석수어에는 면어, 추수어(踏水魚, 조기)가 더 수록되어 있다.

다음은 「무린류」의 분어(鱝魚)다. 속명으로 홍어라고 되어있다. 기록의 내용을 보자.

"큰놈은 넓이가 6~7자 안팎으로 암놈은 크고 수놈은 작다. 모양은 연잎과 같고, 빛은 검붉고, 코(酥鼻)는 머리 부분에 자리하고 있으며, 뿌리 쪽은 크고 끝은 뾰족하다. 입은 코 밑에 있고, 머리와 배 사이에 입이 곧게 나 있다. 등 위에 코가 있고, 코 뒤에 눈이 있다. 꼬리는 돼지 꼬리 같은데, 꼬리의 등마루에는 가시가 불규칙적으로 나 있다. 수컷은 음경이 둘 있는데, 음경은 바로 뼈고 그 형상은 굽은 칼과 같다."

"나주와 가까운 고을 사람들은 썩힌 홍어를 즐겨 먹는데, 다른 지방 사람과 기호가 다르다. 가슴과 배에 숙환이 있는 사람은 썩힌 홍어로 국을 끓여 먹으면 더러운 것이 제거된다. 이 국은 숙취를 없애주는 데 매우 효과가 있다."

분어에는 소분(小鱝, 목탁가오리), 수분(瘦鱝, 도랑가오리·홍어·오동가오리·상어가오리·저자가오리·살홍어·눈가오리), 청분(靑鱝, 청가오리), 흑분(黑鱝, 묵가오리), 황분(黃鱝, 노랑가오리), 나분(螺鱝, 고둥가오리), 응분(鷹鱝, 매가오리)이 더 수록되어 있다. 이 「무린류」에는 인어(人魚)를 소개하고 있는 점도 흥미롭다. 정약전은 인어에 대해 속명 옥붕어(玉朋魚)라고 주를 달고 있고, "모양은 사람과 비슷하다"라고 한 줄로 설명하고 있다. 이어서 청안이란 이름의 긴 문헌 고증이 이어진다.『산해경(山海經)』,『이아(爾雅)』 등의 문헌 자료를 제시하며 5개의 실마리를 제공하고 있다.

조선 후기에는 해양 수산물 연구 흐름이 형성되었다. 그 선구는 담정(蓮庭) 김려(金鑢, 1766~1821년)가 1803년에 저술한『우해이어보(牛海異魚譜)』이다. 김려도 "강이천(姜彝天)의 비어사건(飛語事件)"과 가톨릭 연루로 우해(진해)로 유배를 떠났고, 그곳에서 인근 바다의 어류 104종 등을 관찰, 연구하여 저술한 것이다. 1820년 저술된 서유구의『난호어목지(蘭湖漁牧志)』도 유명하다. 민물고기 52종과 바닷물고기 80종 등 총 132종을 소개했다. 다른 한편, 조선 후기에는 상업 유통이 발달하며 한양 사는 평범한 사람들의 식탁에도 여러 수산물 요리가 본격적으로 올라오기 시작했다.

"오로지 풍속을 따르면서 형편에 맞게 조절"하는 맛 「정조지(鼎俎志)」

풍석(楓石) 서유구(徐有榘, 1764~1845년)가 관직 생활을 마무리하고, 파주 장단의 집에서 36년간 아들 서우보(徐宇輔, 1795~1827년)의 도움을 받아 가며 저술한 방대한 백과사전『임원경제지(林園經濟志)』중 한편이 「정조지」이다. '솥과 도마'라는 제목이 의미하듯이 「정조지」는 요리에 관한 책이다.

『임원경제지』는 흔히 백과사전, 조선판 브리태니커 사전이라고 한다. 조선에서 살아가는 데 필요한 모든 것을 망라한 책이다. 당시에는 이런 책을 유서(類書)라고 불렀다. 전체 113권 52책으로, 주제를 지(志)로 분류하였다. 모두 보면 16가지의 주제는 다음과 같다.

농사일에 관한 사항은 「본리지(本利志)」, 식용식물과 약용식물 등은 「관휴지(灌畦志)」, 화훼재배에 관한 사항은 「예원지(藝畹志)」, 과실과 과류(瓜類), 목류(木類) 등은 「만학지(晩學志)」, 뽕나무 재배와 직조, 염색 등은 「전공지(展功志)」, (점성적인) 천문 관측은 「위선지(魏鮮志)」, 가축 사육과 사냥, 어로 등은 「전어지(佃漁志)」, 약이 되는 음식과 조미료, 술 등은 「정조지」, 건축 디자인, 실내 인테리어, 생활 도구, 교통수단 등은 「섬용지(贍用志)」, 도교의 양생술, 신선술, 식이요법 등은 「보양지(葆養志)」, 의학, 약재, 구황작물 등은 「인제지(仁濟志)」, 관혼상제 등은 「향례지(鄕禮志)」, 선비들의 독서와 기예 등은 「유예지(遊藝志)」, 선비들의 취미 등은 「이운지(怡雲志)」, 풍수지리에 관한 사항은 「상택지(相宅志)」, 가계 운영과 상업 등은 「예규지(倪圭志)」이다. 이 16가지 주제 때문에 이 책을 『임원십육지(林園十六志)』 또는 『임원경제십육지(林園經濟十六志)』라고도 부른다.

이제 책을 쓴 서유구에 대해 잠시 보자. 그는 앞서 소개한 서명응의 손자, 서호수의 아들이다. 정조 때 과거급제자 출신으로 규장각 초계문신(抄啟文臣, 별도로 소장학자를 선발해 심화된 연구를 하도록 한 제도)을 거쳐, 육조판서와 관찰사를 두루 역임했다. 구황 식물인 고구마 보급에 큰 공로가 있고, 주로 농업 정책을 연구하여 토지제 부세(賦稅, 세금을 매겨서 부과하는 일) 개혁 등을 주창하였다. 그런데 "김달순(金達淳, 1760~1806년) 옥사" 사건의 여파로 숙부 서형수(徐瀅修, 1749~1824년)가 18년 동안 유배지에서 지내다가 죽는 일이 생겼다. 이 일을 계기로 서유구와 달성 서씨 가문도 서서히 내리막을 걷게 된다. 김달순 옥사 사건은 복잡하지만 그 의미를 보면 이렇다. 정조 사후 수렴청정을 하던 정순왕후가 퇴장하자, 정순왕후를 따르던 벽파(僻派) 세력도 퇴장하였다. 반대로 시파(時派)인 김조순의 안동김씨(安東金氏) 세력 등이 부상하게 된다. 김달순 옥사는 권력이 교체되는 계기였고 이후 정국은 크게 변하였다. 벽파와 시파는 정조 때 형성된 세력이다. 사도세자의 죽음을 당연시하면 벽파이고, 반대로 사도세자의 죽음을 애석하게 여기면 시파다. 이 사건 이후 서유구는 사직하고 오랫동안 파주 집에서 『임원경제지』 집필에 몰두한다. 1836년 74세에 수원 유수(留守)로 임명되면서 다시 관직으로 복귀해 2년여 활동하다가 은퇴한다. 이후 그가 집필한 『임원경제지』에서 추구한 전원생활을 하다가 죽는다.

방대하여 모든 내용을 다 소개하기는 어렵지만 몇 가지 흥미로운 내용을 소개한다. 먼저 서문을 보면, 제목에 들어간 "정(鼎)"과 "조(俎)"부터 그는 설명한다. 정은 다섯 가지(시고, 짜고, 달고, 쓰고, 매운) 맛을 조화시키는 그릇으로, 발이 셋이고 귀가 둘인 솥이다. 조는 희생(犧牲, 제사의 제물)을 올리는 그릇이다. 이어서 책의 9개 항목을 소개한다. 물과 곡식 등 음식 재료 정리, 밥과 떡 등 익히거나 찌는 음식, 죽과 조청 등 달이거나 고는 음식, 미숫가루나 국수 등 볶거나 가루 내어 만든 음식, 차 등 음료, 꿀에 과일 졸인 것 등 과정, 채소 음식, 가르거나 삶아서 조리하는 음식, 조미료, 술, 절기 음식이다. 마지막으로 그의 음식에 대한 견해 또는 철학을 밝히고 있다. 음식의 맛은 고금이 다르고, 중국과 다른 나라가 다르고, 지방마다 다르고, 사람마다 다 다르다는 것이다. "오로지 풍속을 따르면서 형편에 맞게 조절하면" 된다는 것이다.

우리는 고기를 지나치게 많이 먹는 시대에 살고 있다. 「정조지」 5권은 고기 요리의 모든 것이 나온다. 알아두면 좋을 몇 가지를 소개하고자 한다. 고깃국을 의미하는 "갱확(羹臛)"을 보면, '묵은 고기 누린내가 나지 않게 삶는 법'을 소개하고 있다. "묵은 고기인 납육(臘肉)을 삶아 익히려 할 때는 벌겋게 타는 숯 몇 덩이를 노구솥 안에 넣으면 기름 누린내가 나지 않는다"고 한다. 『중궤록(中饋錄)』이란 책을 인용한 것이다. 또 다른 한 가지는 '묵은 고기 삶기(煮陳肉方)'이다. 여기서는 두 가지 방법을 제시하고 있다. "볏짚을 한마디(寸, 약 3.03cm) 길이로 잘라 함께 삶으면 좋다. 고기의 냄새가 모두 볏짚 속으로 스며든다.(『물류상감지(物類相感志)』"

는 것과 "상한 고기를 삶을 때는 호두 3개를 사용한다. 호두 1개마다 구멍 10여 개를 뚫어 상한 고기와 함께 삶으면 그 냄새가 모두 호둣속으로 스며든다.(『구선신은서(臞仙神隱書)』)"는 것이다. 냉장고 속을 뒤적이다가 지난 명절 때 받은 지 오래된 고기가 그냥 있는 것을 발견했던 경험이 있을 것이다. 냉장고가 없던 시절 살던 사람들의 경험이기에 제법 신빙성이 있어 보인다.

「정조지」 5권은 전반적으로 소, 돼지, 양, 개, 당나귀 등 가축류들과 닭, 꿩 같은 가금류, 그리고 생선류를 요리하는 것을 다룬다. 요리 방법은 고깃국, 굽기, 회, 포, 젓갈과 식혜, 염장이다. 또한 특이한 요리들도 나오는데, 그중 하나가 회회 해라시 만들기(回回海螺廝方)다. 요리 이름으로 알 수 있듯이 아라비아(回回)에서 온 요리다. 내용은 이렇다.

"계란 20개를 깨서 고루 휘젓는다. 양고기 2근을 가늘게 썰고, 여기에 고운 양념 0.5냥, 다진 파 10줄기를 넣은 다음 참기름에 볶아 포슬포슬하게 만든다. 이를 계란즙에 넣어 고르게 섞는다. 식초 1잔, 술 0.5잔, 콩가루 2냥을 죽처럼 개어 계란즙, 볶은 고기와 같이 다시 고루 휘저어 술병 안에 부어 넣는다. 병 아가리를 댓잎으로 덮고 묶는다. 이 병을 끓는 물에 넣고 삶아 익힌다. 그 뒤 식었으면 병을 깨뜨린 다음 익은 음식을 편으로 자르고 연유와 꿀을 뿌려 먹는다." _『거가필용(居家必用)』

끝으로 「정조지」의 7권 술 이야기 몇 가지를 소개한다. 전체 내용은 마찬가지로, 술과 단술(酒醴)에 대한 총론, 술 빚는 여러 방법, 각종 술 소개, 술 보관 등이 있다. 설날과 단오 등 각종 절기에 맞는 음식 만들기가 있다.

소개할 내용은 먼저 '음주로 인한 병 막는 법'이다. 제시된 방법은 "밀가루 음식을 먹은 뒤에 술을 마시려고 할 때는 알맹이를 제거한 한초(漢椒, 천초) 2~3알을 술로 삼키면 병이 나지 않는다.(『구선신은서(臞仙神隱書)』)" 이다.

다음은 술을 내려주는 음식, 안주에 대한 저자의 평가이다. 첫째, 청품(淸品, 맑은 종류)은 신선한 대합조개회 선합(鮮蛤), 술지게미에 담근 조개 조감(糟蚶), 술에 담근 게 주해(酒蟹) 같은 종류다. 둘째, 이품(異品, 색다른 종류)은 곰 심장의 하얀 지방 부위 웅백(熊白), 복어 수컷의 정소 서시유(西施乳) 같은 종류다. 셋째, 이품(膩品, 기름진 종류)은 새끼 양구이, 거위 새끼 구이 같은 종류다. 넷째, 과품(果品, 과일 종류)은 잣, 살구 속 씨 같은 종류다. 마지막 다섯째, 소품(蔬品, 채소 종류)은 신선한 죽순, 햇부추 같은 종류다. 저자는 마지막으로 이 말을 덧붙였다.

"그러나 시골의 가난한 선비가 어디서 이러한 안주들을 마련하겠는가? 다만 질동이에 푸성귀만 갖추더라도 어찌 그 높은 경지를 손상시키겠는가?" _『상정(觴政)』

도인의 찻자리 경지 『동다송(東茶頌)』

한국의 차나무가 자라는 입지 조건, 생김새, 역사와 효능, 제다(차 만들기)와 포다(차 우려내기) 과정, 마시고 즐기는 방법 등을 정리한 책이 『동다송』이다. 형식은 68행의 7언 고시체(古詩體)로 쓴 송(頌)이다. 설명과 주석이 풍부하게 달린 책으로 보아야 내용을 이해할 수 있다.

저자는 의순(意恂, 1786~1866년)이란 법명을 쓰는 승려이며, 책은 1837년 집필했다. 그는 전라도 해남 대흥사 제13대 대종사를 지낸 고승이다. 이 의순과 백파(白坡, 1767~1852년)라는 고승과 선(禪)을 둘러싼 논쟁은 불교 사상계에서 중요한 사건이다. 초의(草衣)라는 호로 오늘날 많이 알렸다. 지금도 유명한 대흥사 일지암(一枝庵)도 그가 짓고 머문 곳이다. 그를 단지 유

일지암과 자우홍련사(紫芋紅蓮社)

배 온 문신들 뒷바라지했던 착한 승려처럼 말하는 것은 지나치다.

내용을 보면, 해거도인(海居道人)의 명으로 지었다는 글이 맨 앞에 있다. 해거도인은 정조의 사위 홍현주(洪顯周, 1793~1865년)를 말한다. 아마도 그가 한국의 차에 대해 먼저 물어오자, 이 송을 지었다고 보인다. 또한 명나라 장원(張源)이 쓴 『다록(茶錄)』이 주석서로 붙어 있다. 몇 구절 보자. 맨 앞의 첫 번째 송을 보면 이렇다.

위대한 하느님께서 어여쁜 차나무를 귤의 덕과 짝 되게 하시니, 받은 천명 그대로 옮기지 않고 남쪽 나라에서 사네.

빽빽한 잎은 눈과 싸우며 겨우내 푸르고, 하얀 꽃은 서리에 씻기며 가을의 영화로움 드러낸다네.

차의 입지 조건과 생육환경을 이렇게 짧은 시로 표현한 것이다.

이번에는 제다와 포자를 설명하는 열다섯 번째 송이다.

속에 있는 현미함은 오묘하여 드러나기 어려우니, 진과 정은 체와 신에서 분리되게 하지 말아야 한다네. 체와 신이 비록 온전하더라도 오히려 중정을 잃을까 두렵지만, 중정이란 것은 건과 영을 아우르는데 지나지 않는다네.

(后皇嘉樹配橘德 受命不遷生南國. 密葉鬪霞貫冬靑 素花濯霜發秋榮. 中有玄微妙難顯 眞精莫敎體神分. 體神雖全猶恐過中正 中正不過健靈倂.)

이어서 긴 주석을 달아놓았다. 차를 덖는 과정인 조다(造茶), 찻물의 종류를 구분한 천품(川品), 찻물을 끓이는 포법(泡法)이다. 그리고 총평으로 이런 말을 하였다.

"차를 딸 때 그 오묘함을 다하고, 만들 때 그 정성을 다하며, 물은 진수를 얻고, 우릴 때 그 중(中)을 얻어야 한다. 체(體)와 신(神)이 서로 어울리면 건(健)과 영(靈)이 아울러 갖춰지니 여기에 이르면 마침내 다도(茶道)에 도달한 것이다."

7장

조선 사람이 쓴 조선 역사

이 책은 1675년 북애자(北崖子)라는 사람이 쓴 책이다. 아주 먼 옛날, 상고(上古) 시대와 단군조선에 관한 역사서인데, 아주 미스터리한 책이다. 이제 본격적으로 「규원사화」의 내용을 보자. 책은 「서문」, 「조판기(肇判記)」, 「태시기(太始記)」, 「단군기 (檀君記)」, 「만설(漫說)」로 구성되어 있다.

규원사화

「서문」을 보면, 저자인 북애자가 자신이 누군지, 어떻게 이 책을 썼고, 목적은 무엇인지를 스스로 밝히고 있다. 그의 이력을 보면, 과거에 응시했지만 낙방하자 낙담하고 강호를 방랑하였다고 한다. 그때 역사의 고도(古都)인 김해, 경주, 부여, 공주, 춘천을 돌아보고, 금강산과 구월산에도 올라가 보고, 평양을 거쳐 의주에 도착해 통군정(統軍亭)에 올라 요동을 바라보며 한숨을 쉬었다고 한다. "우리 옛날 선조들의 옛 땅이 적국에 들어간 지가 이미 천년이고, 지금 해독이 날로 심해졌다. 이에 옛날을 생각하니 지금 슬퍼서 한숨을 내쉰다"고 감회를 토로하기도 한다. 그렇게 한 달 남짓 지나서 개성에서 아내의 부고를 듣고 귀가하여 현재는 삼각산 남쪽에 규원서옥(揆園書屋)을 짓고 지낸다고 했다. "우리나라의 역사는 잦은 병화를 겪어서 없어졌고, 후세는 중국 책에 빠져 우리나라를 빛낼 줄 몰랐다"고 비판한다. 또 청나라를 공격하려던 효종이 요절하여 슬프다고 말한다. 그러다가 고려 말 사람으로 추정되는 청평산인(淸平山人) 이명(李茗, ?~?)이 쓴 『진역유기(震域遺記)』라는 책을 얻어 삼국시대 이전의 역사를 알게 되었고, 그렇게 이 책 『규원사화』를 완성했다는 것이다. 한편, 이명은 『조대기(朝代記)』라는 또 다른 역사서를 인용하였다고 한다. 『세조실록』 7권, 세조 3년(1457년) 5월 26일 3번째 기사를 보면, 세조가 고조선 시대부터 당시까지 역사 전체를 기술한 통사 『동국통감』을 편찬하기 위해 전국의 관찰사에게 (역사) 책들을 수집하라는 유시(諭示)가 있다. 이때 세조가 거론한 책 중에 『조대기』 등이 있는데, 그 내용은 현재 전해지지 않고 있다. 「서문」은 "아! 내가 죽은 후 이 책을 잡고서 노래하고 우는 자가 있다면, 나의 혼이나마 한없이 기쁠 것이다."라는 울분을 토하는 것으로 마무리한다.

「조판기」는 천지의 음양으로 나뉘고 물과 불이 끝없는 운동을 하는 우주 탄생 설화로 시작한다. 그리고 일대주신(一大主神)인 환인(桓因)이 환웅천왕(桓雄天王)에게 명령을 내려, 하늘과 땅, 별 등 천지창조를 한다는 이야기로 이어진다. 다시 환인이 4대 환웅천왕에게 천부인(天符印) 3개를 주고, 풍백(風伯), 우사(雨師), 운사(雲師) 등 3천 무리를 거느리고 태백산 박달나무에 내려가 신시(神市)의 군장(君長)이 되었다. 태백산이 곧 백두산이라 한다. 이렇게 10만 년이 되었다는 것이다. 전체 내용은 단군신화와 비슷한데, 스케일은 더 크다.

「태시기」는 신시씨(神市氏)가 치우씨(蚩尤氏)에게 명령해 인간에게 해로운 것들(거친 초목, 해수, 해충)을 다스리라고 하였다. 그러자 치우씨는 바람, 우레, 구름, 안개를 부리는 능력을 지녔고, 무기를 만들어 해로운 것들을 다스리게 되었다. 신시씨는 고시씨(高矢氏)에게도 명령하여 인간들에게 농사짓는 법, 불 사용법, 글자를 전해주었다. 세종 때 개척한 육진(六鎭)과 고려의 비석이 있다는 선춘령(先春嶺) 바위에서 발견되는 문자는 신지씨가 만든 글자라는 것이라고 저자는 주장한다. 이후, 치우씨, 고시씨, 신지씨의 후예는 번성했다. 치우씨는 남서쪽, 신지씨는 동북쪽, 고시씨는 동남쪽에 살았다. 이들이 진한(辰韓)과 변한(弁韓)의 제족(諸族)이 되었고, 이후 삼한(三韓)은 다 그 후손이다. 신지씨가 치우씨, 고시씨, 주인씨(朱因氏) 등과 더불어 오래도록 인간의 366가지 일을 다스리고, 예제(禮制)를 세우고 교육하였다. 한편, 중국 신화 이야기들도 등장하는데, 치우씨와 헌원씨(軒轅氏)와 벌인 전투도 서술하였다.

「단군기」는 역대 중국과 한국의 역사서들을 비판하고, 단군이 펼친 교화(敎化)와 예교(禮敎)의 의의, 계승을 강조하고 있다. 근거는 서문에서 밝힌 『진역유기』다. 「단군기」의 주요한 내용은 단군이 구체적으로 한 치적을 서술한 것이다. 그리고 단군의 나라도 왕조로서, 1대부터 고열가(古列加)에 이르는 47대의 왕명과 재위 기간, 그리고 치적들이 기술되어 있다. 이후 제후가 난립하여 열국 시대가 시작되었다며 마무리하였다.

끝으로 「만설」을 보자. 처음에는 천지 우주 등 다양한 주제에 대한 사상적, 신앙적 주장으로 시작한다. 이어서 비분강개한 어조로 조선이 약소국이 된 것을 성토한다. 그런데, 이런 주장도 한다. "청나라 황제를 달래서 (조선과 청은) 같은 조상에서 이어졌다고 말하고, 이해관계로 이끌어 요동과 만주, 유주(북경 일대)와 영주(요서 지역)를 차지한다. 북방의 야인을 앞잡이로 삼고 동으로 왜(일본)와 연합하여 남쪽을 흔들 것이다'라고 하였다. 당시 조선의 현실 진단은 이렇게 한다. "오늘날 사람들은 헛된 글(유학?)에 빠져 쇠약해지고, 그 도를 버리고 송나라 선비가 뱉은 침(주자학?)을 핥고, 자기 군주는 깎아내리고 외국의 신하와 종으로 비유하고 있다'고 비난했다.

그러나 이 『규원사화』는 많은 논란과 비판이 따르는 역사서이다. 정말 숙종 당대에 쓴 것인지, 불순한 목적을 지닌 후세(20세기)의 누군가가 가공의 북애자를 내세워 쓴 것인지, 그것도 아니면 후세의 가필(加筆)인지도 모른다. 특히, 민족종교인 대종교(大倧敎) 인사들이 가필, 조작했다고 의심을 받는다. 또한, 「서문」에서는 북벌을 추진한 효종을 애도하다가 「만설」에서는 조선과 청은 조상이 같다는 모순된 주장도 한다. 한반도의 역사와 문화는 만주의 일부라는 만선사관(滿鮮史觀) 등 일제 강점기 때의 정치적 구호, 주장을 연상하게 하는 것들도 있다. 한국의 역사학계가 현재까지 연구해 밝힌 고조선은 이 『규원사화』나 훗날 『환단고기(桓檀古記)』 같은 책에서 설명하는 나라와 문명은 아니다. 오늘날 대체로, 이런 역사를 특별한 목적을 가진 누군가가 몇 가지 사실을 가지고 역사를 조작한 "유사역사학(類似歷史學, pseudohistory)"이라고 비판한다.

신기하고 이상한 이야기 『순오지(旬五志)』

『규원사화』 못지않게 아주 이색적인 역사서가 비슷한 시기에 출현했다. 그 책은 현묵자(玄黙子) 홍만종(洪萬宗, 1643~1725년)이 1678년 쓴 『순오지』이다. 『순오지』는 저자가 쓴 「자서(自序)」, 백곡(柏谷) 김득신(金得臣, 1604~1684년)이 쓴 「서문」, 그리고 「상권」, 「하권」으로 구성되어 있다. 저자가 쓴 「자서」를 보면, 자신이 서호(西湖, 마포 서강나루)에서 병으로 앓아누웠을 때 옛날에 들었던 이야기와 민가의 속담 등을 기록해 한 권 책으로 만들었다고 한다. 제목은 딱 15일 동안 저술했다는 의미이다. 그래서 이 책을 "십오지(十五志)"라고도 한다. 당시 그는 문과에 급제했지만 출사하지 못했다. 그의 아버지 홍주세(洪柱世)가 효종 때 발생한 김자점(金自點)의 모반 사건에 연루되었기 때문이다. 홍주세는 이 사건으로 목숨은 잃지 않았지만 외직(外職)으로 떠돌다가 죽었다. 아버지의 죽음에 충격을 받은 홍만종은 병을 오래 앓았고, 병중에 도교에 심취하게 되었다고 한다. 이 『순오지』 저술 후 저자도 출사하였지만, 허견(許堅, ?~1680년)의 모반 사건으로 탄핵을 받고 유배되었다. 유배에서 풀려난 이후 저술에 몰두하였다. 역사서인 『동국역대총목(東國歷代總目)』, 역대 시화를 모은 『시화총림(詩話叢林)』 등을 저서로 남겼다.

서문을 써준 김득신도 흥미로운 인물이다. 그는 진주대첩의 영웅 김시민(金時敏) 장군의 손자로 태어나 늦은 나이인 59세에 과거 급제를 했다. 벼슬이 내려졌으나 출사하지 않고, 고향 충청도 괴산의 취묵당(醉墨

堂)에서 시문을 지으며 살았다. 좀 허무하게 죽었는데, 당시 횡행하던 명화적(明火賊)의 습격으로 죽었다. 그가 유명한 것은 독서다. 어려서 천연두 후유증으로 머리(기억력)에 문제가 생겨 같은 책을 수만 번 반복해 책을 읽어 극복했다는 것이다. 『사기열전』의 맨 처음인 「백이전(伯夷傳)」을 1억 번 읽었다는 유명한 이야기가 전해진다.

「상권」은 단군과 기자의 이야기, 도선(導線, 827~898년)의 풍수지리와 고려 태조 왕건(王建, 재위 918~943년)의 삼한통일 등의 이야기를 서술하였다. 도선의 한자는 이 책과 다르게 오늘날은 대체로 "道詵"이라고 쓴다. 이어서 조선 태조 이성계의 일화들을 기술하였다. 이성계가 꿈에서 허물어진 집의 서까래 3개를 지고 나왔다는 이야기(王子를 암시)와 그 꿈풀이를 위해 만난 무학(無學, 1327~1405년)에 대한 것이다. 또 이성계가 계룡산 아래 집터를 잡고 공사를 시작하자 신인(神人)이 꿈속에 나타나 '여기는 정씨(鄭氏)가 살아야 하니, 그대는 그만두고 떠나라'고 한 이야기, 신궁인 이성계가 화살을 날려 지나가던 여인이 머리에 인 물동이에 작은 구멍을 내자, 옆에 있는 조선의 개국공신 이지란(李之蘭, 1331~1402년)이 작은 진흙 덩이를 던져 막았다는 이야기, 1380년 남원 운봉 일대에서 왜구를 크게 무찌른 황산대첩에서 선보인 이성계의 활 솜씨 이야기, 고구려와 수당 전쟁 이야기, 조선 시대 인물들이 시문(詩文)으로 명나라 문인들과 대결한 일화 등등. 참으로 다양한 주제의 많은 이야기를 쏟아내고 있다.

그런데 이런 이야기들도 역사일까? 전통적으로 주류 역사는 유학자가 추구한 대의명분이 뚜렷한 춘추필법으로 기술한 것이다. 또한 이 춘추필법에서는 괴력난신 같은 것을 추구하지 않는다. 만약, 예언 같은 것을 기술하더라도 단지 왕조 창업의 정당성을 강조하는 천명, 또는 왕조 말기의 분노한 하늘(민중)의 경고로써 의미를 부여한다. 그러나 고려 때 일연(一然, 1206~1289년)의 『삼국유사』 이래로 유교의 역사관과 전혀 다른 역사서들이 존재해 왔다. 그런 역사서들을 "신이사관(神異史觀)"이라고 한다. 신기하고 이상하다는 말 그대로, 초능력과 같은 미지의 힘이 지배하는 역사관을 말한다. 대체로 이런 사관을 드러낸 역사서 저자들은 불교 또는 도교 사상을 지녔다. 그런데 유교적인 사관으로만 역사를 저술하면, 고유의 전통문화를 축소하거나 훼손할 위험도 있다. 그래서 오늘날에는 이 신이사관의 역사서에 대해서도 가치를 부여하고 있다. 저자 홍만종도 「상권」 중간 부분에서 아주 강경한 어조로 이런 글을 남겼다.

"우리 동방은 문헌의 나라라고 하지만, 중국 사적만 알 뿐이다. 본국의 일에 있어서 상하 수천 년 싸움으로 흥하고 패한 역사가 있는데도, 캄캄하게 아무것도 모르고 있다."

「상권」 뒷부분에는 도교 수련법을 길게 소개하고 있다. 새벽에 호흡을 조절하는 조식법(調息法), 침을 씹어서 삼키는 탐진법(吞津法), 몸의 모양을 활을 쏘는 것과 같이하는 도인법(導引法), 몸과 마음을 수양하고 탐욕을 버림으로써 자신의 수명을 연장하는 보화탕(保和湯) 등의 내용이다.

「하권」은 신라의 설총(薛聰)과 최치원(崔致遠), 고려의 최충(崔沖, 984~1068

년)과 안향(安珦), 정몽주(鄭夢周), 이색(李穡), 길재(吉再)를 소개하고, 조선의 수많은 성리학-도학자로 이어진다. 이름, 호, 자, 시호, 본관 등도 함께 기술하였다. 이어서 도사(道士) 같은 인물들을 소개한다. 저자는 도교를 "단학(丹學)"이라 명명하였다. 단학에서 기이한 행적을 보였던 인물 40명을 모아 『해동이적전(海東異蹟傳)』이라는 책을 저술했다고 밝힌다. 『해동이적전』은 38명을 32항으로 나누어 썼는데, 흥미로운 점은 이 책의 발문을 송시열(宋時烈)이 썼다는 것이다. 이 「하권」에서는 단군, 혁거세(赫居世, 재위 기원전 57~4년), 동명왕(東明王, 재위 기원전 37~기원전 19년), 최치원, 강감찬, 서경덕, 전우치, 곽재우처럼 널리 알려진 인물들을 많이 소개하고 있다. 그런데 남해선인(南海仙人), 한라선옹(漢拏仙翁)같이 전설 속 도사 같은 인물들도 소개하고 있다. 그렇지만 모두 문헌 자료를 인용하고 있다. 이어서 불교다. 고구려에 불교를 전래한 순도(順道)부터 조선 시대 의병장 유정(사명당) 등 유명한 고승들을 소개하고 있다. 이어서 유·불·선, 3교에 대한 저자 홍만종의 논설, 관련 일화 등으로 되어있다. 한편, 유·불·선, 이 3개 종교를 모두 융합, 통일하자는 삼교합일론이란 것이 있다. 동아시아에서 이미 오래된 주장으로써 조선에서도 마찬가지였다. 조선 말기에는 3개 종교를 통일한 신흥종교, 민족종교가 등장하여 기독교를 내세운 서구의 제국주의에 대항하였다.

고구려의 터전 위에 부여의 풍속을 지킨 나라 『발해고(渤海考)』

　규장각 검서관 유득공(柳得恭)이 1784년에 쓴 책이다. 유득공의 증조부와 외조부가 서자였다. 어려서 아버지를 잃고 어머니와 외가에서 살았는데, 외가는 무인 집안이라서 어머니가 어린 그를 데리고 나와 한양으로 올라왔다. 가난했지만 어머니의 헌신으로 글공부를 시작했다. 숙부 유련(柳璉, 또는 柳琴, 1741~1788년)에게서 학문을 배웠다. 성인이 된 후 소위 북학파라는 박지원, 박제가, 이덕무 등과 교유하기 시작했다. 1774년 사마시(司馬試)에 합격하여 생원이 되었고, 1779년 박제가, 이덕무, 서이수(徐理修, 1749~1802년)와 함께 최초의 규장각 검서관으로 임명되었다. 1784년부터 포천현감 등 지방관으로도 활동했다. 1790년 청나라 건륭제 팔순 잔치에 축하 사절로 1차 연행을 다녀왔고, 1801년 2차 연행사 일원으로 다시 청나라에 다녀와 풍부한 견문을 쌓을 수 있었다.

　유득공의 인생에서 가장 중요한 것은 결국 문학적 성취일 것이다. 그는 박제가, 이덕무, 이서구(李書九, 1754~1825년)와 함께 "한시사가(漢詩四家)" 또는 "후사가(後四家)"로 평가받고 있다. 역사의 고도(古都)를 노래한 시 『이십일도회고시(二十一都懷古詩)』나 역대 시문을 엮은 『동시맹(東詩萌)』, 자신의 시문을 모은 『영재집(泠齋集)』이 유명하다. 또한 청나라 여행을 담은 『열하기행시주(熱河紀行詩註)』와 『연대재유록(燕臺再游錄)』, 당시 수도 한양의 세시풍속을 기록한 『경도잡지(京都雜志)』 등도 유명하다.

　이제 『발해고』의 내용을 보자. 「서문」과 9개의 「군고(君考)」, 「신고(臣考)」,

「지리고(地理考)」, 「직관고(職官考)」, 「의장고(儀章考)」, 「물산고(物産考)」, 「국어고(國語考)」, 「국서고(國書考)」, 「속국고(屬國考)」 편으로 구성되어 있다.

연경재(硏經齋) 성해응(成海應, 1760~1839년)과 박제가가 쓴 「서문」이 앞에 있다. 그러나 "고려는 발해사를 편찬하지 못하였으니, 고려가 떨쳐 일어나지 못했다는 것을 알 수 있다"며 비분강개하며 유득공이 직접 쓴 「서문」이 가장 유명하다.

"부여씨(扶餘氏, 백제)와 고씨(高氏, 고구려)가 망하고 김씨(金氏, 신라)가 그 남쪽을 영유하였고, 대씨(大氏, 발해)가 그 북쪽을 영유하여 발해라 하였다. 이것이 남북국이라 부르는 것으로 마땅히 남북국사(南北國史)가 있어야 했음에도 고려가 이를 편찬하지 않은 것은 잘못된 일이다."

오늘날 발해와 후기 신라의 역사를 "남북국시대"라고 하는 것은 유득공의 지적이 정당하기에 가능한 것이다. 한편, 당시에는 발해에 대한 문헌 자료가 얼마 없기에 발해사(史, 정식 역사서)를 쓰지 못하고 단지 발해 "고(考)"라고 하였다고 한탄하며 「서문」을 마무리한다.

내용을 보자. 먼저 「군고」는 역대 왕에 대한 기록이다. 처음 등장하는 인물은 진국공(震國公)이다. 그가 걸걸중상(乞乞仲象)이고, 대조영(大祚榮, ?~719년)의 아버지이다. 이 책에서는 그가 속말말갈인(粟末靺鞨人)이고, 속말말갈은 고구려에 신하였던 자라고 했다. 696년 당을 대체한 무주(무측천이 당을 대시하여 세운 주나라)에서 진국공으로 책봉받은 것인데, 진국이란 동쪽의 나라라는 의미이다. 이때 이미 태백산(백두산) 동북 오루하(奧婁河)에 성을 쌓고 근거지를 만들었다고 기록하고 있다. 현재 길림성 돈화시 성산자산성(城山子山城)으로 추정한다. 그리고 다음이 고왕(高王, 재위 698~719년) 대조영이다. 오늘날 우리는 발해의 건국자를 대조영으로 여긴다. 그가 천문령(天門嶺)에서 당나라 군대를 크게 격파하고, 고구려 유민들과 말갈족을 모아 698년 동모산(東牟山)에서 발해를 건국했다고 말이다. 동모산은 앞서 말한 성산자 산성과 같다. 발해는 고왕 대조영부터 15대 왕 대인선(大諲譔, 재위 907?~926년)까지, 227년 동안 존속했다. 하지만 『발해고』에는 발행 멸망 후 2명을 더 기록했는데, 바로 "발해부흥운동"이다. 한 명은 흥료주(興遼主)로 나온다. 이름은 대연림(大延琳, ?~1030년)이고, 고왕의 7대손이라고 하였다. 그가 거란에 독립을 선포하고 고려에도 지원을 요청(이 책에는 그런 기록이 없음)했지만 실패하고 멸망했다. 또 다른 인물은 오사성(烏舍城) 부유부(浮渝府) 염부왕(琰府王)이다.

다음은 「신고」인데, 발해의 신하들에 대한 기록이다. 무왕(武王, 재위 719~737년)의 동생인 대문예(大門藝)가 흑수말갈 정벌에 대해 갈등하다가 당에 망명하자, 무왕이 자객을 보내 죽인 이야기가 나온다. 또, 발해가 사신을 자주 일본에 파견되어 교류한 사실도 기록되어 있다. 뒷부분에는 발해 멸망 후 고려로 망명한 관리들 기록이 많다. 또한 후주(後周)와 송나라로 망명한 기록도 있다.

이어지는 「지리고」에는 발해의 5경(京)과 15부(府), 62주(州) 등 행정지리 사항과 고증이 있다. 「직관고」에는 발해의 문관 직제인 3성(省) 6부(部)

러시아 하바롭스크(발해의 지방 15부 중 철리부에 속한다.)
향토 박물관 앞 발해(추정) 돌거북

와 무관 직제를 소개하고 있다. 「의장고」에는 발해의 의례와 복식에 대해 기록하였다. 「물산고」에는 발해 각지의 토산물에 대하여 기록하였다. 「국어고」에는 발해 말에 관한 내용인데, 왕은 가독부(可毒夫)·성왕(聖王)·기하(基下), 왕의 명령은 교(敎)라는 것 등이 기록되어 있다. 발해가 일본에 보낸 국서들을 많이 소개한 것이 「국서고」이다. 무왕이 쇼무 천황(聖武天皇, 재위 724~749년)에게 보낸 국서에 "고구려의 옛 터전을 수복하고 부여의 풍속을 소유하게 되었다"고 발해의 정체성을 밝힌 문장이 유명하다. 발해의 고구려와 부여 계승의식이 분명하기 때문이다. 마지막은 발해의 뒤를 이은 국가를 다룬 「속국고」다. 938년경부터 985년까지 존속했던 정안국(定安國, 938?~985년)에 관한 것이다.

역사가는 모든 것을 쓰고 판단은 후세가 한다. 『연려실기술(燃藜室記述)』

"연려실"은 저자 이긍익(李肯翊, 1736~1806년)의 호이다. 즉 『연려실기술』
은 이긍익이 썼다는 의미이다. 태조 때부터 숙종 때까지의 기사본말체
(紀事本末體,)로 써서 1776년에 완성했다. 기사본말체는 역사를 사건 중심
으로 관련 사항을 모아 서술하는 방법이다.

하지만 『연려실기술』은 그의 아버지 원교(圓嶠) 이광사(李匡師, 1705~1777
년)가 썼다는 주장이 당시부터 현재까지 논란이다. 이광사는 조선의 유명
한 서예가로서 『원교서결(圓嶠書訣)』이라는 서예 이론서를 남겼다. 그리고
이서(李漵, 1662~1723년)에서 출발한 조선 고유의 동국진체(東國眞體)를 이광
사가 완성하였다는 평가를 받고 있다. 또한 산수와 인물화로도 유명하
다. 참고로 청나라를 구경했던 후대의 서예가 김정희(金正喜)는 거만하게
'배우지 못했다'라며 이광사를 깎아내리기도 했다. 이광사는 소론으로 영
조 즉위와 함께 온 집안이 화를 당했다.

이광사의 일가는 정종(定宗, 재위 1398~1400년)의 왕자 덕천군(德泉君)의
후손이었고, 그의 종고조부는 이경석(李景奭)이다. 인조 때 삼전도굴욕비
를 썼고, 효종 때 재상을 지내며 고생을 많이 한 인물이다. 이처럼 당대
손꼽히는 명문가였다. 당시 "육진팔광(六眞八匡)"이란 말이 있었는데, 진
자 항렬 6인(또는 7인)과 광 자 항렬 8인이 모두 과거에 급제하여 출사한
가문이란 의미이다. 그런 대단한 가문이 왕이 바뀌자 멸문의 지경에 이
르게 되었다. 이에 이광사와 남은 가족들은 그의 스승인 정제두(鄭齊斗,

1649~1736년, 조선 최초로 양명학의 사상적 체계를 완성)가 있던 강화도에 은거했다. 그러나 1755년 영조와 노론을 비방하는 괘서(대자보)가 나주 객사에 붙은 "나주괘서 사건"에 연루되어 함경도 부령(富寧)에 유배되었다. 이 사건으로 그의 아내는 자결했고, 그는 23년 동안 유배지를 떠돌았다. 유배지에서 그가 학문적 명망과 뛰어난 서예가라는 소문이 퍼져 지역 선비들이 제자가 되기를 청하는 일이 생겼다. 그러자 이를 경계한 조정은 그의 유배지를 전라도 신지도로 바꿔 사람들과의 접촉을 막았다. 결국 이 섬에서 죽음을 맞이했는데, 그때도 그에게 글을 청하는 일이 많았다. 그 때문에 전라도의 많은 사찰에 이광사가 쓴 현판이 남게 된 것이다. 이광사가 의금부로 끌려가며 '내게 뛰어난 글씨 솜씨가 있으니 내 목숨을 버리지 말아달라'고 하늘을 향해 울부짖었다는 슬픈 이야기도 전해진다. 이처럼 이긍익은 어려서부터 온 집안이 엄청난 당쟁의 화를 겪는 것을 보며 자랐기 때문에 평생 출사하지 않고 재야의 선비로 살았다.

『연려실기술』은 원집(原集) 38권, 별집(別集) 19권 등으로 구성되어 있다. 전체 400여 개의 사건이 수록되어 있는데, 원집은 태조부터 숙종 때까지의 역사를 다루고 있다. 별집은 마치 기전체의 지(志, 통치제도, 문물, 경제, 자연현상 등을 내용별로 분류하여 씀)처럼 다양한 제도의 역사와 역대 왕들의 연표가 있다. 기전체(紀傳體)란 제왕의 통치를 서술한 본기(本紀)와 개인들의 전기인 열전(列傳)을 중심으로, 지와 표를 함께 편집한 역사 서술방식이다.

『연려실기술』을 흔히 야사라고 말하지만, 야사란 민간에서 사사롭게 쓴 역사라는 의미일 뿐 불순한 목적으로 만든 "가짜 뉴스"라는 말은 아니다. 이긍익은 선비로서 사사로운 원한으로 역사를 왜곡하지 않았고, 자신이 인용한 책을 모두 명확히 밝혔다. 다만 그는 출사하지 않아 『승정원일기』, 『조선왕조실록』과 같은 정사(正史)를 본 적이 없어 『연려실기술』은 분명히 한계가 있다. 참고로 일제 강점기 때 『조선왕조실록』보다 『연려실기술』이 먼저 번역되었고, 그것이 소설, 영화, 드라마 등으로 각색되어 대중적으로 널리 알려졌다. 그 때문에 몇 가지 역사적 사실에 대해 잘못된 이해와 인식이 퍼진 측면도 있다.

맨 앞에는 서문은 없고 「의례」가 있다. 의례란 오늘날 책의 맨 앞에 있는 "일러두기"처럼 책의 내용이나 이용 방법을 말한다. 하지만 읽다 보면 서문 같다는 느낌도 받는다. 여기서는 『연려실기술』 내용이 너무 많아 모든 내용을 소개하기 어려워 이 「의례」만 소개한다.

먼저 『대동야승(大東野乘)』, 『춘파일월록(春坡日月錄)』 등 기존의 야사가 지닌 한계(산만함, 내용 부족 등)를 극복하고자 이긍익은 기사본말체로 『연려실기술』를 썼다고 밝힌다. 만약 내용이 부족하면 후대에 다른 사람이 보충해도 무방하다는 말도 덧붙인다.

눈에 띄는 것은 공정성을 지나칠 정도로 강조했다는 점이다. 『연려실기술』이 멸문당한 소론의 후예가 쓴 역사서라는 편견을 이긍익도 많이 의식한 것 같다. 그는 명시적으로 이렇게 썼다.

"동서 당파가 나눠진 뒤로 이편과 저편의 기록에 헐뜯고 칭찬한 것이 서로 반대로 되어있는데, 편찬하는 이들이 한 편에만 치우친 것이 많았다. 나는 모든 사실 그대로 수록하여, 뒤에 독자들이 각기 옳고 그른 것을 판단하는 것에 맡긴다."

그리고 이런 예도 든다. "잠곡(潛谷) 김육(金堉, 1580~1658년)이 『명신록(名臣錄)』을 편찬하면서 최명길(崔鳴吉)을 싣지 않고 장유(張維, 1588~1638년)를 실었더니, 조경(趙絅, 1586~1669년)이 편지로 그 부당함을 꾸짖었다"는 것이다. 대동법의 개혁가로 알려진 김육이 같은 시대, 같은 조정에서 활동한 동료 중 누군가는 명신(이름난 훌륭한 신하)으로 쓰고, 다른 누군가는 아예 배제했다고 비판하는 말이다. 그러면서 저자 자신(이긍익)은 역대 왕대의 역사를 먼저 기술하고, 그 시대 명신의 사적을 붙여 기록하였는데, '상신(相臣, 정승)과 문형(文衡, 대제학)의 경우 현명하고 어리석은 것을 불문하고 모두 차례대로 기록하였고, 유현(儒賢, 훌륭한 유학자)과 명신도 기록에서 보고 들은 대로 기재'했다고 밝힌다. 여기서 다시, 자신은 사견으로 한 인물을 재단하고, 평가한 것이 아니라고 강조한다. 이것은 단지 후대의 학자에게 "고징(考徵, 상고하여 증명함)의 자료"를 제공하려는 것뿐이라고 하였다.

심지어 그는 가까운 친구에게 이런 말도 들었다고 한다. "남에게 보이지 말라." 아마도 『연려실기술』 때문에 그가 또 불행해질 수 있다고 걱정한 모양이다. 그러나 그는 차라리 떳떳하게 책을 공개하여 모두 보아야 의심에서 벗어날 수 있다는 말도 한다.

"근세에 유행하는 야사에 이 책과 같은 것이 적지 아니하나 사람들이 모두 잘못이라 하지 않는데, 어찌 나의 책만이 남의 말썽에 오르겠는가. 그리고 나의 책은 온 세상에 전하여 사람들의 귀나 눈에 익은 이야기들을 모아 분류대로 편집한 것이요, 하나도 나의 사견으로 논평한 것이 없는데, 만일 숨기고 전하지 않는다면 남들이 눈으로는 보지 못하고 귀로만 이 책이 있다고 듣고서 도리어 새로운 말이나 있는지 의심할 것이니, 그렇게 되면 오히려 위태롭고 두려운 일이 아니겠는가."

그는 자신이 『연려실기술』을 저술한 것은 이미 정해진 운명 같은 일이라고 했다. 그러면서 두 가지 일을 말한다. 첫 번째는 어려서 꾼 꿈 이야기다. 왕 앞에서 어린 그가 붓을 쥐고 시를 짓는 꿈이었는데, 그때는 막연히 훗날 어전에서 붓을 쥐는 관직에 오를 것이라는 길몽으로만 여겼다고 한다. 하지만 이제 나이 들어 생각해보니 재야의 선비로서 역사를 쓴다는 초야잠필(草野簪筆)이 될 운명이었다고 말이다. 여기서 "잠필"이란 의미는 사초(史草)를 쓰는 사관을 말한다. 두 번째는 아버지에게 받은 연려실(燃藜室)이란 자신의 호에 관한 것이다. 한나라의 학자 유향(劉向, 기원전 77년~기원전 6년)이 천록각(天祿閣)에서 옛글을 교정하는데, 밤이 되자 태일선인(太一仙人)이 나타나 들고 있던 푸른 청려장(靑藜杖, 명아줏대로 만든 지팡이) 끝에 불을 붙여 비춰 주었다는 고사에서 유래한 것이다. 즉 자신과 『연려실기술』은 역사를 밝혀주는 불이란 뜻이다.

평범한 사람들의 위대한 이야기 『회조일사(熙朝軼事)』

조선 후기(말기)가 되면, 중인과 평민들도 자신들의 이야기를 문학과 기록으로 남기는 새로운 흐름이 일어났다. 이들의 작품을 '여항문학(閭巷 文學)' 또는 '위항문학(委巷文學)'이라고 한다. 거리와 골목길의 평범한 사람들의 문학이란 말이다. 이들은 공동의 문학 단체인 시사(詩社)를 결성하여 공동 시집을 발간하였다. 또한 자신들의 역사를 전기로 엮어 편찬한다. 1712년 역관 출신 홍세태(洪世泰)가 공동의 시집 『해동유주(海東遺珠)』를 발간한 이래로, 1737년 성재(省齋) 고시언(高時彦, 1671~1734년)이 편집한 공동 시집 『소대풍요(昭代風謠)』 등이 나왔다. 자신들의 이야기를 전기로 쓴 것으로, 1844년 우봉(又峯) 조희룡(趙熙龍, 1789~1866년)의 『호산외기(壺山 外記)』, 1862년 유재건(劉在建, 1793~1880년)의 『이향견문록(里鄕見聞錄)』 등이 유명하다. 조희룡은 당대 최고의 서화가라는 평가도 받고 있다.

『회조일사』는 1866년 운강(雲岡) 이경민(李慶民, 1814~1883년)이 85인의 전기를 상하 2권 1책으로 쓴 것이다. 제목에서 회조는 태평성대를, 일사는 지나친 일 정도의 의미다. 다시 풀어보면 '성대한 우리나라의 알려지지 않은 사실'이라 말할 수 있다. 「서문」은 당시 예조판서 남병길(南秉吉)이, 「발문」은 병조판서 침계(梣溪) 윤정현(尹定鉉, 1793~1874년)이 썼다. 남병길은 1권에서 소개한 『성경(星鏡)』의 저자이다. 그리고 저자 이경민이 인용한 31종의 책 제목 서목(書目) 등도 수록되어 있다.

「상권」은 한순계, 유희경, 김창국, 이형익, 안용복 홍세태, 고시언 등 39

인의 전기가 수록되어 있다. 주로 일사(逸士, 숨어 사는 선비), 처사(處士, 벼슬하지 않는 선비), 효자들이 많다. 「하권」은 석희박, 이언진, 천수경, 김홍도, 최북, 백광현, 취매, 안협효부, 김가모, 연홍, 영동의부 등 45인이다. 대체로 문장가, 서화가, 의원, 효부(孝婦)와 절부(節婦)들 이야기다. 이제 몇 사람을 소개하고자 한다.

먼저 유희경(1545~1636년)이다. 그의 이야기는 '자는 응길(應吉)이고, 나이 열셋에 아버지가 세상을 떠나자 직접 흙을 퍼 날라서 장사를 치르고 무덤 곁을 떠나지 않고 지켰다'로 시작한다. 이어진 이야기도 병든 어머니를 지극히 모셨다는 효행에 관한 이야기다. 이 책에는 명시적으로 나오지 않지만 그는 천민 출신이다. 그렇지만 남언경(南彦經, 1528~1594년)에게 『문공가례(文公家禮)』를 배웠다. 『문공가례』는 『주자가례(朱子家禮)』와 같은 것이고, 조선 시대 관혼상제의 예제는 대부분 여기서 나온 것이다. 유희경은 상제(喪制)에 밝았는데, 국상이 나자 그를 불러 널의 시신을 감싸는 도구인 질쇄(質殺)를 문의해 정했다고 한다. 사대부가에서도 그를 청해서 상례를 주관하도록 했다. 천민으로 태어났으나 좋은 스승을 만나 배웠고, 마침내 국가와 사대부 상제의 스승이 되었다. 이후 임진왜란이 일어나자 의병을 모아 왜적을 토벌했다. 호조의 재정난을 타개하도록 도왔다. 이런 공로로 정3품 통정대부에 올랐다. 또한 광해군 때 이이첨(李爾瞻, 1560~1623년)이 인목대비를 폐하자는 상소를 올리도록 비열하고 악독한 협박을 했지만, 그는 절개를 지켜 끝내 응하지 않았다. 이 외에도 그의 인품과 격조를 보여 주는 일화들을 소개하고 있다. 인조 때는 종2품 가의대부가 되었고, 죽어서는 정2

품의 증자헌대부한성판윤으로 추증되었다. 아들은 공신이 되었다.

이번에는 이언진(李彦瑱)이란 역관이다. 다른 자료를 보면, 생몰 연대가 1740~1766년이다. 자가 우상(虞裳)이고, 집안 대대로 역관이었다. 주로 소개한 내용은 그의 시 짓는 능력이다. 1763년, 그가 통신사의 일원으로 일본에 갔을 때 일이다. 그를 찾아온 일본인들이 부채 500개를 내놓고 오언율시를 써달라 청했다. 그러자 이언진은 즉석에서 먹을 갈아 즉석에서 부채 500개에 오언율시를 일필휘지로 썼다. 일본인들은 놀라며 기뻐했다. 다시 500개의 부채를 가져와 청하자, 또다시 500개의 시를 써서 주었다는 이야기다. 이 글의 마지막은 이렇다. '이언진이 비록 재능과 명성은 지녔지만, 신분이 미천해 끝내 답답하게도 뜻을 이루지 못하고 죽으니, 나이가 겨우 27세였다.' 죽기 전 "이 책을 남겨두어도 역시 세상에 무익하니 누가 이언진을 알겠는가?"라며 자신의 저작을 모두 불태우려 했다. 그의 아내가 급히 수습하여 몇 편이 남게 되었고, 그가 죽은 후 겨우 간행되었다. 이언진은 이 책의 저자 이경민의 선대 조상이다.

이번에는 최북(崔北)이란 화가이다. 그의 가계와 본관은 알려지지 않았고, 이름 北을 파자(破字)하여 자로 삼은 것이 七七이다. 그래서 그를 "최칠칠"라고도 한다. 자신의 호를 호생자(毫生子)라고 했는데, 붓끝으로 먹고 사는 사람이란 자조의 의미이다. 다른 자료에는 생몰 연대가 1712년에서 1760년으로 되어있다. 따라서 죽는 해의 나이가 공교롭게도 49세이니, 7×7=49가 된다. 그림을 잘 그렸지만 한쪽 눈이 멀어서 안경을 한쪽만 걸치고 그림의 모본(模本)을 베껴 그렸다. 다른 기록에는 어느 고관이 그림을 요구하자 스스로 한쪽 눈을 칼로 찔러 멀었다고 한다. 술을 즐기고 노는 것을 좋아했다고 한다. 금강산 구룡연(九龍淵)에 놀러 가 술에 취해 울다가 웃고는 "천하 명인 최북은 천하 명산에서 죽어야지"하고 그대로 뛰어들려 했다는 이야기 등등. 일생을 기인으로 살다 간 최북의 여러 언행을 소개하고 있다. 최북의 죽음에 대한 기록은 '서울의 주막에서 죽었는데

최북 초상화

그의 나이가 몇 살인지 기억나지 않는다'라는 좀 쓸쓸한 내용이다.

다음은 드라마로 널리 알려진 백광현(白光鉉, 1625~1697년) 이야기다. 그는 말을 치료하던 마의(馬醫) 출신으로 침술에 능했다. 또한 종기 치료에 일가를 이루어 신의라고 불렸다. 숙종 때 어의가 되었고, 나중에는 품계가 종1품 숭록대부(崇祿大夫)에 이르렀다. 현감이란 지방관도 지냈다. 그러나 중요한 것은 병든 환자를 대할 때는 신분을 따지지 않고 즉시 달려가 진심으로 치료했다는 평가를 받았다는 점이다. 그의 실력에 대한 기록도 남겼는데, 완암(浣巖) 정내교(鄭來僑, 1681~1757년)가 그의 문집에 남긴 체험담을 인용하고 있다. 자신(정내교)이 15세 때 외삼촌이 입에 종기가 나자 백광현에게 진료를 부탁하였는데, 외삼촌 상태를 본 백광현은 '이틀만 일찍 보지 못한 것이 한입니다. 이미 늦었고, 오늘 밤을 넘기기 어려우니 상구(喪具, 장례 치를 도구)를 준비하십시오'라고 하였다. 그날 밤 정내교의 외삼촌은 정말 죽었다. 그때 백광현의 나이가 70이 넘었는데, 이렇

듯 대단한 의술을 가진 의원이었다. 그가 죽자, 종기를 앓는 환자들이 탄식하며 "세상에 백광현이 없으니, 아아 죽을 운명이로다!"라고 했다.

마지막으로 김학성(金鶴聲)의 어머니 이야기를 소개한다. 어린아이들을 남기고 남편이 먼저 떠나자 그녀는 홀로 삯바느질해 어렵게 생계를 유지하며 두 아들을 공부시켰다. 하루는 처마 밑으로 떨어지는 비에 맞아 쇳소리가 나자 그 땅속을 보니, 솥단지가 있고 그 안에 은자가 가득차 있는 것을 발견하였다. 그녀는 그것을 다시 숨기고 남이 모르도록 했다. 그리고 친정 오빠를 불러 빨리 집을 팔아달라고 하고, 작은 집으로 이사가 살았다. 훗날, 남편 제사에 다 자란 아들들과 오빠를 불러 그간의 일을 말했다. 그러자 오빠가 "어찌 그것을 더럽게 여기는 것이냐?" 물으니 이렇게 대답한다.

"재물이란 재앙입니다. 이유 없이 거금을 획득하면 반드시 기이한 재앙이 있을 것입니다. 또, 궁핍함을 알아야 두 아들은 학업에 연마할 수 있고, 재물은 쉽게 들어오지 않는 것을 알 것입니다. 그래서 급히 이사하여 걱정을 없앤 것입니다. 약간 모아 놓은 재물은 모두 내 열 손가락으로 마련한 것이니, 갑자기 생긴 그 돈과는 견줄 수 없는 것입니다."

그녀가 세상을 떠날 때 자손이 마을에 가득해졌으니, 사람들이 "어머니의 보은이다"라고 하였다. 불로소득을 노리고 투기에 몰두하는 오늘날에 되새겨볼 이야기다. 갑자기 생긴 재물은 위험하다.

붕당이란 같은 정치적, 사상적 입장, 지역적 연고를 지닌 양반 사대부의 정치 파벌이다. 이 붕당이란 말은 송나라 구양수(歐陽脩, 1007~1072년)의 『붕당론』이란 정치 논설문에서 유래한다. 이 논설문의 내용은 군자는 도의로 뭉쳐서 당을 만들고, 소인(小人)은 이익으로 뭉쳐 당을 만드는 것은 자연스러운 일이며, 왕은 이를 잘 분별하여 조정에서 소인들의 당을 내쫓아버리고 군자들의 당으로 채워야 한다는 것이다. 그런데 자신들은 군자의 당으로, 상대를 소인배들로 규정하는 이 논리는 상대를 조정의 정치에서 철저히 배제하자는 주장으로 귀결될 수밖에 없다.

저자는 영재(寧齋) 이건창(李建昌, 1852~1898년)이다. 그는 조선 말 대문장가로 평가받는 인물이다. 불과 15세에 문과에 급제했고, 성격도 추상같아 불의와 타협하지 않았다. 그래서 암행어사 활동으로 많은 일화가 전해진다. 당시 왕인 고종이 지방관을 임명할 때, '그대가 가서 잘못하면 이건창이 가게 될 것이다'라는 말을 할 정도로 불의와 싸웠다고 한다. 그래서 정적들도 많아졌고 세 차례 유배형을 받았다. 이후 고향 강화도에 머물다 죽었다. 그런 그가 앞서 소개한 영조 때 당쟁의 화로 온 집안이 도륙당한 이광사, 이긍익 부자와 같은 집안이다. 이건창의 5대조 이광명(李匡明, 1701~1778년)도 양명학자 정제두의 제자였고 손녀사위였다. 그런 인연으로 스승이 은거하는 강화도로 들어온 것이다. 이광명도 이광사처럼 나주괘서 사건으로 함경도 갑산에 유배당했다. 유배가사(귀양살이를 소재로 지은 가사)「북찬가(北竄歌)」를 남겼다. 이처럼 이건창은 강화도에서 태어난 멸문당한 소론 집안 출신이었고 양명학을 배웠다. 그런 이건창이 자신의 가문을 몰락시킨 당쟁의 역사를 쓴 것이다. 앞의 이긍익처럼 서술에서 공정함을 유지하였다고 평가받는다. 아마 그도 자신이 당쟁으로 몰락한 가문의 후예라는 것을 늘 의식하고, 공정함을 유지하고자 노력했을 것이다.

책은 1571년 선조 4년 영의정 이준경(李浚慶, 1499~1572년)이 죽으면서 왕에게 '(새로 등장한 사람이 분열하고) 조만간 붕당이 결성될 것이고, 이것이 나라의 화근이 될 것이라는 상소를 올렸다는 사실부터 시작된다. 그러자 조정에 새롭게 출사한 신진 인사이며 뒤에 서인(西人)이 된 이이(李珥)가 이에 반박하면서, 길고 긴 붕당정치와 당쟁의 역사가 전개된다. 그리고 역대 왕들과 붕당들 사이의 여러 당쟁 사건들이 길게 이어진다. 동서 분당과 이이의 좌절, 정여립(鄭汝立, 1546~1589년) 옥사 사건과 동인이 남인과 북인으로 분열, 광해군 등극과 북인이 대북과 소북으로 분열, 인조 이후 서인의 한당과 산당 등으로 분화, 현종 때의 예송논쟁(禮訟論爭), 숙종의 환국정치로 남인과 서인의 잦은 정권교체, 남인과 서인 내부의 분열, 김석주(金錫胄)의 공작정치, 경종 시해 음모와 왕세제(王世弟, 영조) 보호 등등. 마지막은 영조 때 당쟁에 관한 역사이다. 집권 초, 영조는 형 경종의 죽음에 대한 책임과 노론의 선택으로 왕이 되었다는 혐의가 있었다. 영조는 재위 내내 이런 문제에 시달렸고, 마침내 그동안 적극적으로 협조하던 소론(少論) 세력마저 완전히 내친다. 이어서 노론 중심의 안정적인 정국 운영하기 시작한다. 그러면서 자신의 혐의를 완전히 벗고자, 1755년 영조 31년 제작된『천의소감(闡義

昭鑑)』을 발표한다. 경종 시절 자신을 위해 죽은 노론 4대신을 복권하고, 제사 지낼 것을 명령하는 것으로 책은 마무리가 된다. 4대신은 김창집(金昌集, 1648~1722년), 이이명(李頤命, 1658~1722년), 이건명(李健命, 1663~1722년), 조태채(趙泰采, 1660~1722년)이다. 이렇게 전체 약 200년의 당쟁의 역사를 저술하였다.

책이 방대하여 모든 것을 소개할 수는 없지만 「원론(原論)」에 있는 조선의 붕당이 중국보다 더 심해진 8가지 이유를 소개한다. 이건창이 꼽은 이유는 이렇다. 첫째, 도학(주자학)이 너무 지나친 것. 둘째, 명분과 의리가 지나치게 엄한 것. 셋째, 문사(文詞)가 지나치게 번잡한 것. 넷째, 옥사와 형벌이 지나친 것. 다섯째, 대각(臺閣, 사헌부: 관리를 감찰하는 곳, 사간원: 왕에게 간언하는 곳)이 너무 높은 것. 여섯째, 관직이 너무 맑은 것. 일곱째, 문벌이 너무 성대한 것. 여덟째, 나라가 너무 오랫동안 태평한 것. 이어서 이 8가지 각각 이유에 대한 설명이 덧붙여져 있다. 그런데 읽다 보면, 오늘날의 여야 정쟁과 비슷하다고 생각하게 된다. 맨 처음 소개되는 도학이 지나치다는 주장을 보면, 이런 대목이 있다.

"자신의 욕망을 극복하지 못하여 자신의 욕망을 없애는 것이 불가능하다면, 비록 성인의 글을 읽고 성인의 옷을 몸에 걸치고 행동도 성인처럼 해도, 스스로를 사사롭게 하고 이롭게 하려는 마음이므로, 오히려 천하의 평범한 사람들과 다를 것이 없게 된다."

오늘날 정치권의 언행 불일치나 내로남불에 대한 대중적 비난이 연상된다. 또, 셋째로 거론된 문사가 지나치게 번잡하다는 것을 보면, 이런 내용이다.

"자구(字句)를 들추어 남을 죄주는 것은 전세(前世)에도 경계하던 것인데, 우리 조정에서는 백여 년 동안 사대부로서 당화(黨禍)를 당한 사람들은 대개 다 여기에 연좌되었다."

오늘날에도 반대 당파에 대한 공격은 대부분 반대파의 말꼬투리를 잡아 공격하는 것이 대부분이다. 마지막으로 다섯째 거론된 대각이 너무 높다는 것을 보면, 내용 중 흥미로운 것이 있다.

"오늘날 당인(黨人)들은 서로 공격하기 전에 반드시 같은 무리를 먼저 대각에 포진시켜 높은 의론을 주장케 해 다른 사람들을 배척한다. 원정(原情, 사정을 호소)으로 간사함을 용납하게 하기도 하고, 전은(全恩, 가족애 등을 내세운 은전)으로써, 난법(亂法)을 삼아 귀양을 청하고, 국문을 청하고, 목 벨 것을 청하고, 노비로 삼기를 청하여, 조금이라도 온건하게 처리하면 칼끝을 옮겨 가죄(加罪)할 것을 청한다."

대각, 즉 사헌부와 사간원은 오늘날로 보면 언론기관과 사법기관과 비슷하다. 오늘날에도 새로 정권을 잡으면 언제나 언론기관과 사법기관부터 먼저 장악하고, 여론을 만들어 반대파를 공격하고 마지막은 법으로 단죄한다.

조선 붕당정치의 흐름

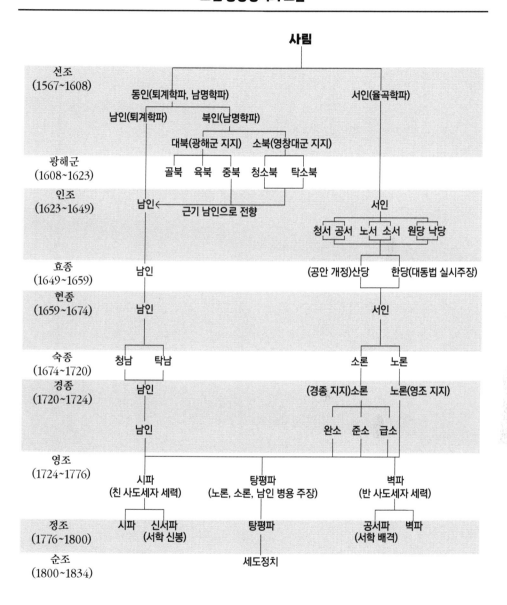

사림

| 선조
(1567~1608) | 동인(퇴계학파, 남명학파) | 서인(율곡학파) |

남인(퇴계학파)　　　북인(남명학파)

대북(광해군 지지)　　소북(영창대군 지지)

광해군
(1608~1623)

골북　육북　중북　청소북　탁소북

인조
(1623~1649)

남인←　근기 남인으로 전향

서인

청서 공서 노서 소서 원당 낙당

효종
(1649~1659)

남인

(공안 개정)산당　한당(대동법 실시주장)

현종
(1659~1674)

남인

서인

숙종
(1674~1720)

청남　탁남

소론　노론

경종
(1720~1724)

남인

(경종 지지)소론　노론(영조 지지)

완소　준소　급소

영조
(1724~1776)

시파
(친 사도세자 세력)

탕평파
(노론, 소론, 남인 병용 주장)

벽파
(반 사도세자 세력)

정조
(1776~1800)

시파　신서파
(서학 신봉)

탕평파

공서파　벽파
(서학 배격)

순조
(1800~1834)

세도정치

·사림

성리학을 체계적으로 연구하고 토론하였으며, 수준 높은 심성 수양으로 드높은 도덕적 자부심을 지닌 재야의 선비집단을 사림(士林)이라 한다. 조선 전기의 기득권을 가진 훈구파(勳舊派, 세조의 공신 세력과 왕에게 충성스러운 관료 집단)에 맞선 투쟁에서 마침내 승리를 쟁취하며 선조 때 정치 무대 전면에 올라섰다. 이들을 유림(儒林)이라고도 한다. 그런데, 이들의 강한 도덕적 자부심은 훈구파와 투쟁에서는 훌륭한 무기였지만, 이후 붕당정치 시대에서는 격렬한 당쟁을 초래하는 원인이 되었다. 오늘날 한국의 정쟁에서도 상대를 부도덕한 자로 규정하며 싸운다.

·동인, 서인

원래 하나였던 사람이 최초로 2개의 붕당(같은 정치적, 사상적 입장, 지역적 연고를 지닌 양반 사대부의 정치 파벌)으로 분열되어 결성되었다. 그것이 동인과 서인이다. 표면적으로는 이조 전랑(吏曹銓郎)을 추천하는 문제로 일어난 갈등이다. 이조전랑이란 이조의 정랑(正郎)과 좌랑(佐郎)을 말하며, 각 부서의 당하관(堂下官, 하위직) 관원을 천거, 재야 인사 추천 권한을 가진 직책이다. 특히 후임자를 추천하거나, 언론 기능과 감찰을 하는 3사(사헌부, 사간원, 홍문관)의 관리를 선발할 수 있는 막강한 권한이 있는 자리였다. 김효원(金孝元, 1542~1590년)과 심의겸(沈義謙, 1535~1587년)이 이 갈등의 주인공이었다. 김효원은 이황과 조식의 제자였다. 그런데, 그가 한때 1545년 을사사화(乙巳士禍)를 일으킨 윤원형(尹元衡, 1503~1565

년)의 문객(門客, 세도가에게 빌붙은 사람)이었다는 것이 문제였다. 한편, 심의겸은 이황의 제자임에도 이이와 친했다. 하지만 문제는 그가 명종의 왕비 인순왕후 심씨(仁順王后 沈氏, 1532~1575년)의 동생, 즉 왕실의 외척이었다는 것이다. 나(우리)의 출사(出仕, 벼슬에 나감)가 바른 선비들을 마구 죽였던 사화를 일으킨 권력자의 문객 출신이 결정하도록 해야 하냐, 왕실의 외척이 가장 깨끗해야 할 언론과 감찰기관 등에 나(우리)를 천거하여 출사하는 것이 정당하냐는 물음이다. 이렇듯 김효원이냐, 심의겸이냐, 라는 갈등은 성리학에서 선비가 세상에 나가고 처하는 문제, 즉 출처론(出處論)의 근본적인 질문을 당대의 모든 사람에게 던진 것이다. 그러자 당대의 사림은 2개의 붕당을 결성하며 그 답을 했다. 이제 막 출사를 앞둔 젊은 후배 사림들은 김효원을 중심으로 모였고, 그들보다 먼저 출사해 관직 경험을 서서히 쌓아 가고 있던 선배 사림들은 심의겸을 중심으로 모였다. 김효원은 한양 동쪽 건천동(乾川洞)에 살아 그 지지자는 동인이 되었고, 심의겸은 서쪽 정릉방(貞陵坊)에 살아 그 지지자는 서인이 되었다. 이를 을해당론(乙亥黨論)이라고 한다.

· 퇴계학파, 남명학파, 율곡학파

퇴계학파란 이황의 학문적 성과를 계승하는 선비집단이고, 남명학파는 조식의 학문적 성과를 계승하는 선비집단이며, 율곡학파는 이이의 학문적 성과를 계승하는 집단이다. 이중 퇴계학파와 남명학파는 모두 동인이었다. 1589년 정여립(鄭汝立)의 모반사건이 일어났는데, 사건을 처리하는 3년여 동안 기축옥사(己丑獄事)가 발생했다. 서인에서 천민 출신 모사꾼 송익필(宋翼弼, 1534~1599년)이 기획하고, 위관(委官, 사건 조사를 함께 하는 재판관)으로서 동인들을 직접 심문한 정철(鄭澈, 1536~1594년) 등의 탄압으로 1,000여 명의 동인이 희생되는 기축옥사가 일어났다. 호남의 유명한 선비 이발(李潑, 1544~1589년)은 형제와 함께 고문을 당해 죽었고, 심지어 82세의 노모와 10세의 아들도 고문사했다. 최영경(崔永慶, 1529~1590년)은 외모가 비범하게 생겼다고 가상의 역적 길삼봉(吉三峯)으로 지목되어 죽었고, 엄격한 지방 향교 선생이었던 정개청(鄭介淸, 1529~1590년)은 그의 훈육에 앙심을 품은 제자들의 무고로 유배를 떠나 유배지에서 죽었다. 이런 처참한 옥사 이후 동인은 자신들을 대거 탄압한 서인에 대한 복수할 기회가 왔다. 1591년 광해군을 왕세자로 세우는 문제로 서인의 영수 정철을 정치적 위기에 빠졌다. 그러자 이 기회로 정철을 확실하게 제거하자는 강경파와 미온적인 온건파의 붕당으로 분열하였다. 강경파가 정인홍을 필두로 한 북인이며, 온건파는 류성룡이 중심이며 이들을 남인이라 한다. 따라서, 서인은 율곡학파, 남인은 퇴계학파, 북인은 남명학파라 말할 수 있다.

· 대북, 소북

임진왜란 후반기 북인은 전쟁 수행 과정에서 드러난 여러 문제점을 들어서 남인의 류성룡을 탄핵, 축출하고 권력을 잡았다. 이 북인은 선조 이후의 차기 왕위를 두고 2개의 당으로 분열했다. 왕의 첩-후궁인 공빈 김씨(恭嬪 金氏, 1553~1577년)에서 서자로 태어났지만, 이미 세자로 세워져 여러 국정 경험을 갖춘 광해군을 지지하는 당이 대북(大北)이다. 반면 소북(小北)은 나이는 어리지만, 선조의 2번째 왕비 인목왕후(仁穆王后, 1584~1632년)에게서 태어난 적자인 영창대군(永昌大君, 1606~1614년)을 지지하는 당이다. 분열은 1599년 홍여순(洪汝諄, 1547~1609년)의 대사헌 임명을 둘러싸고 일어난 찬반 여론이 일어나면서 시작되었다. 이산해(李山海, 1539~1609년)와 홍여순의 지지 세력은 대북으로, 남이공(南以恭, 1565~1640년)과 김신국(金藎國, 1572~1657년)을 지지하는 세력은 소북으로 나누어졌다. 당시 김신국은 국방과 경제 분야의 전문가라고 평가를 받았고, 인조반정 등 정국이 급변하는 혼란 속에서도 계속 중용되었다. 1636년 병자호란 때는 국방 전문가로서 재야 서인의 영수였던 김상헌과 함께 끝까지 항전할 것을 주장했다.

· 육북, 골북, 중북, 청소북, 탁소북

광해군이 즉위하자 대북은 권력의 독점과 유지를 위해 선조의 적자인 영창대군과 다른 왕자들을 모두 죽이고, 나아가 인목대비(인목왕후)를 '왕의 어머니'라는 지위에서 박탈하자는 논의까지 시작한다. 이런 패륜적 모의를 폐모살제(廢母殺弟, 어머니를 폐하고 동생을 죽인다)라고 하는데, 여기서 영창대군만 죽이자는 파가 육북(肉北), 인목대비까지 폐출하자는 파가 골북(骨北)이다. 하지만, 어우당(於于堂) 류몽인(柳夢寅, 1559~6023년) 등은 이런 패륜적 모의에 반대하였는데 이들을 중북(中北)

이라 한다. 한편, 정온(鄭蘊)은 대북의 영수 정인홍이 이 폐모살제를 강하게 주장하자 그와 절연을 선언하였다. 정인홍은 정온의 스승이었으며, 임진왜란 때 의병으로서 함께 싸웠던 전우였다.

한편 소북도 2개의 당으로 분열하였다. 선조 승하 시기 류영경(柳永慶, 1650~1608년)이 영수였던 탁소북(濁小北)은 광해군 즉위를 노골적으로 방해하였다. 이들 당을 유당(柳黨)이라고도 한다. 결국, 인목대비의 지지로 광해군이 즉위하자 류영경 등은 처단되었고 일부가 생존했다. 한편 이러한 탁소북의 행태에 반대한 소북 세력이 청소북(淸小北)이다. 그 영수가 남이공이라서 남당(南黨)이라고도 한다.

1623년 인조반정 이후 광해군 정권의 패륜 행각에 가담하지 않은 이 소북 세력과 앞서 거론한 중북은 살아남아 다른 반대 붕당으로 흡수되었다. 그중 남인으로 많이 전향했는데, 이들을 근기남인이라 한다. 근기남인은 서울 근처, 경기도에 사는 남인이라는 의미다. 인조반정 이후 영남지방의 정통 남인은 더는 중앙 정계에서 거의 활동하지 않았기 때문에 조선 후기 역사에 이름을 남긴 남인의 대부분은 이 근기남인이라 보아도 무방하다.

· 공서, 청서, 노서, 소서, 원당, 낙당

인조반정 이후 집권한 서인 세력은 여러 갈래로 나뉘었다. 일단은 인조반정에 직접 참여하여 공신이 된 서인이라는 의미의 공서(功西)파와 반정에 참여하지 않았던 깨끗한 재야의 서인이라는 의미의 청서(淸西)파로 나뉘었다. 공서파는 훈서(勳西)파라고도 하며, 대표적인 인물로 김류(金瑬, 1571~1648년), 최명길, 김자점(金自點, 1588~1646년) 등이 있다. 청서파의 대표적인 인물로는 병자호란 때 척화를 강력히 주장했던 김상헌이 있다. 다시 공서파는 나이가 많은 서인을 노서(老西)라고 했고, 영수는 김류였다. 또, 나이가 젊은 서인을 소서(少西)라고 했는데 그 영수는 이귀(李貴, 1557~1633년)였다. 병자호란이 일어나자 공서파는 모두 청과 화의(和議, 강화)를 선택하여 인조의 왕권과 자신들의 권력을 지켰다. 반면, 청서파는 척화 주장하며 공서파와 대립했고 패전 후에는 조정을 떠나 버렸다. 이후 정치는 타락하여 개인을 중심으로 모인 사당(私黨)들이 나타났고 인조의 조정은 매우 혼란스러웠다. 이때 나타난 당이 원두표(元斗杓, 1593~1664년)의 원당(原黨)과 오늘날에도 간신의 대명사로 불리는 김자점을 따르는 낙당(洛黨)이다.

·산당, 한당

산당(山黨)은 산림(재야)의 선비들이 모인 당으로 영수는 김집(金集, 1574~1656년)이었고, 송준길과 송시열이 유명하였다. 한당(漢黨)은 한강 북쪽 즉 한양에 사는 서인들의 당이며, 김육(金堉, 1580~1658년)이 영수였다. 산당과 한당은 조선의 공납제 폐해를 개혁하고자 하였는데, 입장은 서로 달랐다. 먼저 공납은 공물(지역특산물)을 중앙 관청에 세금으로 바치는 것인데, 여러 폐단이 있어 오래도록 백성들이 고통을 받아왔다. 먼저 산당은 중앙의 관청에서 지역의 공납을 받을 물품의 품목과 수량을 기록한 공안(貢案)을 개정하자고 주장했다. 폭군인 연산군 이래로 왕실과 공신, 고위 관료의 탐욕으로 공안에 기재된 물품의 품목과 수량이 계속해 증가했고, 그래서 백성들이 고통을 받았다는 것이다. 따라서 공안을 개정해 물품의 품목과 수량을 연산군 이전으로 되돌리자는 주장을 한 것이다. 반면, 한당은 공안을 연산군 이전으로 되돌리는 것은 현실적으로 어렵고, 또 다른 세금인 전세(田稅, 농토에 부과하는 세금)에 공납을 합산하여 쌀(또는 삼베, 무명, 돈)로 걷겠다는 것이다. 그것이 대동법이다. 이렇듯 산당과 한당의 당쟁(?)은 일종의 "민생을 위한 정책 대결"로 볼 수 있어서 조선 붕당의 가장 긍정적인 면모로 평가할 수 있다.

·청남, 탁남

상례(喪禮)를 둘러싼 남인과 서인의 예송(禮訟)에서 2차인 1674년 갑인예송(甲寅禮訟)에서 남인이 승리하였다. 1, 2차 예송의 핵심 논리는 짧게 정리하면 이렇다. 남인 보기에 효종은 비록 둘째 아들이지만 왕위를 계승했으니, 인조의 장자(長子)로 간주한 것이다. 반면, 서인은 분명히 소현세자가 장자였는데 그가 일찍 죽어서 부득이 둘째 아들 즉 서자로서 효종이 왕위를 계승한 것으로 본 것이다. 이렇듯 각자 다른 관점에서 다른 상례를 주장한 것이다. 결국, 효종의 아들 현종은 서인의 이런 주장이 자기 아버지(효종)을 무시했다고 느끼고 분노하였다. 그래서 서인을 조정에서 내쫓아버리고 그 자리를 남인에게 내준 것이다. 이후 숙종이 즉위하자 조정은 온통 남인 일색이 되어 있었다. 이렇게 조정의 권력을 쥔 남인은 2개 당으로 나뉘었다. 이유는 쫓겨난 송시열 등 서인에 대한 정치보복을 둘러싸고 강경파와 온건파로 나뉜 것이다. 허목(許穆, 1596~1682년)을 중심으로 한 청남(淸南)은 송시열의 죄를 종묘에 고하고 죄를 더 주어야 한다고 주장했다. 반면, 허적(許積, 1610~1680년)을 중심으로 한 탁남(濁南)은 서인을 너그럽게 다루자고 주장했다. 재미있는 것은 '강력한 정치보복'을 하자는 것이 맑고 높은 의론(議論)이니 청남이고, 반대파를 너그럽게 대 하자는 것을 혼탁한 주장이라며 탁남이라고 한 것이다. 이것은 오늘날 한국 정치에서도 강경파의 인기가 더 높은 것과 같다.

· 노론, 소론

어떤 하나의 당이 쥔 조정의 권력을 빼앗아 그 반대의 당에게 권력을 급하게 몰아주는 숙종의 환국 정치는 왕권을 강화할 수 있었다. 그러나 반복되는 환국은 정치보복의 악순환을 초래했고, 상대 당은 반대 당에 강한 증오심을 가지게 되었고, 그 결과 당쟁은 더욱 격화되었다. 또한 환국 정치는 양반 사대부의 붕당정치와 당쟁에서 왕이 최종 심판자로 나섰다는 의미이기도 하다. 이후 조선 후기 정치의 특징은 사림이 아닌 왕이 당쟁에서 중요한 역할을 맡았다는 것이다. 1680년 정승 허적 같은 남인의 권력자, 그런 남인과 결탁한 왕실의 복창군 이정(李楨, 1642~1680년) 형제가 저지른 권력 남용, 성적 스캔들, 역모에 분노한 숙종이 경신환국을 일으켰다. 핵심 인물인 허적과 복창군 등은 죽이고, 남인들은 조정에서 쫓아내거나 유배를 보내버렸다. 그리고 서인에게 조정의 권력을 넘겨준다. 이제 권력을 쥔 서인도 남인에 대한 정치보복을 둘러싸고 강경파와 온건파로 나뉜 것이다. 강경파가 노론(老論), 온건파가 소론(少論)이다. 여기에 1681년 소론의 영수 윤증(尹拯)이 스승이었던 노론의 영수 송시열을 공개 비판하는 신유의서(辛酉擬書)를 발표하자, 노론과 소론의 분열은 돌이킬 수 없게 되었다.

· 급소, 완소, 준소

숙종의 세자 즉 희빈 장씨의 아들이 드디어 경종으로 즉위하였다. 이 경종을 지지하는 당이 남인과 소론이었다. 반대 당인 노론은 숙종의 또 다른 왕자인 훗날 영조로 즉위할 영잉군 이금(李昑)을 지지하였다. 이 경종이 즉위하는 1721년과 그 이듬해의 신임옥사(辛壬獄事)로 소론은 3개 당으로 분열하게 된다. 이유는 노론을 강력하게 처벌하거나, 영잉군을 보호하고 노론과 공존하는 것에 대한 서로 다른 입장 때문이었다. 김일경(金一鏡, 1662~1724년) 등은 강력한 노론 처벌을 주장하는 급소(急少), 이에 반대하고 영잉군을 보호하자고 주장했던 조현명(趙顯命, 1691~1752년)과 '암행어사 이야기'로 유명한 박문수(朴文秀, 1691~1756년) 등이 완소(緩少), 그 중간파인 조태구(趙泰耉, 1660~1723년)와 이광좌(李光佐, 1674~1740년) 등은 준소(峻少)다. 불과 4년의 짧은 경종의 재위 동안 소론과 노론은 격심한 당쟁을 일으켰다. 노론의 경종에 대한 암살 음모도 발각되기도 하였고, 노론의 대신들이 단체로 죽임을 당하기도 했다. 그런 격심한 당쟁 끝에 노론은 영잉군을 왕세제로 밀어 올렸고, 마침내 왕세제(왕위를 이를 왕의 동생) 자격으로 왕위를 계승하는 데 성공하였다. 하지만 그 과정에서 영조가 '형인 경종을 독살했다'는 음모론이 전국적으로 크게 확산이 되었다. 급소는 영조 즉위 직후 대부분 참살당한다. 하지만 완소는 영조의 탕평 정책을 지지하는 주요 세력이 되었다. 준소도 여전히 경종에 대한 의리를 지키며 존재했다. 영조는 즉위 4년 만인 1728년, "경종의 복수"를 내걸고 일어난 이인좌(李麟佐)의 반란 진압에 같은 소론 출신의 완소당을 동원하여 성공했다. 그런데, 반란 진압 후 준소가 서서히 몰락했다. 그리고 1755년 영조 즉위를 비방하는 나주 괘서사건이 일어나자, 영조는 그때까지 조정에 남아 있었던 소론과 남인을 모두 제거했다. 이로써 영조의 치세 후반기에는 탕평 정책은 끝장이 났고, 영조 즉위에 공이 있던 노론만 단독으로 조정을 차지하게 되었다. 다른 당들이 조정에 다시 나온 것은 다음 왕인 정조 때가 되어야 가능했다.

· 탕평파

영조와 정조의 탕평책에 적극적으로 부응하는 정치세력이 탕평파다. 각 당의 인재를 조정에 고르게 등용하는 쌍거호대(雙擧互對)를 통해 정치적 균형을 추구하였다. 이들을 탕당(蕩黨)이라고도 한다. 탕평책은 숙종 때 소론을 중심으로 제기되었는데, 정책으로서 본격 추진된 것은 영조 때부터다. 이제는 왕이 직접 조정의 붕당정치를 관리, 통제할 수단으로써 탕평파라는 붕당을 만들었다는 의미기도 하다. 즉 공정한 왕의 모습은 사라지고, 탕평파 또는 노론이라는 집권 여당의 대표 같은 모습을 지닌 왕이 된 것이다. 한편, 1849년 출간된 홍석모(洪錫謨, 1781~1857년)의 『동국

세시기(東國歲時記)』에 따르면 춘(春) 3월에 먹는 음식으로 탕평채(蕩平菜)를 소개하고 있다. 이 탕평채가 영조의 탕평책과 관련이 있는 한식 요리라고 한다. 청포묵의 흰색은 서인을, 쇠고기의 붉은색은 남인을, 미나리의 푸른색은 동인을, 김의 검은색은 북인을 각각 상징했는데, 이 다양한 재료를 골고루 버무려 함께 먹는 것이 묘미다. 그런데 이 탕평책이 영조 때는 각 당의 온건파, 즉 완론(緩論)의 인사들이 중심이었다면, 정조 때는 각 당이 지닌 의리와 명분을 중시하는 강경파 준론(峻論)의 인사가 참여했다.

· 시파, 벽파

정조 때 정치세력의 분화는 기본적으로, 1762년 사도세자 이선(李愃, 1735~1762년)이 개인 비위와 살인을 저질러 아버지 영조에게 자결 처분을 받은 후 뒤주에 갇혀 8일 만에 굶어 죽은 임오화변(壬午禍變)에 대한 각 당의 관점 차이에서 비롯되었다. 사도세자 사후 아들 정조는 오래전 죽은 큰아버지 효장세자 이행(李緈, 1719~1728년)의 양자로 입적하는 편법으로 겨우 즉위하였다. 그러나 아들로서 정조는 당연히 사도세자를 사면복권하고, 무엇보다도 왕으로 추숭(追崇)하는 사업을 하고 싶었을 것이다. 그래야 자신의 왕위도 정당성이 생기기 때문이다. 이런 정조의 입장을 따르는 정치세력이 바로 시파(時派)이다. 즉 정조의 측근 친위 세력, 왕당파라고 부를 수 있다. 그런데, 이 시파라는 이름에는 "시류에 편승하는 자"라는 비아냥의 의미가 있다. 당시 미약하게나마 존재했던 남인과 소론, 그리고 노론 내의 시파가 그 구성원이다. 이 시파 영수는 소론 출신의 서명선(徐命善, 1725~1791년)이다. 이 시파의 반대파가 벽파(僻波)인데, 대부분 노론이다. 여기서 벽(僻)자는 편벽하다, 궁벽하다는 의미인데, 당시 정국을 서명선과 시파가 주도하자 소외된 노론들이 스스로 자조하면서 지은 이름이라고 한다. 이 벽파가 사도세자의 추숭에 반대하는 이유는 나름 명확하고 정당하다. 사도세자에 대한 처분은 선대왕인 영조의 처분이었고, 또한 현재의 왕인 정조는 사도세자의 아닌 효장세자의 양자로서 영조를 이은 것이기 때문이다. 그래서 벽파는 영조에 대한 의리를 지키기 때문에 궁벽하다는 의미가 된다. 벽파 중에 가장 유명한 사람은 심환지(沈煥之, 1730~1802년)로, 소설과 영화로 유명해졌다.

· 신서파, 공서파

처음에 조선의 유학자들은 가톨릭을 학문으로 받아들였다. 특히 가톨릭 선교사가 전래한 유럽의 우수한 천문학을 포함해서 다양한 서양의 학문, 즉 서학(西學)을 연구하는 것이 17~18세기에 유행했다. 그러다가 18세기 후반부터 남인, 특히 이익의 성호학파(星湖學派)에서 본격적으로 가톨릭이라는 종교를 신자로서 수용하는 사람들이 나오기 시작했다. 이가환(李家煥), 세례명이 베드로인 이승훈(李承薰, 1756~1801년), 정약용 3형제 등이 그들인데, 이들을 신서파(信西派)라고 한다. 신서파는 1801년 신유박해 때 대거 죽임을 당하거나 유배형을 받았다. 한편, 같은 남인이지만, 가톨릭을 반대하고 공격한 공서파(攻西派)가 있었다. 이들은 가톨릭이 '천당'과 '지옥'을 내세워 어리석은 백성들을 미혹하는 혹세무

민을 저질렀고, 천주(天主, 하나님)를 높이고 임금과 부모에 대한 충효의 가치를 훼손하는 반사회적인 이단으로 규정하였다. 대표적인 인물로는 강목체 역사서로 유명한 『동사강목(東史綱目)』을 저술한 안정복(安鼎福, 1712~1791년), 목만중(睦萬中, 1727~1810년) 등이 있다.

· 세도정치

19세기 전반 조선의 정치를 세도정치라고 한다. 왕의 외척인 안동김씨, 풍양조씨와 같은 몇몇 특정 가문에게 왕이 왕권을 위임하자, 그 특정 가문은 권력을 독점하고 국정을 농단하였던 퇴행적인 정치를 말한다. 그런데, 이 퇴행적인 세도정치의 출발이 18세기 후반의 탕평파라고 한다. 조선 후기의 왕들은 기존의 붕당을 자신 중심으로 재편하여 왕권을 강화하려 했다. 그런 노력으로 만든 것이 탕평파다. 정조는 이 탕평파를 중심으로 정국을 이끌었고, 그 탕평파의 영수 자리를 자신이 총애하는 1인에게 내주었다. 그 시작은 홍국영(洪國榮, 1748~1781년)이었다. 그러나 홍국영이 전횡을 하다 몰락하자, 이번에는 소론 시파의 서명선이 그 영수 자리를 잇게 하였다. 그렇게 탕평파의 영수 자리는 늘 정조가 총애하던 측근으로 이어가다가, 마지막으로 그 자리를 이어받은 사람이 바로 노론 시파의 김조순(金祖淳)이었다. 그 김조순이 순조의 장인으로 퇴행적인 세도정치를 연 사람이다. 한편, 김조순은 종묘에 있는 정조의 신주(神主) 옆에 함께 모시는 배향공신(配享功臣)이기도 하다. 즉, 죽어서도 함께하는 짝이 바로 탕평파와 세도정치인 것이다.

8장

조선의 금서

공자가 이런 말을 했다. "한겨울이 되어야 소나무와 잣나무가 다른 나무보다 나중에 시든다는 것을 안다(歲寒然後 知松柏之後彫也).(『논어』 「자한(子罕)」" 군자든 소인배든 사람은 평소에 언행이 모두 비슷하다. 하지만 어떤 결정적인 순간이 오면 죽음을 각오하고 바른말을 하는 사람과 그렇지 못하고 타협하는 사람으로 나뉜다. 조선 시대 목숨을 버리고 절개와 지조를 지킨 사람들의 이야기가 많다. 그런 인물사가 바로 『육신전』이다. 여섯 신하의 전기이다.

이 여섯 신하가 죽음 앞에서도 절개와 지조를 지키게 된 사건을 알아보자. 1453년 계유정난(癸酉靖難)이 일어났다. 이보다 1년 전 불과 13세의 어린 나이에 단종(端宗, 재위 1452~1455년)이 즉위하여 김종서(金宗瑞), 황보인(皇甫仁, ?~1453년) 등 원로 고명대신(顧命大臣, 선왕의 고명을 받은 대신)들의 보좌하던 때이다. 그러자 왕의 삼촌인 수양대군(세조)이 정변(쿠데타)을 일으켜 고명대신과 수많은 신하를 죽이고 권력을 잡았다. 이것이 계유정난이다. 그리고 1455년 수양대군은 단종을 폐위하여 상왕(上王)으로 삼고 자신이 왕(세조)으로 즉위하였다. 이런 상황을 지켜보던 조선의 사대부와 선비들은 분노했다. 삼촌이 조카를 내쫓고 그 자리를 빼앗은 것은 전형적인 패륜범죄이며, 감히 신하가 왕의 자리를 빼앗은 사건이다. 단종은 폐위 2년 뒤 불과 17세의 어린 나이에 유배지 영월 청령포(淸冷浦)에서 세조에게 비참하게 죽었다. 그뿐 아니라 세조는 김종서 등 충성스러운 원로 고명대신들과 신하들을 학살했고, 동생들, 서모(庶母), 사돈도 죽였고 그 가족들을 핍박했다. 조선은 유교 국가이고, 유학자가 다스리는 나라이다. 그런 까닭에 분노한 사대부와 선비라면 당연히 행동에 나서야 했다.

행동에 나선 사람 중에 대표적인 사람이 사육인(死六臣)이다. 성삼문(成三問, 1418~1456년), 하위지(河緯地, 1387~1456년), 이개(李塏, 1417~1456년), 유성원(柳誠源, ?~1456), 박팽년(朴彭年 : 1417~1456년), 유응부(兪應孚, ?~1456년)가 그들이다. 이들 중 유응부만 무신이고, 나머지는 집현전 출신의 젊은 문신들이었다. 이들의 모의 장소도 집현전이었다. 이들의 목표는 단종 복위시켜 무너진 윤리와 정치 질서를 정상화하려 했다. 1456년 6월 창덕궁에서 명나라의 사신을 환영하는 연회에서 세조와 그 측근들을 살해하고 단종을 복위시키는 것이 계획이었다. 현장에서 거사를 실행할 사람은 무신인 유응부였다. 실내 연회장에서 유일하게 검을 휴대할 수 있는 사람은 왕을 경호하는 운검(雲劍)뿐이었고, 그 운검이 바로 유응부였다. 그러나 연회 당일 장소가 비좁다며 한명회(韓明澮, 1415~1487년)가 운검을 철수시켰다. 거사는 연기되었다. 그러자 불안한 김질(金礩, 1422~1478)이 장인 정창손(鄭昌孫, 1402~1487년)과 함께 이 사실을 밀고하여 단종 복위 계획은 실패했다. 그렇게 사육신이 탄생한 것이다. 실제 정사를 보면 육신만이 죽은 것이 아니다. 더 많은 사람이 참가했고, 모두 처형을 당했다.

책의 6인에 대한 전기는 대부분 비슷하고 분량이 적다. 언제 태어나고 출사했는지, 어떻게 모의했는지 등이 간략히 소개되었고, 대부분은 세조가 친히 국문하는 친국(親鞫) 내용이다. 왕이 구걸하는듯한 충성 요구에 지조 높은 육신의 답변들로 이어진다. 그리고 무자비한 고문에 대한 묘사가 인상적이다. 그리고 그들이 남긴 시문을 소개하고 있다. 마지막은 저자의 사평(史評)과 조사(弔辭)로 마무리한다.

노량진 사육신 묘

"충분(忠憤)은 밝은 햇빛을 꿰뚫었고, 의기(義氣)는 가을 서릿발처럼 늠름하여, 백세(百世)의 신하 된 사람들에게 한마음으로써 왕을 섬기는 의리를 알게 하여, 천금처럼 소중한 몸을 일모(一毛)처럼 가볍게 여겨, 살신성인(殺身成仁)하고 사생취의(捨生取義)하도록 하였구나."

인상적인 사평의 한 구절이다. 이제 조사도 보자.

세찬 기운 비로소 그치자, 모든 구멍이 막히게 되니, (厲氣初濟 衆竅爲塞)
서리와 눈 희게 내렸을 때 소나무 홀로 푸르디푸르렀다. (霜雪皎皎 松獨也碧)
뜻있는 신하의 머리카락 임금을 사랑하여 희어지니, (有臣之首 愛君而白)
머리는 끊을 수 있으나 절개는 굽힐 수 없었네. (有頭可截 節不可屈)
다른 사람이 주는 곡식 죽더라도 먹지 않았으니, (他人之粟 寧死不食)
고죽*의 맑은 바람이고 시상의 밝은 달이라네. (孤竹淸風 柴桑明月)
땅속에 충혼이 계시니 원통한 피 한 움큼 맺혔으리. (土中有鬼 寃血一掬)

*고죽은 고대의 충신인 숙제(叔齊)의 고향인 고죽국이며, 시상은 동진(東晉)의 전원시인 도연명의 고향이며 은거지다.

음력 6월 8일, 사육신은 모두 같은 날에 군기감(軍器監) 앞으로 끌려 나와 조정의 신료들이 지켜보는 가운데 거열형(車裂刑)으로 몸이 찢겨 죽었다. 거열형 이후 머리는 효수가 되어 매달렸다. 다만 유성원은 집에서 자결하였다. 그들의 가족들도 비참했다. 아들은 모두 교수형에 처해졌다. 아내와 시집가지 않은 딸들은 노비가 되었는데, 대부분 세조의 측근 공신들이 나누어 가졌다. 김시습(金時習, 1435~1493년)이 한밤중에 몰래 효수된 머리 등을 수습해 한강을 건너 노량진에 묻었다. 이것이 현재 노량진 사육신묘이다. 세조는 이후 집현전과 경연을 폐지하고 전제정치를 강화했다. 세조의 치적에 대한 평가는 엇갈리지만, 분명한 것은 세조의 등극은 조선왕조의 정상적인 정치에서 일탈인 것은 분명하다.

이 책의 저자는 추강(秋江) 남효원(南孝溫, 1454~1492년)이다. 사림의 김종직(金宗直)의 문인이고, 저서로 『추강집(秋江集)』을 남겼다. 이 책도 『추강집』 8권에 수록되어 있다. 이 남효원과 김시습, 원호(元昊, 1397~1463년), 이맹전(李孟專, 1392~1480년), 조려(趙旅, 1420~1489년), 성담수(成聃壽)를 생육신(生六臣)이라고 한다. 이들은 세조의 불의에 타협하지 않고 귀먹고 앞이 보이지 않는 사람처럼 두문불출하거나 통곡하며 살았다고 한다. 이후 사림 세력이 등장하면서 단종과 사육신의 복권 논의가 일어난다. 남효온의 문집과 『육신전』은 중종 때부터 간행되기 시작했다. 단종은 승하한지 224년 만인 숙종 때 복권이 되었다. 사육신에 대한 복권은 영조, 정조때 되었다. 세조의 탄압하에서 후손이 죽지 않고 생존한 집안은 박팽년과 하위지 가문뿐이었다.

조선은 곧 망한다! 『정감록(鄭鑑錄)』

조선에서 마지막까지 진정한 의미의 금서는 『정감록』일 것이다. 왜냐하면, 핵심 줄거리가 정 도령이 나타나 조선을 멸망시킨다는 내용이므로, 조선왕조를 위협하는 것이기 때문이다. 하지만 『정감록』은 수많은 종류의 책들이 있고, 제목도 조금씩 다 다르다. 저자도 알 수 없다. 다만 조선 중기쯤 처음 출현했고, 수많은 반란과 모반 사건에서 자주 거론되었다. 그것 때문에 늘 조정의 탄압을 받은 책이다. 이런 책을 감결(鑑訣) 또는 비결(秘訣)이라고 부른다.

앞서 제목이 다 다르다고 했는데, 앞으로 소개할 정감록의 제목은 "정감록비결(鄭鑑錄秘訣)"이다. 내용을 보면, 하나의 책이 아니라 대략 8종의 책을 출판사가 합본한 것이다. 『감결(鑑訣)』, 『삼한산림비기(三韓山林祕記)』, 『오백론사(五百論史)』, 『도선비결(道詵祕訣)』, 『무학비결(無學祕訣)』, 『남사고비결(南師古祕訣)』, 『토정가장비결(土亭家藏祕訣)』, 『서계이선생가장결(西溪李先生家藏訣)』 등이다. 실제로 모든 내용은 서로 다르다.

언제쯤 어떤 종류의 사건(전쟁, 재난)이 일어나고, 무슨 성씨를 가진 자(특정하기 어려운 자)가 나타나면 나라의 운수가 끝날 것이다 등의 묘사 방식은 대체로 비슷하다. 문제는 시기를 표기한 방식이 간지(干支)라는 점에 있다. 또 한 가지는 등장한 인물을 '한양 사는 김 서방' 식으로 표기했다는 점이다. 그 때문에 시간과 인물을 특정하기가 어렵다. 사건이 일어날 해는 60년마다 돌아오는 것이고, 그런 성씨와 특징을 가진 인물은 언제나 무수히 많기 때문이다. 마치 귀에 걸면 귀걸이, 코에 걸면 코걸이 같은 이야기이다. 물론 이런 점들이 예언서의 특징이다. 이 특징 때문에 때에 따라서는 사회적으로 무시무시한 공포를 불러올 수도 있다.

다른 하나를 더 말하면, 책 제목에 등장하는 도선, 무학, 남사고(南師古, 1509~1571년), 이지함(李之菡, 1517~1578년), 이득윤(李得胤, 1553~1630년)이란 실존 인물이 실제로 이런 예언서를 썼는지 아무도 모른다. 기록도 없고, 믿을 수도 없다. 오히려 세상에 불만이 많은 어떤 사람(들)이 대중적으로 호감도 높은 이런저런 위인들의 이름을 도용해 이 책들을 썼을 것이다. 그렇다면 그들의 목적은 변란을 도모하기 전에 사회적 불안을 조성하려는 의도였을 지도 모른다.

그래서 여러『정감록』의 내용을 검토하고, 그 중 어느『정감록』이 예언으로써 잘 들어맞았는지 주장하는 것은 무의미하다. 차라리 정감록을 조선 후기 반란 주모자들이 어떻게 이용했는지 역사 속에서 찾아보는 것이 더 유익할 것이다. 그것이『정감록』이란 책을 제대로 이해하는 길이다. 그런 사건 중『정조실록』14권, 정조 6년 11월 20일 계축 1번째 기사 "문인방 등의 죄인을 국문하여 역모 사건에 대해 알아내다"를 보자. 문인방이란 인물의 짧은 공초(供草, 범인의 진술서)에 따르면, 바로『정감록』을 어떻게 반란에 이용했는지 잘 드러나고 있다.

"신이 역모를 한 것은 …… 낱낱이 바른대로 불겠습니다. 박서집이 공초한 가운데 말들은 모두 신이 주고받은 흉악한 말입니다. 박서집이 하늘에 축수한 글 중에 석 자는 신이 지어낸 것으로 얽어 짜려는 계교였습니다.『정감록』가운데 여섯 자의 흉악한 말도 지어내어 모함하려는

계교였는데, 이 흉악한 말은 일찍이 신의 책자 중 『경험록』에서도 나타
나 있습니다. 대체로 신이 가지고 있는 책을 합하면 네 책인데, 모두 매
우 요망하고 허탄한 글로서 오로지 거짓 핑계를 대어 대중을 현혹시키
려고 꾀한 것입니다. 같은 당류 이경래는 양양(襄陽) …… 이경래를 도원
수로, 도창국을 선봉장으로 삼았습니다. 양양에 그의 당류와 노복이 많
이 있으므로 불시에 갑자기 일어나 먼저 양양 군수를 죽이고 나서.. 동
대문을 통해 도성으로 들어가기로 하였습니다. 일을 성공한 뒤에 송덕
상을 대선생(大先生)으로 봉하기로 하였습니다. 거사할 날짜는 이경래
와 도창국이 의논해서 갑진년 7월과 9월 사이로 정하기로 하였습니다.
…… 대역 부도한 짓을 한 것은 사실입니다."

이 공초에 따르면, 문인방과 박서집이 대중을 현혹시키고자 『정감록』
을 기반으로 여섯 자의 예언(아마도 조선이 망할 것이라는)을 만들어 유포하
는 것이 반란의 첫 단계다. 다음이 군사적인 계획, 그다음이 지도부 구성
또는 논공행상, 마지막이 거사 일자를 결정하는 것이다. 『정감록』은 반
란의 동인이 될 예언-유언비어의 원천이 되는 기능을 하므로 모든 반란
에 꼭 필요한 책이 되었다. 그래서 『정감록』은 조선의 금서였다.

흥미로운 것은 환란을 피할 수 있는 "10승지(十勝地)"이다. 『감결』과 『남
경암십승지(南敬菴十勝地)』에서 제시한 것을 소개한다. 모두 현재 남한 지
역이라는 점이 눈에 띈다. 과거 한국 전쟁 등 큰 환란이 일어났을 때, 이
10승지로 피난 간 사람들이 실제로 있었다고 한다. 풍기 차암(車巖) 금계
촌(金鷄村) 소백산 두 물줄기 사이, 화산(花山, 안동) 소령(召嶺)의 옛터, 보

은 속리산 사증항(四甑項, 네 등성이) 인근, 운봉 행촌(杏村), 예천 금당실(金堂室), 공주 계룡산 유구(維鳩)와 마곡(麻谷) 두 물길 사이, 영월 동쪽 상류, 무주 무봉산 북동 곁의 상동(相洞), 부안 호암(壺巖) 아래, 합천 가야산 만수동(萬壽洞)이다.

참고자료

* 한명기, 임진왜란과 한중관계, 역사비평사 2018년 초판 3쇄
* 류성룡(김시덕 역), 교감·해설 징비록, 아카넷 2013년 1판 1쇄
* 류성룡(김홍식 역), 징비록, 서해문집 2019년 증보판 12쇄
* 이순신(김문정 역), 난중일기, 더클래식 2015년 초판 1쇄
* 강항(이을호 역), 간양록, 서해문집 2015년 초판 4쇄
* 이민환(중세사료강독회), 책중일록, 서해문집 2018년 초판 2쇄
* 鄭忠信(申海鎭 역), 후금 요양성 정탐서, 도서출판 보고사 2020년 초판 1쇄
* 나만갑(서동인 역), 남한산성 항전일기, 주류성출판사 2017년
* 작가 미상(김광순 역), 산성일기, 서해문집 2004년 초판
* 신류(계승범 역), 북정록, 서해문집 2018년 초판 1쇄
* 한일관계사학회, 통신사 李藝와 한일관계. ㈜새로운사람들 2006년 12월 초판 1쇄
* 신숙주(허경진 역), 해동제국기, 보고사 2017년 8월 초판 1쇄
* 이덕무(박상휘 외 역), 청령국지, 아카넷 2017년 12월 1판 1쇄
* 최부(허경진 역), 표해록, 서해문집 2021년 초판 2쇄
* 서인범, 명대의 운하길을 걷다, 한길사 2012년 1판 1쇄
* 장희춘(윤현숙 역), 해동기, 보고사 2020년 8월 초판 1쇄
* 김상준·윤유숙 역, 근세 한일관계 사료집 야나가와 시게오키 구지 기록(柳川調興公事記錄),
  동북아역사재단 2015년 12월 초판 1쇄
* 서인범, 통신사의 길을 가다, 한길사 2018년 11월 제1판 1쇄
* 이민성(이영춘 외 역), 1623년의 북경 외교, 대원사 2014년 12월 초판 1쇄
* 오명항, 광해군 그 위험한 겨울, 너머북스 2012년 12월 1판 3쇄
* 박지원(고미숙 외 역), 세계 최고의 여행기 열하일기 上下, 그린비 2008년 7월 초판 3쇄
* 서인범, 연행사의 길을 가다, 한길사 2015년 제1판 제3쇄
* 서호수(이창숙 역), 열하기유, 아카넷 2017년 1월 1판 1쇄
* 박만정(윤세순 역), 해서암행일기, 서해문집 2015년 초판 1쇄
* 이형상(이상규 외역), 남환박물, 푸른역사 2009년 4월 초판 2쇄
* 이중환(이익성 역), 택리지, 을유문화사 2005년 1월 개정판 6쇄
* 신해진 편역, 한국 고수필 문학선, 보고사 2016년 9월 초판 2쇄
* 최경선, 호동서락을 가다, 옥당 2013년 1판 1쇄
* 박무영 외, 조선의 여성들, 돌베개 2004년 초판 1쇄

* 김정호(임승표 역), 대동지지 1, 이화문화사 2004년 3월 1판 1쇄
* 간호윤, "6. 고산자 김정호 - (1) 고산자는 누구인가?", 인천일보 2019년 9월 10일 기사
* 김찬웅, 선비의 육아일기를 읽다, ㈜문학동네 2008년 초판
* 송재용, 眉巖日記 硏究, 제이앤씨 2008년 초판 2쇄
* 오희문(전주대 한국고전학연구소 역), 쇄미록, ㈜사회평론아카데미 2020년 초판 2쇄
* 문숙자, 68년의 나날들 조선의 일상사, 너머북스 2009년 8월 1판 2쇄
* 정동주, 장계향 조선의 큰어머니, 한길사 2013년 1판 2쇄
* 김상보, 상차림문화, 도서출판 기파랑 2010년 4월
* 정약전·이청(정명현 역), 자산어보, 서해문집 2021년 초판 2쇄
* 서유구(임원경제연구소 역), 정조지, 풍석문화재단 2020년 초판 1쇄
* 정영선 편역, 동다송, 도서출판 너럭바위 2002년 재판 1쇄
* 북애자(민영순 역), 규원사화, 도서출판 다운샘 2020년 초판 5쇄
* 홍만종(구인환 역), 순오지, 2014년 초판 7쇄
* 유득공(송기호 역), 발해고, 홍익출판사 2013년 개정판 7쇄
* 이경민(노대환 외 역), 희조일사, 서해문집 2021년 초판 1쇄
* 이건창(이덕일·이준영 역), 당의통략, 자유문고 2015년 개정판 1쇄
* 김시습(이재호 역), 금오신화, 솔출판사 2001년 1판 3쇄
* 백승종, 중용 조선을 바꾼 한 권의 책, 도서출판 사우 2019년 초판 1쇄
* 편집부, 정감록비결, 범우사 1997년 초판 1쇄
* 소현세자 시강원(정하영 외 역), 심양장계, ㈜창비 2008년 초판 1쇄
* 이규상(번역 민족문학연구소 한문분과), 18세기 조선인물지 병세재언록(幷世才彦錄),
  ㈜창작과비평사 1997년 8월 16일
* 한국고전종합DB한국고전종합DB https://db.itkc.or.kr/dir/item?itemId=BT#/dir/
  list?itemId=BT&gubun=book
* 우리역사넷 사료로 본 한국사 http://contents.history.go.kr/front/hm/main.do
* 조선왕조 실록 https://sillok.history.go.kr/main/main.do
* 조선왕조실록 전문사전 위키
  http://dh.aks.ac.kr/sillokwiki/index.php/%EB%8C%80%EB%AC%B8

고전을 펼치면 반드시 이로움이 있다2

초판 1쇄 발행 2025년 2월 25일

지은이 홍성준
펴낸이 곽유찬

이 책은 **편집** 손영희 님, **표지디자인** 디자인_k 님,
본문디자인 곽승겸 님과 함께 진심을 다해 만들었습니다.

펴낸곳 레인북
출판등록 2019년 5월 14일 제 2019-000046호
주소 서울시 서대문구 홍은중앙로3길 9 102-1101호
이메일 lanebook@naver.com
*시여비는 레인북의 브랜드입니다.

ISBN 979-11-93265-59-8(08910)